JANELAS DA PSICANÁLISE

Blucher

JANELAS DA PSICANÁLISE
Transmissão, clínica, paternidade, mitos, arte

Fernando Rocha

Janelas da psicanálise: transmissão, clínica, paternidade, mitos, arte
© 2019 Fernando Rocha
Editora Edgard Blücher Ltda.

Imagem da capa: iStockphoto

Blucher

Rua Pedroso Alvarenga, 1245, 4º andar
04531-934 – São Paulo – SP – Brasil
Tel.: 55 11 3078-5366
contato@blucher.com.br
www.blucher.com.br

Segundo o Novo Acordo Ortográfico, conforme 5. ed. do *Vocabulário Ortográfico da Língua Portuguesa*, Academia Brasileira de Letras, março de 2009.

É proibida a reprodução total ou parcial por quaisquer meios sem autorização escrita da editora.

Todos os direitos reservados pela Editora Edgard Blücher Ltda.

Dados Internacionais de Catalogação na Publicação (CIP)
Angélica Ilacqua CRB-8/7057

Rocha, Fernando
  Janelas da psicanálise: transmissão, clínica, paternidade, mitos, arte / Fernando Rocha. – São Paulo: Blucher, 2019.
  336 p. (Série Psicanálise Contemporânea / coordenada por Flávio Ferraz)

Bibliografia
ISBN 978-85-212-1398-7 (impresso)
ISBN 978-85-212-1399-4 (e-book)

1. Psicanálise 2. Psicanálise – Ensaios I. Título. II. Ferraz, Flávio.

19-0030   CDD 150.195

Índice para catálogo sistemático:
1. Psicanálise

A Marci Dória Passos, Estrella Bohadanna, Marcelo Ciuffo, J.-B. Pontalis, Joyce McDougall e Carlos Nicéas (in memoriam).

A Felipe e Rafael, meus queridos filhos.

A Martim, Mia, Quim, Lori e Theodora, queridos netos, pela alegria de vê-los desabrochar.

A Ruth, com amor.

Aos meus analisantes, de cujas experiências de análise sempre saio enriquecido.

Agradecimentos

A Joel Birman, pelo prefácio.

A Carmem Hanning, Flávio Ferraz, Rogério Luz, Sonia Bromberger, Margaret Waddington Binder e Dulce Campos.

Com a experiência dos anos de prática, e mesmo no decorrer de uma sessão, o analista, em virtude da profundidade das trocas com seu paciente, evolui. Ou seja, o funcionamento psíquico do analista sofre transformações sobre as quais ele só toma consciência secundariamente, e correspondem às mudanças observáveis no seu paciente.

De M'Uzan, M. (2006). Invite à la fréquentation des ombres. *Psychanalyse en Europe* (60), 15-29 (tradução livre).

Conteúdo

Prefácio: cartografias da psicanálise   13

Palavras introdutórias   21

JANELA 1
Psicanálise e transmissão

1. Emancipação *versus* adaptação: perspectivas na formação psicanalítica   33
2. A transferência na supervisão psicanalítica   57
3. Reflexões sobre o paradoxo entre o inconsciente disruptivo e a instituição   81
4. Entrevista à *Alter*   105

JANELA 2
Psicanálise e clínica

5. Trauma narcísico e resiliência numa experiência analítica: a transferência como tutor da resiliência   125

6. Sobre o trabalho de retificação subjetiva na entrada em análise: as primeiras entrevistas com Marcel e o jogo do *cache-cache* — 145

7. Comentários ao trabalho, por Margaret Waddington Binder — 163

8. Sobre impasses e mistérios do corpo na clínica psicanalítica — 173

9. Vicissitudes das sementes de Narciso e clínica psicanalítica — 197

10. Sobre o relatório clínico: perdas e ganhos na escrita psicanalítica — 213

JANELA 3
Psicanálise: paternidade e mitos

11. Notas sobre a paternidade: do mito à atualidade — 229

12. A sexualidade na teoria e na prática psicanalíticas: sobre o complexo de Édipo e de castração — 245

13. Comentários ao trabalho, por Dulce Campos Dantas — 267

14. Édipo e sexualidade, supremacia de uma compulsão à repetição, cem anos depois: um sempre atual desafio — 273

JANELA 4
Psicanálise e arte

15. Esculpindo o inaudito — 293

16. Ensaio psicanalítico sobre o ciúme: o ciúme na música popular brasileira — 307

Prefácio
Cartografias da psicanálise

Joel Birman[1]

Escala e auditório

Esta obra é constituída de quinze ensaios e uma entrevista, que foram publicados anteriormente para um público restrito, em diversas revistas especializadas do campo psicanalítico. Todos os ensaios foram objeto de intervenções prévias do autor em colóquios e congressos de psicanálise, realizados em nível nacional e internacional. Contudo, alguns deles foram devidamente corrigidos pelo autor para a presente edição sob a forma de livro, de maneira que, com as retificações, houve o cuidado de precisar melhor seus comentários e seus argumentos, para tornar então mais concisa e também bem mais rigorosa a sua escrita.

---

1 Psicanalista, membro do Espace Analytique e do Espaço Brasileiro de Estudos Psicanalíticos, professor titular do Instituto de Psicologia da Universidade Federal do Rio de Janeiro (UFRJ), diretor de Estudos em Letras e Ciências Humanas pela Universidade Paris 7, pesquisador do CNPq, pesquisador e professor associado do Laboratório de Psicanálise, Medicina e Sociedade da Universidade Paris 7.

É evidente que, ao decidir publicar tais ensaios como livro, o autor pretendeu transformar não apenas quantitativa e qualitativamente o alcance daqueles, como também o auditório de seus leitores, pois esses são então necessariamente diversificados e ampliados de forma significativa, ganhando, dessa maneira, novos leitores no campo psicanalítico, por um lado, e lançando a sua obra para os leitores que não pertencem ao campo psicanalítico, por outro. Portanto, os ensaios em pauta ganham necessariamente outra consistência e escala de grandeza, pela reconfiguração efetiva de seu auditório de leitores.

O título, Janelas da psicanálise, evidencia as linhas de força que o autor escolheu para organizar tematicamente a disposição de seus diversos ensaios e a inscrição desses em sequências, de forma a configurá-los então em novas totalidades significativas. Vale dizer que sob a forma da categoria de janela e pelo enunciado dessa no plural como janelas, o autor traça uma ordem discursiva para orientar decisivamente a direção de leitura de seus possíveis leitores. Portanto, por essa nova ordem do discurso,[2] assim enunciada, o autor relançou então o que estaria escrito previamente em cada um desses ensaios preliminares num outro campo diferencial de leitura, com a enunciação de outras linhas de fuga, pela própria sequência em que passou a ordenar os ensaios em pauta. Enfim, o projeto do livro em questão se plasmaria então efetivamente, na sua estrutura formal, pela composição que foi assim delineada.

Refrações da experiência psicanalítica

A escolha da categoria janela, no plural, para delinear a ordem discursiva em pauta, evidencia que, para o autor desta obra, a

---

2 Foucault, M. (1970). *L'ordre du discours*. Paris: Gallimard.

psicanálise não se circunscreveria assim ao estrito registro unidimensional, mas se inscreve, em contrapartida, num registro mais amplo e aberto, marcadamente pluridimensional. Seria, assim, pela sua decidida inscrição em múltiplas janelas, que a psicanálise revelaria não apenas a sua riqueza, mas também e principalmente a sua complexidade. É claro que os diferentes campos, destacados devidamente pelas múltiplas janelas, estariam assim não apenas articulados como também rigorosamente hierarquizados. Com efeito, do registro da transmissão ao da arte, passando pelos registros da clínica e da paternidade e do mito, as diversas janelas da psicanálise não seriam aleatórias e dispersas, mas se costuram e se concatenam de forma vigorosa.

Contudo, não se pode perder de vista também que a escolha da categoria janela, para delinear a ordem discursiva do livro em questão, evidencia a escolha pelo autor de uma metáfora oriunda do campo da arquitetura, de forma que a psicanálise se delinearia assim pela multiplicidade de territórios e de paisagens, que poderiam ser vistos, então de diversos pontos de vista. O campo psicanalítico se desdobraria, assim, em muitos espaços de pertinência e de existência, configurando-se, então, como uma topologia multifacetada e marcadamente complexa.

No entanto, como já dito, tais campos e janelas estão rigorosamente hierarquizados, além de necessariamente entrelaçados. Assim, não resta qualquer dúvida que o campo da clínica ocupa certamente a posição superior na hierarquia em questão, pois os demais registros são alinhavados e constituídos logicamente como derivações do registro clínico.

Por que essa posição privilegiada outorgada, então, ao registro da clínica no campo diversificado dessas janelas da psicanálise? Nada mais nada menos porque o registro clínico remete ao campo estrito da experiência psicanalítica que, como se sabe, é a marca fundamental do discurso da psicanálise. Com efeito, é pela experiência psicanalítica, estabelecida que essa sempre é entre as figuras do analisante e do analista, pela mediação decisiva da transferência, que o campo psicanalítico se ordena efetivamente, de fato e de direito, para parafrasear Kant, na Crítica da razão pura.[3]

Seria, assim, a partir desse recorte fundador, empreendido pelo registro da experiência psicanalítica, que as demais janelas do campo psicanalítico seriam delineadas, num processo teórico configurado pela lógica da derivação. Seria, então, pela imantação da experiência da transferência que os registros da transmissão, da paternidade e da arte poderiam ser efetivamente constituídos, como recortes e paisagens que seriam para que o discurso psicanalítico pudesse se estabelecer topologicamente na sua configuração arquitetônica.

Portanto, o conceito do lugar do analista, que é certamente constitutivo da experiência psicanalítica, não apenas nortearia a técnica e a prática da transmissão da psicanálise, como também delinearia as linhas de força para as leituras dos registros da paternidade e da arte. Seria em decorrência disso que o autor pôde enunciar o conceito de saber flutuante, inscrevendo a modulação móvel e não dogmática da teoria psicanalítica no campo da experiência psicanalítica, como derivação e metáfora que seria do conceito freudiano de atenção flutuante.[4] Foi por esse viés, enfim, que o autor comentou os conceitos de desejo do analista e de sujeito suposto saber, enunciados por Lacan em diferentes textos.[5]

Dessa maneira, o registro do saber em psicanálise seria sempre marcado pela refração, e não pela reflexão, daquilo que ocorre no campo da experiência psicanalítica, norteado pelas linhas de

---

3 Kant, E. (1949). *Critique de la raison pure*. Paris: PUF.
4 Freud, S. (1972). *La technique psychanalytique*. Paris: PUF.
5 Lacan, J. (1966). *Écrits*. Paris: Seuil.

força do registro da transferência. Portanto, o processo da transmissão da psicanálise, realizado seguramente em diferentes níveis de complexidade, seria necessariamente marcado pela refração das coordenadas constitutivas da experiência analítica. Da mesma forma, as leituras sobre a paternidade e a arte não seriam, assim, exercícios ociosos de psicanálise aplicada, mas seriam as evidências da reconfiguração significativa da experiência psicanalítica nesses outros territórios e paisagens pertencentes ao campo da psicanálise.

A consequência maior disso é que a figura do analista deveria ser formada pelo imperativo ético-político da emancipação e não pelo imperativo da disciplina obediente, de acordo com as proposições teóricas enunciadas por Adorno[6] e Arendt[7] sobre as práticas educativas. Portanto, seria por esse viés ainda que a ética da psicanálise deveria necessariamente delinear o campo do ensino desta, de forma imperativa e rigorosa.

Interdisciplinaridade e democracia

Porém, o desdobramento necessário disso tudo é que a formação do psicanalista deveria ser norteada pelo paradigma epistemológico interdisciplinar, para que o discurso psicanalítico não seja reduzido a um saber dogmático, orientado que seria então por marcas eminentemente religiosas e de obediência institucional estrita, como seus corolários.

Para que esse destino funesto da psicanálise (Roustang) não se materialize efetivamente, como já ocorreu infelizmente em diferentes momentos e contextos da história da psicanálise, com efeito,

---
6 Adorno, T. (1992). *Educação e emancipação*. São Paulo: Paz e Terra.
7 Arendt, M. (1972). *Entre o passado e o futuro*. São Paulo: Perspectiva.

é necessário que o psicanalista mantenha o diálogo permanente do discurso psicanalítico com outros domínios do saber, não apenas para possibilitar assim a expansão, mas também para promover a complexificação do discurso psicanalítico, nos registros teórico e clínico. Seria essa a condição concreta de possibilidade para que o analista pudesse não apenas criticar vigorosamente a psicanálise como discurso teórico, no registro do saber, mas também realizar a sua autocrítica permanentemente no exercício clínico da experiência psicanalítica, no registro ético.

No tempo histórico em que a psicanálise se inscreve definitivamente na estrutura da Universidade, como ocorre efetivamente na contemporaneidade, não se restringindo mais ao campo limitado das instituições psicanalíticas, é necessário que ela se inscreva no campo do diálogo interdisciplinar, para que o saber psicanalítico seja decantado e imunizado de qualquer dogmatismo doutrinário e perca, assim, qualquer marca fundamentalista, como ocorreu melancolicamente em diferentes momentos da história da psicanálise. Em relação a isso, não se pode esquecer como o discurso freudiano se delineou de forma eminentemente interdisciplinar em seus diferentes textos, para delinear epistemologicamente o recorte do campo psicanalítico na sua especificidade teórica e enunciar assim as coordenadas conceituais da metapsicologia, e também que Lacan retomou esse estilo teórico de investigação de maneira sistemática.

Portanto, se a prática clínica da psicanálise supõe a existência da sociedade democrática como condição social e política de possibilidade para o seu exercício concreto, como sustentou recentemente a historiadora da psicanálise Elizabeth Roudinesco, pois a liberdade como imperativo incontornável seria consubstancial à democracia e à psicanálise como experiência clínica, seria então necessário para isso que o discurso psicanalítico perca definitivamente qualquer marca fundamentalista e totalitária, para se delinear numa outra cartografia, que seja ao mesmo tempo ética e política. Não se pode propor, assim, a inscrição da psicanálise no ideário da emancipação, enfim, sem que essa seja concebida simultaneamente nos registros ético e político.

Palavras introdutórias

Preâmbulo

(Poesia de Rogério Luz)[1]

O que sou, isto é, o que apresento –

ideias gestos manias –

não sou eu: eu sou

deserto que nem habito

terreno corpo baldio.

De fora, observo a mistura talvez

em mim de timidez e arrogância

e certo ar de um meu irmão

de que portanto tanto divergi.

---

1 Luz, R. (primavera de 2015). Preâmbulo. *Revista Virtual Raimundo*. Recuperado de http://www.revistaraimundo.com.br/4/rl_pa.php.

Dentro de mim ninguém mora

nem mesmo um anjo de rua.

Sou o que tentou misturar

um pouco de tudo e nada

do que não está fora nem dentro

uma casca semente

um núcleo que circula na órbita

de universos desorientados

uma lâmina sem espessura

o cartaz no muro muito depois

do encerramento do espetáculo

e o verso de uma folha

sem frente nem lado.

Antes de ser (ou não) contudo

experimento,

um olhar amadurecido sobre as coisas

mas logo me arrependo

porque penso, animal no tempo,

no apodrecimento do fruto.

Então me vejo à escuta

de um som cor de relva sob as coisas do mundo

a imatura canção de todas as infâncias

toda a primeira vez de

limão maçã verde toranja.

Réveille-toi, essaie de comprendre.

C'est pour cela que j'écris ces lignes.

Car je suis le type même d'homme incapable de comprendre les choses tant qu'il n'a pas essayé de les mettre em mots.

(Haruki Murakami)[2]

Reúno aqui artigos variados, escritos ao longo de minha já longa experiência psicanalítica, em diferentes épocas, tanto na França como no Brasil. Alguns destes trabalhos foram apresentados em congressos e aulas ou publicados em revistas. Outros são inéditos.

Distribuídos em quatro "janelas", as várias temáticas nelas contidas referem-se à relação da psicanálise com a transmissão, com a clínica, com a paternidade e os mitos e com a arte. Vale ressaltar que os vários artigos que compõem este volume foram, em princípio, dirigidos a alunos de psicologia ou de psicanálise. Alguns desses escritos são aqui apresentados como foram escritos na época de suas publicações, enquanto outros sofreram acréscimos e modificações.

A primeira "janela" refere-se ao tema psicanálise e transmissão. No artigo "Emancipação *versus* adaptação: perspectivas na formação psicanalítica", são abordados alguns problemas que a formação psicanalítica enfrenta, a partir de Theodor Adorno e Hanna

---

[2] Citado por Nicole Llopis-Salvan. (2010). L'écriture en Psychanalyse: Une abréaction du traumatisme de la cure? *Revue Française de Psychanalyse – Écrire la Psychanalyse, 74*.
"Acorde, tente compreender
É por isso que escrevo estas linhas.
Porque sou o tipo de homem incapaz de compreender
as coisas enquanto não tento colocá-las em palavras" (tradução livre).

Arendt, quando estes consideram a formação um processo que deve conduzir o sujeito à emancipação e não à adaptação. O termo Ausbildung – empregado por Freud para a noção de formação – é retomado e articulado à concepção de formação, entendida como processo que conduz a uma prática de autocrítica, de interrogação, em oposição à noção de modelo.

No trabalho "A transferência na supervisão psicanalítica", destaco o momento no qual se torna necessária a figura do supervisor na formação do analista, suscitada pelos múltiplos desafios com os quais o analista se defronta. Apresento um apanhado da história da supervisão na qual, por meio do trajeto percorrido pelo candidato nas análises supervisionadas, sou levado a falar tanto da supervisão quanto da instituição que produz ou não o analista. Discrimino o papel do supervisor daqueles desempenhados tanto pelo professor quanto pelo analista: o supervisor, por analogia com o mestre Zen, é situado como aquele que conduzirá o supervisando a se despojar de todas as fórmulas, constatando que cada analisante será sempre uma surpresa.

Em "Reflexões sobre o paradoxo entre o inconsciente disruptivo e a instituição", ressalto que se Freud tinha consciência da subversão do inconsciente, ele também avaliava que era preciso institucionalizar a psicanálise, mesmo sabendo que o preço disso seria a diminuição de seu vigor, da virulência que possuía nos seus primórdios. Todavia, no enfrentamento das muitas dificuldades para sustentar a transgressão das verdades instituídas, reside em germe a possibilidade de transformação. A reflexão da colega Silvia Alonso, que ponho em relevo, diz da importância do tema: "quando a clínica sai do lugar disruptor e motor da conceitualização, se convertendo no suporte do discurso do saber, as instituições psicanalíticas viram seitas religiosas que se sustentam no gozo narcísico das pequenas diferenças".[3] Em seguida, apresento uma vinheta clínica, na qual podemos observar os efeitos na clínica do paradoxo entre o inconsciente subversivo-disruptivo e os ideais instituídos.

Por fim, apresento uma entrevista realizada comigo pela revista *Alter*, da Sociedade Psicanalítica de Brasília, em sequência ao encontro sobre as entrevistas preliminares em psicanálise realizado naquela instituição.

A segunda "janela" é dedicada ao tópico psicanálise e clínica; nela, tomei o cuidado para manter o anonimato dos analisantes cujas experiências analíticas aconteceram nos anos 1970, fora do Brasil. No artigo "Trauma narcísico e resiliência numa experiência analítica: a transferência como tutor da resiliência", abordo a relação entre perda, luto e resiliência, valendo-me da situação trazida por uma analisante como exemplo de um processo resiliente numa experiência traumática precoce. Apresento a hipótese de que a resiliência pode ocorrer no contexto propiciado pelas relações transferenciais na relação analítica. Assim, na experiência transferencial, poderia se desenvolver um processo de resiliência do trauma.

Em "Sobre o trabalho de retificação subjetiva na entrada em análise: as primeiras entrevistas com Marcel e o jogo do *cache-cache*", apresento uma vinheta clínica para ressaltar a importância, nas primeiras entrevistas, do trabalho de retificação subjetiva, fazendo com que o candidato à análise passe a se reconhecer como partícipe da situação geradora do sofrimento. Assinalo como a memória construída por meio de narrativas pode permitir que o passado seja reinventado no presente, dando sentido a pulsões que, não conseguindo advir, não existiam como evento psíquico. Em seguida, a colega Margaret Waddington Binder faz um comentário descontraído, sensível e pertinente sobre esse trabalho,

---

[3] Alonso, S. L. (2011). Efeitos na clínica dos ideais instituídos. In *O tempo, a escuta, o feminino* (capítulo 17, p. 380). São Paulo: Casa do Psicólogo.

apresentado por mim em Paris, no Colóquio Franco-Brasileiro, do qual ela participou e cujo tema foi "As primeiras entrevistas".

No ensaio "Sobre impasses e mistérios do corpo na clínica psicanalítica", faço o relato de aspectos da experiência analítica de uma mulher que apresentava fenômenos psicossomáticos graves, que não apenas limitavam a sua existência, mas a colocavam em risco de morte. O desafio imposto à essa análise foi o de tentar desviar a violência dirigida ao corpo biológico por meio de fenômenos psicossomáticos para o psiquismo, em que a reação ao conflito pudesse se dar por meio de mecanismos simbólicos. Nesse caso, a criação de vias de simbolização constituiu um poderoso instrumento de luta contra o fenômeno psicossomático quando a analisante passou a simbolizar as separações, dando-lhes expressão, indicando assim um processo de simbolização no qual a vivência do luto, tornando-se possível, permitiu ao soma ser poupado e ao psiquismo ser enriquecido, tornando possível "negociar" histericamente com a perda e a falta.

No texto "Vicissitudes das sementes de Narciso e clínica psicanalítica", refiro-me a uma longa experiência clínica, também passada na França. Abordo o desejo parental revelado na estrutura narcísica da filha, afirmando que a semeadura do narcisismo dos pais é essencial para o florescimento do sujeito do desejo, já que surge do "buraco narcísico dos pais". Trata-se de uma experiência clínica com uma jovem mulher que vivia sob a égide de um devastador "interdito de pensar" referente a um segredo familiar. A revelação do segredo/verdade tem efeito traumático que provoca desorganização psíquica com desagregação do pensamento. Relato o caminho percorrido nessa relação analítica.

Para concluir esta "janela", apresento uma reflexão sobre a escrita psicanalítica demandada pela instituição de formação em "Sobre o relatório clínico: perdas e ganhos na escrita psicanalítica".

O relato de uma experiência clínica psicanalítica pode ser entendido como um tipo de criação reveladora de uma tentativa de travessia de um caminho que, perpassando a experiência do inconsciente, expressa-se na cena analítica por intermédio da transferência/contratransferência. O relato clínico é uma tarefa "impossível", no sentido de que nele tentamos comunicar algo que é da ordem do processo primário. Essa comunicação, no entanto, somente torna-se possível a partir de uma linguagem simbólica, cuja expressão exige o processo secundário.

Na terceira "janela", em "Notas sobre a paternidade: do mito à atualidade", reitero a importância dada pelo criador da psicanálise ao mito enquanto busca de compreensão das enigmáticas dimensões da vida. Nesse sentido, lembro que o mito do pai da horda primitiva e o mito do Édipo servem de modelo para apresentar a misteriosa imbricação entre o natural e o cultural. O tema da paternidade é abordado por meio de duas abordagens: qual a função do pai para a psicanálise? E como se configura a função paterna na contemporaneidade?

No artigo "A sexualidade na teoria e na prática psicanalíticas: sobre o complexo de Édipo e de castração", apresento uma vinheta clínica que ajuda a compreender como os conceitos de Édipo e de castração são integrados e trabalhados na clínica. Este trabalho foi brindado com um rico comentário da psicanalista pernambucana Dulce Campos.

A reflexão realizada em "Édipo e sexualidade, supremacia de uma compulsão à repetição, cem anos depois: um sempre atual desafio" é iniciada dando destaque à "compulsão à repetição" como tendência primordial inerente ao inconsciente – força soberana –, presente em todas as escolhas humanas. Sublinho, também, que a busca atávica humana por indiscriminação e completude não se restringe aos antigos mitos. Nos tempos atuais, essa tendência onipotente pode ser constatada por meio de formas de lidar com a ética na política, com a sexualidade, com o consumo e por uma espécie de destino artificial que é dado ao corpo sexuado. É lembrada a dimensão psicanalítica da sexualidade, que, diferentemente do sexo, está inserida na ordem do desejo e das representações inconscientes. Na virada do século, cabe não perder de vista a dimensão cultural geradora da vida, sem, contudo, minimizar o que de novo irrompeu: um mundo onde o excesso de visual levou à tendência de se negar a imagem do outro. É ressaltado que a psicanálise tem o importante papel de lançar o mito de Édipo e o pensamento de Freud para o terceiro milênio.

A quarta "janela", que contém reflexões sobre a relação entre psicanálise e arte, é composta por dois artigos. "Esculpindo o inaudito" é sobre a possibilidade de traduzir a essência musical em formas visíveis. Esta, anterior a qualquer forma, é expressa pelo tradutor-poeta "que consegue que o ilimitado da mensagem musical encarne-se nos limites da imagem apolínea".[4]

O "Ensaio psicanalítico sobre o ciúme: o ciúme na música popular brasileira" foi, inicialmente, objeto de uma apresentação musical por mim realizada, acompanhada de uma conversa sobre o tema com a colega e amiga psicanalista Sonia Eva Tucherman, no Midrash Centro Cultural.[5] Apresento, no texto, um diálogo entre a visão psicanalítica do ciúme, e como este é retratado na cultura em vários tempos e lugares, com especial ênfase na música popular brasileira. Nesse ensaio, também discuto a tênue fronteira que separa ciúme, inveja e avidez, apoiado em alguns clássicos da psicanálise e do teatro, mostrando como esses fenômenos são cantados

---

4 Didier-Weill, A. (1997). *Nota azul: Freud, Lacan e a arte* (p. 27). Rio de Janeiro: Contra Capa.
5 O vídeo dessa apresentação está disponível em https://www.youtube.com/watch?v=0cW-xn1Uk38.

e representados pelo imaginário social. Em seu exame, procuro destacar como o ciúme é estruturante da psique humana e como está presente na origem do amor.

Certamente, todos esses temas por mim apresentados continuam a despertar novos desenvolvimentos e questionamentos na atualidade.

Janela 1

Psicanálise e transmissão

1. Emancipação *versus* adaptação: perspectivas na formação psicanalítica[1]

Introdução

Comecemos refletindo sobre o termo *formação*, que, num sentido mais abrangente, vincula-se ao de educar, tendo suscitado diversos questionamentos, já que o vocábulo *formar* admite também o sentido de encaixar, modelar a partir de um referente. Quando o ato de formar e educar atrela-se ao sentido de modelar, prevalece uma perspectiva de formação que visa adaptar ou adequar. Entretanto, outras concepções abordam a ação de formar ou educar como práticas que preparam o sujeito para lidar com o novo, o imprevisível, entendendo que há, nesse processo, uma implicação com a "tarefa de renovar o mundo", ou seja, uma formação ou educação apoiada na criatividade (Arendt, 1972, pp. 245-246).

---

1 As ideias deste trabalho tiveram origem em apresentação por mim realizada na 10ª Conferência de Analistas Didatas, intitulada *Rééavaluation de l'enseignement psychanalytique: polemiques et changement*, em Nice, 2001, tendo sido comentada, na ocasião, por Pierre Fédida. Parte deste trabalho foi publicado em 2005, no *Jornal de Psicanálise da SBPSP*, 59(38), 131-149.

Explorando essa temática, Arendt ressalta o paradoxo que encerra a ação de educar ou formar, que não pode abrir mão "nem da autoridade, nem da tradição", mas é, apesar disso, obrigada "a caminhar em um mundo que não é estruturado nem pela autoridade, nem tampouco mantido coeso pela tradição". Nesta época em que vivemos, de enfraquecimento de valores éticos, e na qual predomina a busca do gozo incessante, o anseio pelo ilimitado, expressando a voracidade de um homem que acompanha, controla, consome produtos e informações de maneira indiscriminada, o ofício do formador permanece o de "servir como mediador entre o velho e o novo, de tal modo que sua profissão lhe exige um respeito extraordinário pelo passado" (Arendt, 1972, p. 244).

Participando de um mundo em que predominam o descartável e o efêmero, o homem tende a eximir-se de compromissos com o "longo prazo". Tenta abolir vínculos entre passado e presente e, sem voltar-se para o futuro, vive o *fluxo do tempo num presente contínuo*. Como quem corta o *"presente nas duas extremidades"*, busca "apartar o *presente da história*", mantendo o tempo tão somente como um *"ajuntamento solto, ou uma seqüência arbitrária de momentos presentes"* (Bauman, 1997, p. 113, grifos meus).

Assim, cresce a complexidade que envolve qualquer ação formadora, uma vez que, vigorando o fluxo contínuo de um tempo sempre presente, o processo de formar ou de educar refere-se não só ao conteúdo de um determinado conhecimento, mas também aos elementos constituidores de um patrimônio cultural, visando tornar o homem ciente de sua história social e consciente do sentimento de pertencimento sociocultural, garantidor de uma memória passada que o insere em uma continuidade histórica. Delineiam-se, então, duas perspectivas opostas quanto ao ato de formar: uma em que a formação, restringindo-se a um ato informativo, sem a preocupação de desenvolver uma capacidade crítica, visa modelar o sujeito ao já existente; outra que, percebida em sua globalidade, transcende a informação ou mesmo o conhecimento, realçando que a importante tarefa da formação é a de conduzir o sujeito para a "emancipação" e não para a "adaptação" (Adorno, 1995, pp. 139-144).

O eixo norteador de uma formação psicanalítica

Tomando como referência as reflexões de Arendt e Adorno, cabe interrogar qual deveria ser o eixo norteador de uma formação psicanalítica. Consideramos que uma formação não deve se limitar nem a informar, nem à aquisição de conhecimentos,[2] mas privilegiar a emancipação de cada sujeito. Na perspectiva de Theodor Adorno, emancipar consiste em preparar o sujeito para lidar com os diferentes paradoxos que permeiam a existência humana e que, expressados pelo limitado e ilimitado, pela medida e desmedida, pelo natural e cultural, afirmam em cada individualidade "a conjuntura universal do mundo" (Leão, 1980, p. 14).

Quando Freud introduziu a noção de formação em psicanálise empregando o termo *Ausbildung*, o fez ressaltando uma concepção de formação que conduzisse a uma prática de autocrítica, de interrogação, em oposição à noção de modelo. Trata-se de um "voltar-se para dentro de si", não como mergulho permanente ao ensimesmamento, e sim como possibilidade de interrogar-se, principalmente no que se refere ao trabalho empreendido com o analisante (Mannoni, 1989a).

---

2 Segundo Silva (1996, p. 206), "a informação até pode ser insumo do conhecimento, mas o conhecimento é algo mais que a soma das partes, é uma elaboração que parte dos indivíduos, mas é sancionada pelo grupo, portanto pelo social.... Sob este prisma o saber é um patrimônio que se constrói socialmente, interativamente".

Assim, as acepções depreendidas do termo Ausbildung possibilitam vislumbrar o papel fundamental que a análise pessoal e a supervisão adquirem na formação psicanalítica.

No processo de análise pessoal, cujo acesso é determinado pelo dispositivo analítico da atenção flutuante, da abstinência, da livre associação e da transferência, são criadas as condições para que ocorra, pela elaboração psíquica, a prática da autocrítica, a indagação sobre o desejo e possibilidade de ser analista, imprescindíveis no desempenho da função psicanalítica. No entanto, a transmissão da psicanálise, além de ocorrer pela via privilegiada da análise pessoal, também se vale de outros caminhos, como o da supervisão e o do conhecimento dos pilares fundantes da teoria psicanalítica.

No que concerne à supervisão, esta, quando vista como um momento no qual ocorre o confronto de experiências com vários supervisores, pode permitir, ao analista em formação, forjar a sua própria maneira de proceder. A supervisão é um momento fundamental na construção da "identidade de analista", devendo o analista em formação ser respeitado em seu estilo e na escolha do seu caminho teórico, desde que as balizas do pensamento psicanalítico estejam presentes. O tema da supervisão será aprofundado no próximo capítulo.

Sobre o ensino na formação psicanalítica

A maneira como se realiza a transmissão da psicanálise definirá a possibilidade de o ato de ensinar tornar-se, ou não, um ato emancipador. Considerando-se a possibilidade de o professor tornar-se dependente do suposto não saber do aluno, e este, do suposto saber daquele, o ensinar, principalmente em uma formação psicanalítica, deve visar tanto a emancipação do professor quanto a do "analista em formação".

Menezes (1989), de modo pertinente, cita Aulagnier, que descreve um tipo de psicopatologia clínica em que o sujeito necessita, para seu próprio equilíbrio psíquico, induzir relações passionais nos outros, podendo existir, entre os psicanalistas, um "desejo de alienar!". O que apareceria, neste caso, seriam os riscos de alienação passional, "contidos na imobilização narcísica, defensiva, representada pela possessão de um saber idealizado". Para Aulagnier, analistas e analisantes poderiam ficar, por essa via, protegidos da perda, "já que no fim tudo continua, através do gozo partilhado do saber e do poder no seio da instituição" (Aulagnier, 1982). Menezes comenta ainda que a potencialidade passional da qual fala Aulagnier "representaria um risco, sempre presente, de transformar os psicanalistas em adeptos de seitas, num triunfo das defesas narcísicas sobre o aleatório do desejo" (Menezes, 1989, p. 25).

A fim de não induzir relações de alienação, a figura de autoridade do professor não deve ser confundida com autoritarismo. Do professor é exigido ser autor do que diz, no sentido de ser o responsável por aquilo que transmite, já que no ato de ler está implicada a subjetividade do leitor. Quando esse leitor é também um transmissor, a ele cabe a responsabilidade pelo conhecimento construído a partir de sua leitura, devendo ser capaz de sustentá-lo, significando que, diante de um texto, a escolha das questões dele extraídas dependerá de seu universo psíquico. Nessa condição de autor – de ter a autoria –, cabe ao professor incluir dúvidas e incertezas no ato de transmitir, como parte de um processo de busca do conhecimento. Contudo, a errância própria a essa busca – percurso de um pensamento marcado por interrogações – não deve ser confundida com ignorância.

Mesmo quando o ato de transmitir propicia a independência intelectual do sujeito, tendo nele desenvolvido a capacidade crítica e a criatividade, em se tratando de uma formação psicanalítica, deverá haver um cuidado para que o conhecimento adquirido não seja usado como escudo defensivo. Se, em outras áreas, o ápice de uma formação é saber produzir conhecimento, na formação psicanalítica ele é apenas uma das dimensões da formação, pois o saber do analista não deve se restringir a um conhecimento consciente, mas dele se valer para provocar o não sabido do inconsciente. Como aponta Freud,

> *Na psicanálise tem existido desde o início um laço inseparável entre cura e pesquisa. O conhecimento trouxe êxito terapêutico. Era impossível tratar um paciente sem aprender algo de novo; . . . Nosso método analítico é o único em que essa preciosa conjunção é assegurada. É somente pela execução do nosso trabalho . . . analítico que podemos aprofundar nossa compreensão [sobre] o que desponta da mente humana . . . . (Freud, 1976)*

Portanto, fazem parte da formação psicanalítica todas as práticas capazes de produzir saberes que conduzam o analista em formação a vivenciar a possibilidade de se autocriticar, de duvidar e de lançar interrogações sobre si mesmo, sobre seu trabalho clínico e sobre as raízes formadoras da teoria psicanalítica. Nessa perspectiva, torna-se imprescindível durante a formação, como uma das possibilidades de o sujeito realizar escolhas, relativizar conhecimentos quando confrontado com a clínica, e flexibilizar a técnica psicanalítica, levando em conta que o novo aí está para surpreender.

Além dos analisantes que apresentam conflitos neuróticos – as neuroses de transferências –, Freud não deixa de chamar atenção para o fato de existirem tipos de conflitos que, estando fora do âmbito da simbolização, adquirem rumos diversos como possibilidade de descarga de energia. Desde 1898, ele assinalava a diferenciação entre psiconeuroses (histeria e neurose obsessiva) e neurose de angústia e neurastenia, sendo estas denominadas por ele neuroses atuais, "as quais não exigem as mesmas medidas terapêuticas". Para Freud, se as neuroses atuais estão na origem dos distúrbios somáticos diversos, é porque a excitação sexual somática não consegue passar em seu trajeto em direção à descarga do "grupo sexual". Ou seja, a excitação somática não consegue ser simbolizada, como no caso das psiconeuroses. Assim, fenômenos como o psicossomático apresentam-se impondo novos desafios à psicanálise.

Além disso, em nossa prática analítica, deparamo-nos com um certo número de analisantes que apresentam alguns traços comuns que os situam fora do campo da clínica das neuroses, para a qual Freud elaborou a teoria da técnica analítica. Tampouco esses analisantes se situam no campo da clínica das psicoses – que não se prestam ao modelo analítico no sentido restrito do termo. Entretanto, as assim denominadas, por alguns analistas, "estruturas narcísicas" podem se submeter às regras que definem o espaço analítico. Todavia, a experiência tem demonstrado que uma aplicação sem nuances dos princípios sobre os quais repousa o trabalho analítico pode entravar o desenvolvimento do processo analítico, caso em que rearranjos na postura do analista devem ser propostos. Toda questão é saber quais pressupostos teóricos psicanalíticos podem justificar tais rearranjos com esses analisantes. Segundo Célérier (1979, p. 100):

> *As análises com pacientes narcisistas são caracterizadas pelo desenvolvimento do processo identificatório,*

> *permitindo passar de uma relação imaginária dual a uma relação inscrita num espaço simbólico comum, passando por etapas que definimos como relação de terceiro excluído a relação de terceiro incluído. As particularidades técnicas requeridas são aquelas que favorecem o desenvolvimento desse processo. Elas em nada se diferenciam das de qualquer análise, mas demandam uma particular vigilância a fim de se evitar que um "erro" enquiste a transferência numa relação de terceiro excluído.*

Se, há algumas décadas, o fenômeno psicossomático vem desafiando os psicanalistas e sendo pauta de importantes debates, hoje essa pauta é aumentada pela inclusão das chamadas patologias do ato. O incremento dessas patologias pode ser entendido como fruto de uma época marcada pela existência de dispositivos e agenciamentos sociais que produzem e são produzidos por um narcisismo que encontra na ausência de lei um dos seus sustentáculos. Na ausência de culpa e de lei, a sociedade se torna cada vez mais permissiva, gerando a ilusão de que seria possível encontrar um "estado de gozo" no qual o homem pudesse ingressar no ilimitado e no indiscriminado.

É neste mundo sem "futuro", desprovido de sonhos e de respeito – no sentido de *respicere* –, que a delinquência, a toxicomania, a psicopatia, a adolescência prolongada, as inibições múltiplas ganham dimensões alarmantes.

Assim, hoje, mais do que em qualquer outra época, dispositivos e agenciamentos sociais estão enfraquecendo cada vez mais o sentido de lei, propiciando organizações psíquicas nas quais os sistemas de simbolização, inclusive o da expressão verbal, mostram-se fragilizados e preteridos, fazendo-se muitas vezes necessário que o "divã seja bem temperado" (expressão criada pelo psicanalista francês Jean-Luc Donnet).

Concordo com Birman (2002) quando afirma que "qualquer analista tem que estar atento à singularidade e ao fato de que não existe um modelo; que os primeiros analistas tiveram essa maleabilidade porque não havia um código diagnóstico estabelecido institucionalmente, nem a exigência de formar discípulos". Nesse sentido, nenhuma teoria é uma verdade absoluta, mas apenas um ponto de vista, dentre outros, de modo que a "cura-tipo" está longe de ser a única forma de se fazer psicanálise. Afirma Birman (citado por Sister et al., 2002) que, com muitos analisantes, o que o analista tem a fazer é "manter uma espécie de diálogo face a face para permitir que ele tenha um mínimo de reconhecimento narcísico dado pelo analista e daí possibilitar um outro tipo de diálogo". Trata-se, pois, de uma estratégia psicanalítica quando se adequa o enquadre àquele tipo de analisante, sustentada analiticamente pelo reconhecimento da transferência.

Se por um lado é pertinente o não recuo da análise diante desses analisantes, por outro, há os riscos de "desvios da psicanálise", sobretudo quando o diagnóstico realizado não segue critérios psicanalíticos.

Nesse sentido, Violante (2005) questiona o que tem sido chamado de "novas patologias", em relação às quais a teoria freudiana supostamente não daria mais conta. Essa autora lembra ainda que Freud, tendo descoberto a etiologia sexual das neuroses, em 1892, desvendou sintomas intimamente relacionados à psicossexualidade genital e pré-genital, descrevendo-os, desde seus primeiros escritos, como os sintomas anoréxicos e depressivos de suas analisantes, cujos casos são relatados em *Estudos sobre a histeria*

(1893-1895), bem como a sintomatologia do "pânico", descrita por ele em A sintomatologia clínica da neurose de angústia (1894-1895).

Daí concluímos que o ensino em psicanálise deverá fornecer as possibilidades para que o analista em formação não recue diante dessas patologias, nem restrinja suas indagações ao âmbito exclusivamente acadêmico. A formação deverá, também, propiciar a possibilidade de questionamento sobre o seu desejo e suas possibilidades de ocupar o lugar de analista com cada analisante singular.

Nessa perspectiva, o próprio término de uma formação psicanalítica existe apenas segundo um tempo instituído de acordo com critérios estabelecidos pela instituição. Não estando a formação calcada apenas na aquisição de conhecimentos teóricos, não haveria um término definitivo, mas um preparar-se para um novo ciclo, pois o "ensinável" em psicanálise é propulsor de um permanente questionamento que confronta o analista com o exercício de sua função.

Sobre a ocupação do lugar de analista

O analista, ocupante de um lugar – o lugar de analista –, é, como sugeriu Freud em Totem e tabu (1912/1970a) e em "A dinâmica da transferência" (1912/1970b), ocupante do lugar de suporte da transferência. Nesse lugar, é exigido dele manter-se presente--ausente. Presente, como mola propulsora da cadeia associativa, pois, como afirma Freud, "não há transferência em ausência". Se é possível dizer que a transferência perdura fora do setting analítico, é porque antes já houve presença. E ausente, no sentido de o analista não agir sobre o analisante a partir de conflitos ou valores pessoais. Nesse sentido, enquanto lugar de transferência, o analista é suporte e representante das vivências inconscientes, que se expressam por meio das associações livres do analisante.

Podemos dizer que a meta principal da psicanálise é propiciar um movimento mais livre da energia psíquica, criando a formação de cadeias significantes, conduzindo a um movimento no qual se dêem significações e ressignificações. Nesse sentido, dizer que o analista não apoia sua escuta em valores pessoais e em sua subjetividade é afirmar que, mesmo quando sua escuta é atingida pelo discurso do analisante, ele deverá ir além do significado formal do que está sendo ouvido, sem fazer atuar *suas* vivências e associações, mantendo-se em lugar discriminado daquele do analisante. Lugar do simbólico, o "lugar do analista" possibilita ao analista representar, de diferentes formas, os personagens demandados pelo analisante.

Se a receptividade é uma das qualidades mais importantes de um analista, permitindo, momentaneamente, que ele se deixe invadir pelo espaço psíquico do analisante sem reagir, não significa que ele "atue" a transferência do seu analisante. Dessa forma, podemos conceber a neutralidade como a capacidade de tratar e utilizar a própria realidade psíquica de uma maneira relativamente impessoal ou "despersonalizada", deixando-se usar pelo analisante enquanto objeto de transferência para, no momento considerado adequado, "retirar a máscara do personagem" que lhe havia sido posta pelo movimento transferencial.

Se a partir do momento em que uma pessoa se instala na sua poltrona para escutar outra pessoa, numa sessão de análise, ela não mais dispõe dela própria para si mesma, podemos nos perguntar, nesse caso, no que ela se torna. Freud respondeu "num instrumento", acrescentando não ser fácil tocar o "instrumento psíquico". Patrick Miller (2001) sugere que, se prosseguimos nessa metáfora musical, seria mais adequado pensar no aparelho psíquico transformado em uma harpa que vibre às palavras e à voz do analisante. Assim, quando o analista, durante a sessão, sente ódio, amor, desejo, raiva, chateação, alegria etc., isso é preferível a forjar que não está sentindo nada. Se a neutralidade analítica não consiste em não sentir afetos, mas a não os deixar prosseguir seu caminho "natural", a força que esses afetos introduzem no processo analítico não deve ser abafada, pois situa-se na origem da transformação psíquica (Miller, 2001). Penso que o analista não deve, selvagemente, "devolver" para o analisante o que está sentindo, dizendo-lhe simplesmente que é ele que o está fazendo sentir tal ou qual afeto, inclusive porque não devemos esquecer que o inconsciente do analista, estando exposto, sendo acionado pelo que ele escuta do analisante, poderá ser sensibilizado tanto no sentido de seu bom uso no processo analítico como de provocar resistências – "pontos cegos" na sua escuta. Daí a pertinência da análise do analista que, enquanto objeto de transferência, pode também ser fator de mudança psíquica, dependendo da maneira como vai operar no campo transferencial.

Em "Observações sobre o amor de transferência", Freud diz que "satisfazer a necessidade de amor é tão desastroso e aventureiro quanto abafá-la". Nesse sentido, Patrick Miller comunica que, no que concerne ao que o analista sente no mais íntimo do corporal-psíquico, deve sofrer um trabalho de elaboração específica que o desvia de um uso pessoal. Assim, no lugar de agir e reagir a partir da descarga de afeto, ele deve se esforçar para continuar a sentir, sem parar de pensar, suspendendo, tanto quanto possível, a via de descarga (1996). Este trabalho psíquico parte da constatação de que é o analista que sente aquele afeto, mas que não é ele quem é visado. A evidência do que é sentido, constantemente submetido a uma suspensão de atribuição e de propriedade, adquire uma dimensão outra, um distanciamento, permitindo a dinâmica do jogo simbólico. Desse modo, o autor argumenta que são as modalidades do trabalho de transformação interna ao qual o analista submete seus afetos durante a sessão que vão constituir uma parte determinante na possibilidade oferecida ao analisante de sair da compulsão de repetição. Assim, na deflexão que se produz, o analista faz entrar a realidade do experienciado e do sentido, do primeiro grau aparentemente irredutível, num espaço de representação, no sentido teatral. A suspensão da descarga permite virtualizar o que estava por acontecer numa resposta agida. Miller lembra ainda que, para Freud, a desmedida da trasferência, no que concerne à especificidade do trabalho do analista, a via na qual deve engajar-se o analista é outra que não a vida real: nem satisfazer a necessidade, nem a abafar. Nessa perspectiva, a neutralidade não protege o analista; bem ao contrário, ela o engaja em um incessante trabalho a fim de não responder pessoalmente. Vê-se, então, que a abstinência está na origem da cura, da dinâmica da cura, que não é um estado, mas um movimento psíquico, resultante de um constante trabalho de regulação e de transformação das pulsões que o analista impõe ao seu aparelho psíquico.

É a maneira como o analista apreende e concebe o que vem a ser ocupar o "lugar de analista" que garantirá a ética da psicanálise. Não confundir o seu saber com o saber inconsciente do analisante – que, por efeito da transferência, lhe é atribuído – é dever ético do analista. Por isso, o lugar do não saber do analista é questão central, pois é o que vai permitir o surgimento da verdade inconsciente do analisante. Assim, no espaço tecido com os fios associativos entre analisante e analista, é construída – reconstruída –, ressignificada a história de cada analisante.

Todavia, não é apenas no analisante que ocorrem rearranjos estruturais durante uma experiência de análise. O analista, por sua vez, no final de cada experiência de análise, não será mais o mesmo.

A esse respeito, J. B. Pontalis, em entrevista a Marques (2002), diz que as análises se passam nos dois sentidos.

> *Uma análise que seria sem efeito sobre o analista, que não o sacudiria, que não lhe ensinaria nada, que eventualmente não o modificaria, que seria no final, como era no começo. . . . Neste caso, a meu ver, não houve análise; a eficácia, ou não se joga dos dois lados. . . . A análise nos ensina também alguma coisa e não apenas teoricamente. . . . Tudo o que me fez avançar pessoalmente em alguns dos meus trabalhos, mais ou menos teóricos vem de meus pacientes. Sempre, sempre, sempre. Não exclusivamente, mas para mim, é a fonte primeira. (p. 36)*

Reflexões sobre a supervisão: quem fala a quem?

Quando Maud Mannoni (1989a) destaca a pergunta "quem fala a quem?", básica no processo de supervisão, esta pergunta está sendo considerada como o axe em torno do qual a supervisão se ordena, e ela sensibiliza tanto o candidato quanto o supervisor, levando-os à possibilidade de permanecerem expostos ao inconsciente.

Durante o exercício de sua clínica, o analista em formação, em análise ou em supervisão estará irremediavelmente sozinho com o seu analisante; é, pois, o responsável pelos seus atos analíticos. Da solidão, ao longo do processo analítico, emergem incertezas e dúvidas que colocam à prova o seu narcisismo. A inevitabilidade dessa situação lança o analista em busca de certezas ou garantias, seja por meio de um saber teórico, seja por meio de um saber de outrem, a fim de obter respostas.

Mas o que significa obter esse saber aplacador? Estamos cientes de que é justamente no não saber do analista – não saber referido ao que se passa no inconsciente do analisante – que a experiência psicanalítica poderá trilhar um caminho favorável à análise. Portanto, é dessa falta de saber do analista que o saber do inconsciente do analisante poderá aflorar, por meio da transferência.

Sabemos também que a mobilização, aliada à elaboração das vivências inconscientes do analisante, depende de o analista se manter no lugar de analista. O termo lugar de analista deve ser entendido como podendo eventualmente não estar ocupado; isso significa que alguém pode estar ocupando a poltrona do consultório e escutando um outro deitado no divã, sem que aquele esteja de fato ocupando o lugar de analista.

Que fique claro que essas considerações são aplicadas, sobretudo, aos analisantes de estrutura neurótica. Com os não neuróticos, o lugar do analista, sempre demarcado, deverá ser "temperado" de outras formas.

Enquanto na vida real uma pessoa elogiada ou criticada responde de acordo com aquilo que ouviu ou sentiu – o que instaura o equilíbrio da situação –, no processo analítico é a não resposta no mesmo nível que, ao provocar um desequilíbrio da situação, certamente mobilizará vivências do analisante que, a partir daí, buscará expressá-las por meio de um discurso. Se não cabe ao analista responder "atuando" seus sentimentos e sensações, é porque ele ocupa um lugar específico que o isenta do atributo de ser bom ou mau enquanto pessoa.

Entretanto, se é possível falar de um bom analista, este o será justamente se conseguir ocupar o lugar de objeto da transferência e puder suportar, durante o tempo necessário, a máscara transferencial nele posta pelo analisante, e cuja importância reside no fato de ser a expressão de suas vivências inconscientes. Permanecer, então, nesse lugar de suporte da transferência e saber, no momento oportuno, retirar a "máscara" – por meio de silêncios, intervenções, pontuações e interpretações – para provocar ressignificações é manter a ética da psicanálise. Ética que exige do analista uma postura facilitadora do confronto do analisante com seus conflitos, limites e frustrações, que exige dele, portanto, ser o impulsionador do confronto com os limites e a onipotência.

São vários os autores que assinalam a existência de uma prática de supervisão ainda antes de sua institucionalização. Tal fato é comprovado por meio da correspondência de Freud com seus discípulos, mas tudo indica que esses encontros não eram sistemáticos. Talvez a única coisa sistemática fosse mesmo o hábito de Freud de fazer longas caminhadas com os discípulos que o procuravam para consultá-lo.

Somente a partir da fundação da Policlínica de Berlim é que se instaurou a exigência de uma supervisão considerada como etapa da formação do analista, condição necessária, segundo os termos de Max Eitingon, "à reprodução da espécie analítica".[3] Nesta comunicação, pode-se ler:

> *Nós confiamos aos estudantes já avançados nos estudos da teoria e na sua análise pessoal, um ou vários casos . . . que convêm aos debutantes. Através de anotações detalhadas que devem ser redigidas pelos estudantes, seguimos de perto as análises e podemos detectar facilmente uma porção de erros que comete o analista inexperiente . . . . Nós protegemos os analisandos que são confiados aos debutantes, através do controle que exer-*

---

3 Ver artigo de Michelle Moureau (1977) na revista *Topique*, que reproduz a comunicação de Eitingon sobre as atividades da Policlínica de Berlim, de março de 1920 a junho de 1922.

> cemos sobre o tratamento, estando sempre prontos a retirar o caso do estudante para continuar nós mesmos o tratamento . . . . Podemos então estar satisfeitos do aspecto formador de nossa policlínica. (Moureau, 1977)

Como podemos imaginar por essa passagem de Michelle Moureau, a escuta do analista-candidato estava longe de ser isenta e "flutuante", já que havia sempre injunções superegóicas da instituição, acima de tudo.

Segundo Eitingon, o analista seria imune a qualquer "equívoco" ou "erro", e não haveria lugar para se pensar que em algum momento ele necessitasse de uma reanálise, nem para se cogitar que a análise pudesse ser um processo sem fim e que o ser humano estivesse sendo continuamente posto à prova, de diferentes maneiras, ao longo da vida. Como nos lembra Freud em Análise terminável e interminável (1937/1975), o fato de termos sanado as situações geradoras de angústia não quer dizer que novas dificuldades não apareçam.

Se Eitingon, por um lado, considera indispensável a formação para que haja "reprodução da espécie psicanalítica", por outro, não demarca o que de fato seria próprio a essa espécie. Faz, portanto, considerações que não se referem especificamente à psicanálise.

No entanto, cabe ainda indagar se, de 1920 para cá, as coisas mudaram, e em que mudaram. Hoje, pelo menos, já sabemos que tanto a forma de transmitir como o conteúdo a ser transmitido em nada se assemelham à aprendizagem de qualquer outra "arte", ou, se quisermos, de qualquer outra "área do conhecimento". Assim, na atualidade, aprendemos que apenas um relatório detalhado das sessões, ainda que tão fiel quanto possível, não é suficiente para responder ao trabalho do analista, uma vez que a "arte de psicanalisar" consiste em uma criação que provém da própria análise do analista e que existe uma insuficiência básica em todo resumo de análise, já que se põe aí a questão de como relatar vivências que são da ordem do inconsciente.

Sobre a formação na Sociedade Psicanalítica de Paris: tentativa de independência entre análise pessoal e instituição

Sempre iniciada antes da entrada do candidato na formação, a análise pessoal tem destaque especial na formação do Instituto da Sociedade Psicanalítica de Paris – SPP, onde realizei minha formação de 1969 a 1979.

Embora a maioria dos candidatos entre para a formação ainda em processo de análise, esta poderá prosseguir concomitante ao processo de formação. Desse modo, um candidato pode entrar na formação já tendo concluído sua análise, ou, se ainda não a tiver terminado, prossegui-la, de tal forma que análise e formação se cruzem, se interpenetram, sendo responsáveis pela construção da identidade analítica dos membros desta Sociedade (Faure-Pragier, 2001). Todavia, o que deve ser destacado, a partir de 1970, época de minha formação na Société Psychanalytique de Paris, é a independência entre a análise pessoal do candidato e a instituição, proposta que indica a preocupação em proteger a análise das influências da instituição, já que a análise pessoal era concebida, naquela época, como o fundamento da identidade do futuro analista. Com essa postura institucional, a SPP explicava o fato de a seleção só ser realizada após certo tempo de análise e também a recusa de todo ensino que priorizasse o acúmulo de conhecimento segundo um modelo universitário.

A não existência de análise didática

Como vimos, a formação só se iniciava naquela instituição quando o candidato tivesse um certo tempo de análise (em torno de três anos) e após uma seleção. Não existia análise de formação, nem pré-seleção, nem "*reporting analyst*" (Faure-Pragier, 2001). Com o propósito de proteger a análise pessoal do candidato, em 1970 foi abandonada a análise didática, possibilitando que o desejo de se tornar analista pudesse ser analisado, não sendo confirmado por antecipação. Assim, a Sociedade Psicanalítica de Paris – SPP – acreditava que a análise da transferência, principalmente a negativa – mais difícil de ser expressada na análise didática –, pudesse chegar a uma melhor resolução.

A SPP constatou que a prática da primeira experiência de análise, quando realizada fora da instituição, possibilitava uma melhor capacidade de autoanálise, enquanto qualificar uma análise de didática lhe impõe um objetivo que anula a sua especificidade (Faure-Pragier, 2001). Assim, o processo de formação integra também a possibilidade de reanálises, estabelecendo-se uma relação de temporalidade marcada por uma concepção diacrônica em que a formação, bem como a análise pessoal, é "interminável" (Faure-Pragier, 2001). Esses aspectos tornam-se relevantes, uma vez que a SPP considera que a transmissão da psicanálise ocorre, sobretudo, durante a experiência analítica do candidato. Assim, a formação é concebida como um ideal de busca permanente do trabalho de autoanálise "em presença do analisando", graças à compreensão dos movimentos de transferência e de contratransferência.

Com esses procedimentos, a Sociedade Psicanalítica de Paris assumiu que a análise didática não era a melhor solução nem para se formar um analista, nem para evitar "os candidatos conformistas, não criativos, instalados em uma repetição mortífera da mesmice" (Faure Pragier, 2001). Tal conclusão produziu um profundo questionamento, provocando uma reviravolta em torno da questão da transmissão da psicanálise. Passou a ser buscada e valorizada a introjeção da função analítica em lugar da identificação com a pessoa do analista.

Valorizando um percurso pouco diretivo de formação, a SPP incentiva a emergência de estilos variados e desenvolvimento da subjetivação e da identidade própria de cada um. Assim, Faure-Pragier (2001) afirma que admitir de modo muito manifesto a incerteza e a multiplicidade dos pontos de vista – como fazemos nós – pode manter o candidato em certa imprecisão, às vezes angustiante. Deixar-se desorganizar na escuta do analisante para que emerja, a partir do sistema formado pelos dois inconscientes, uma interpretação criadora de algo novo supõe a existência prévia de um sistema teórico suficientemente estruturado que poderá, então, ser remanejado.

Naquela época, a formação na SPP pretendia favorecer "a diversidade, a autenticidade e a responsabilidade". A seleção era considerada o momento fundamental, no qual o candidato é submetido a uma gama de apreciações, uma vez que o pressuposto é o de que sua análise se encontra "bastante adiantada". Nessa ocasião, o candidato era convidado a falar sobre o seu processo de análise, a partir do que a instituição intervém de fora, para reconhecer, *a posteriori*, o valor do percurso realizado. Só então começarão as supervisões. Segundo Faure-Pragier (2001), "a SPP busca verificar se realmente o processo analítico foi realizado no candidato e se o funcionamento psíquico está bastante livre para ouvir e compartilhar o de uma outra pessoa". Concebida dessa forma, a formação estaria mais próxima do processo analítico do que do ensino acadêmico.

O analista, catalisador da cura do desejo

Espera-se que o analista em formação em seu processo de "cura" possa vir a poder cumprir a sua função de analista enquanto catalisador do encontro que seu analisante deverá fazer consigo mesmo: tornar-se o que é.

O saudoso colega Fábio Herrmann (2000), fazendo pertinente analogia entre cura psicanalítica e cura do queijo, comenta que, "curado", um queijo torna-se plenamente queijo daquela espécie. Assim, enfatiza que a cura na análise é a cura do desejo. Nessa acepção de cura, diz Herrmann, "podemos compreender a cura analítica como poder chegar à sua potencialidade, nem mais nem menos; já se vê que não se trata de erradicar alguma coisa da personalidade, mas de sazonar, amadurecer, desenvolver, palavras equivalentes a cura" (2000, p. 121). Curado, diz Herrmann, o homem cuida de seu próprio desejo. Curado, o homem habita-se, habita o desejo próprio, "não descura, não deixa de tomar cuidado com ele" (2000, p. 121). Com isso,

> *aprendemos que quando a gente tenta curar algo ou alguém, com critérios de uma outra coisa, de uma outra pessoa, de uma outra cultura, ou simplesmente de outro grupo social, o nosso, por exemplo – gostaria que meu paciente ficasse como eu imagino que sou –, o resultado pode ser catastrófico: pode-se curar de menos, pode-se curar de mais, no sentido do queijo, e pode-se curar errado, que é o pior de tudo, ou seja, dar uma direção completamente alheia ao sentido do desejo. (Herrmann, 2000, p. 121)*

Encontrei em outro Herrmann um pensamento semelhante:

> *Nada lhe posso dar que não exista em você mesmo. Não posso abrir-lhe um mundo de imagens além daquele que há em sua própria alma. Nada lhe posso dar a não ser a oportunidade, o impulso, a chave. Eu o ajudarei a tornar visível o seu próprio mundo, e isso é tudo. (Herrmann Hesse)*

Referências

Adorno, T. (1995). *Educação e emancipação*. São Paulo: Paz e Terra.

Arendt, H. (1972). *Entre o passado e o futuro*. São Paulo: Perspectiva.

Aulagnier, P. (1982). *Les destins du plaisir*. Paris: PUF.

Bauman, Z. (1997). *O mal-estar na pós-modernidade*. Rio de Janeiro: Jorge Zahar.

Faure-Pragier, S. (2001, julho). O implícito no modelo de formação da Société Psychanalytique de Paris. In Reéavaluation de l'enseignement psychanalytique: polemiques et changement. *10ª Conferência de Analistas Didatas no Congresso Internacional da IPA em Nice*. (Tradução de Marilda Pedreira, sem paginação).

Freud, S. (1970a). *Totem et tabou*. Paris: Payot & Rivages. (Obra original publicada em 1912).

Freud, S. (1970b). La dynamique du transfert. In S. Freud, *La technique psychanalytique* (pp. 50-60). Paris: PUF. (Obra original publicada em 1912).

Freud, S. (1970c). Les voies nouvelles de la thérapeutiques psychanalyqique. In S. Freud, *La technique psychanalytique* (pp. 137-138). Paris: PUF. (Obra original publicada em 1918).

Freud, S. (1975). Análise terminável e interminável. In J. Strachey (Ed.), *Edição standard brasileira das obras psicológicas completas de Sigmund Freud* (vol. XXIII, pp. 239-287). Rio de Janeiro: Imago. (Obra original publicada em 1937).

Freud, S. (1976). A questão da análise leiga. Pós-escrito. In J. Strachey (Ed.), *Edição standard brasileira das obras psicológicas completas de Sigmund Freud* (vol. XX, p. 291). Rio de Janeiro: Imago. (Obra original publicada em 1927)

Herrigel, E. (1975). *Arte cavalheiresca do arqueiro Zen*. São Paulo: Pensamento.

Leão, E. C. (1980). Origem do pensamento. In E. C. Leão (Org.), *Heráclito: fragmentos*. Rio de Janeiro: Tempo Brasileiro.

Mannoni, M. (1989a). *Da paixão do ser à "loucura" do saber: Freud, os anglo-saxões e Lacan*. Rio de Janeiro: Jorge Zahar.

Mannoni, M. (1989b). Risque et chance de la supervision. *Études Freudiennes*, *31*, 29-30.

Menezes. L. C. (1989). A paixão na teoria e na clínica psicanalítica. *Ide*, 20-25.

Miller, P. (1996). Devenir psychanalyste: les consequences d'un choix singulier. *Topique*, 61.

Miller, P. (2001). *Le psychanalyste pendant la séance*. Paris: PUF.

Moureau, M. (1977). Analyse quatrième, contrôle, formation. *Topique*, *18*, 63-89.

Pontalis, J.-B. (2002). Entrevista com J.-B. Pontalis por Marcelo Marques. *Jornal de Psicanálise*, *35*, 64-65.

Rocha, F. (1995). O psicanalista: um artífice e os limites de sua identidade. *Revista Brasileira de Psicanálise, 29*(3), 441-451.

Rocha, F. (2001, julho). Sur ce que est introductoire et ce qui est facultatif dans la formation du psychanalyste. In Rééavaluation de l'enseignement psychanalytique: polemiques et changemente. *10ª Conferência de Analistas Didatas no Congresso Internacional da IPA em Nice.*

Rocha, F. (2003). Sobre Édipo, atualidade e patologias do ato: drogas e pós-modernidade. In M. Baptista, M. S. Cruz, & R. Matias, *Drogas e pós-modernidade: prazer, sofrimento, tabu, 1* (pp. 57-65). Rio de Janeiro: UFRJ.

Ropa, D. (1991). As três dimensões da supervisão. *Percurso, 5*(6), 55-57.

Silva, L. M. (1966). Ciberespaço e educação. In *Anuário de Educação.* Rio de Janeiro: Tempo Brasileiro.

Sister, B. M., Sammarone, C., Selaibe, M., Getlinger, P. V., & Cromberg, R. U. (2002). Os jogos de verdade da psicanálise. Entrevista com Joel Birman. *Percurso, 29,* 103-120. Recuperado de http://revistapercurso.uol.com.br/pdfs/p29_entrevista.pdf

Violante, M. L. V. (2005). Algumas notas sobre a histeria e a homossexualidade femininas. *Trieb, 1-2*(4), 191-203.

2. A transferência na supervisão psicanalítica[1]

> *Então o que devo fazer?*
>
> *Tem que aprender a esperar.*
>
> *Como se aprende a esperar?*
>
> *Desprendendo-se de si mesmo, deixando para trás tudo o que tem e o que é, de maneira que no senhor nada restará, a não ser a tensão sem nenhuma intenção.*
>
> *(Herrigel, 1984, p. 51)*

Abordar o tema da transferência na supervisão exige que se demarque o momento no qual se torna necessária a figura do

---
[1] Este texto é uma releitura-revisão, feita em maio de 2016, do trabalho "Sobre a transferência na supervisão dita 'oficial'", apresentado como tema livre no XV Congresso Brasileiro de Psicanálise, realizado em Recife, no qual recebeu o Prêmio Durval Marcondes. Publicado em 1995 na *Revista Brasileira de Psicanálise*, 29(4).

supervisor, bem como o processo pelo qual deverá passar aquele que aspira ocupar o assim chamado lugar de analista.

Quando se faz um apanhado da história da supervisão, o trajeto percorrido pelo candidato a analista por meio das análises supervisionadas, "seremos levados a falar tanto da supervisão como da instituição que produz ou não o 'analista'" (Mannoni, 1989, p. 82). Segundo a autora, quando Freud lembrou que a ciência analítica devia ser recolocada em questão em cada caso, ele estava indicando ao analista que o saber exigido consistia, antes de tudo, em passar pela ignorância daquilo que se sabe. Essa ignorância, diz ela, "tal como o indica Lacan, não é ausência de saber, mas paixão do ser, caminho onde o ser se forma" (p. 83). Assim, "sem mestre que o forme em um não-saber (que não dever ser confundido com a negação do saber), o candidato a análise corre o risco de se converter num robô" (1989, p. 83).

Para Freud (1912/1953), o analista "deve voltar seu próprio inconsciente, como órgão receptor, na direção do inconsciente transmissor do paciente". Deve ser capaz, então, de se servir de seu próprio inconsciente como de um instrumento. Assim, concordo com aqueles que pensam que dois analistas, com um mesmo analisante, reagirão de maneira diferente ao material apresentado pelo analisante, porque esse material os interpelará de modo diverso, conforme a história e a análise de cada um.

Antes de 1920, formar um candidato era sensibilizá-lo para aquilo que participa do inconsciente no processo analítico. Naquela época, eram os pontos cegos do analista o objeto do questionamento. Segundo Mannoni (1989), a partir de 1920, a supervisão deixou a Era Artesanal do companheirismo com alguém mais experiente, e, sendo integrada pelo Instituto de Berlim numa estratégia de ensino, tornou-se uma instância de vigilância do candidato (p. 84).

Em geral, a formação do analista ocorre em três dimensões: uma diz respeito à sua análise pessoal; outra, à sua formação teórica; e a última, finalmente, é aquela concernente ao início do trabalho clínico sob supervisão, que marca a entrada em cena da figura do supervisor.

Embora não seja nem o analista, nem o professor, o supervisor pode ser alvo de demandas por parte do supervisando, as quais revelam estar o supervisor colocado no lugar ora de professor, ora de analista.

Sabemos da complexidade que envolve o tornar-se analista, pois, para que isso ocorra, não basta para tal, como nos lembra Freud, ter sido analisado e, acrescentamos, nem apenas possuir um saber teórico. A teoria enraiza-se na experiência pessoal do analista e não pode ser transmitida à maneira das ciências exatas, já que a psicanálise funciona de maneria diferente dessas ciências.

A introdução do termo Ausbildung, por Freud, para referir-se à formação, nos é lembrado por Mannoni (1989). Esse termo tem uma conotação mais de autocrítica do que de modelo. Assim, é a uma interrogação e uma autocrítica que é submetido o analista quando empreende um trabalho clínico com seu analisante. Nesse sentido, entendemos que é a prática clínica que define o psicanalista. Portanto, se a análise pessoal e a formação teórica são imprescindíveis na formação de um analista, é, todavia, no fazer analítico que ele viverá os desafios sobre suas possibilidades e desejo de manter-se nessa função, de manter-se no lugar de analista. Sendo o lugar de analista o lugar do simbólico, este possui leis próprias, intrínsecas a esse lugar. Assim, o termo lugar pode ser entendido como podendo, eventualmente, não estar ocupado. Isso significa que alguém pode estar ocupando a poltrona do consultório e ouvindo um outro deitado no divã sem que aquele esteja ocupando o lugar de analista.

Similar ao papel que a esfinge desempenha nas sociedades primitivas, como Freud (1912/1970) descreve em *Totem e tabu*, o analista também se presta a desempenhar função semelhante. Quando ocupando esse lugar, ele se presta a ser vivenciado pelo analisante como receptáculo das diversas sensações e vivências que o atormentam, como objeto de projeção das mais variadas vivências e imagos que marcam e constituem o psiquismo deste.

O analista, em sua posição de objeto de transferência, possibilita que o analisante o vivencie como uma espécie de lugar para onde transferirá as suas mais variadas vivências psíquicas. Em *Totem e tabu*, Freud (1912/1970), quando se refere às práticas mágicas nas sociedades primitivas, diz que um dos procedimentos mágicos mais utilizados para prejudicar um inimigo consistia na fabricação de uma esfinge com materiais de qualquer natureza, sem que a semelhança fosse um requisito indispensável. Tudo o que era infligido à dita esfinge recaía sobre a pessoa que ela representava.

Esse ato de transportar, de transferir, em seu sentido mais abrangente, refere-se a um deslocamento de vivências que são dirigidas a um outro.

A partir dessa abordagem, encontramos justificativas para diferentes práticas cujo propósito, sem ser propriamente terapêutico, acaba por gerar um efeito que poderíamos assim nomear. Como exemplo, podemos citar as práticas de confissão, assim como os rituais místicos (práticas xamanísticas), até a relação entre o paciente e o seu médico. Se essas relações encontram suporte no que assim está definido como transferência, esse fenômeno transferencial não se torna, contudo, material que se ofereça à interpretação.

Embora constitua um dos pilares da técnica psicanalítica, o fenômeno da transferência a ela não se restringe, pois a transferência tem se revelado fenômeno inerente às relações humanas. Mesmo antes de Freud ter conceituado a transferência, o seu valor terapêutico já havia demonstrado sua eficácia como núcleo indecifrável de diferentes formas de relações que hoje poderíamos inscrever como possuidoras de um cunho terapêutico.

Na situação analítica, o fenômeno da transferência é definido por Freud como expressão de uma necessidade do analisante repetir no presente uma vivência passada. Nesse sentido, a transferência seria não só o ponto de partida, mas o que sustenta o processo analítico, uma vez que este propicia uma revivência – um viver de novo –, possibilitando ao analisante ressignificar a sua história. Enquanto um "inclinar-se para", a clínica jamais deverá ser vista como uma representação da vida, uma vez que ali se funda um acontecimento vivencial repleto de sensações e de ocorrências singulares. Esse acontecimento vivencial é, pois, a matéria-prima do processo analítico, sendo por seu intermédio que se apresentam o reconhecível e o irreconhecível, o passado e o presente, o vivido e o ansiado, configurados numa única cena.

Estando a transferência referida ao automatismo de repetição, face a esse fenômeno, cabe ao analista voltar a sua escuta para além do significado manifesto do que está sendo ouvido, devendo o ato interpretativo ocorrer na articulação entre conteúdo manifesto e conteúdo latente – portanto, uma interpretação da qual deve estar excluída qualquer valoração moral referente às vivências do analisante. Dessa maneira, o analista está cumprindo a função semelhante à de lápide/esfinge, enquanto objeto da transferência. Assim, podemos inferir que o analista sai do lugar de analista quando interfere com sua pessoalidade, ou seja, com opiniões pessoais, valores e desejos próprios.

É a partir da instauração da transferência – propiciadora dos diferentes processos de simbolização – que se tornam viáveis os vários arranjos de uma mesma história do sujeito. História feita por meio de marcas para sempre inalteráveis, mas que não se furtam aos inúmeros rearranjos.

Permanecer no lugar de esfinge, ou seja, ser tudo, mas não ser nada, quer dizer que o analista se presta a ser "vazio" de si próprio, podendo ser preenchido pelo analisante com as mais diversas imagens. Estando a escuta do analista marcada pelo lugar que o posiciona – lugar do simbólico –, seus pressupostos teóricos estarão presentes mesmo que em estado de "suspensão", quando a teoria, embora não determinando a escuta do analista de maneira apriorística, ali está servindo de filtro.

Podemos conceber a neutralidade do analista como a capacidade de tratar e utilizar a própria realidade psíquica de uma maneira relativamente impessoal, em que o analista se deixa "usar" pelo analisante enquanto objeto de transferência para, no momento considerado adequado, retirar a máscara do personagem que lhe havia sido posta pelo movimento transferencial do analisante.

Assim, o analista, enquanto *faire semblant* (expressão francesa cunhada por Lacan), está longe de um "jogo de fingimento", como sugere a tradução "fazer de conta". Se há um "fazer de conta" ou um "fingir", estes estão próximos de algo que a Grécia Antiga nos legou: o jogo de máscaras. Máscaras que, no dizer de Jean Pierre Vernant, possuem uma função reveladora, pois "o que a máscara de Gorgó nos permite ver, quando exerce sobre nós o seu fascínio, somos nós mesmos no além, . . . esta face mascarada de invisível que no olho de Gorgó revela-se a verdade de nosso próprio rosto" (Vernant, 1988, p. 106).

Talvez a máscara, no processo analítico, tenha uma função reveladora da realidade psíquica do analisante. Retrato da circunstância psíquica, retrato de um momento no qual vivências inconscientes irrompem, surpreendendo tanto o analisante quanto o próprio analista. Máscara que, ao clamar por acolhida e reconhecimento, denota a expectativa do analisante de que ali onde se instaura a cena analítica ele possa ter respostas para o seu sofrimento.

Por outro lado, o *faire semblant* não significa que o analista negue o que ele possa vir a sentir em relação ao analisante. Essa tomada de consciência do analista, "sou eu quem sente mas não sou eu quem é visado" , deverá chegar a ele como interrogação, "o que sinto e no lugar de quem?" (Miller, 2001, p. 16).

Como lápide/esfinge, o psicanalista no exercício da clínica deverá manter em suspensão suas vivências pessoais, mesmo aquelas que porventura se manifestem acionadas por situações trazidas pelo analisante. Se na função de analista ele não pode abolir sua história pessoal, nem por isso essa história deverá invadir a cena analítica, criando obstáculos à sua escuta e retirando-o, dessa forma, da posição de esfinge. Portanto, ocupar o lugar de lápide/esfinge e lugar de suposto saber é o desafio que se coloca para o analisa. Desafio que, certamente, não será superado apenas pela formação teórica. Esta possibilita circunscrever o campo do saber no qual a psicanálise se insere, fornecendo ao mesmo tempo uma teoria sobre a técnica/ética psicanalítica. Entretanto, ter a compreensão teórica da técnica/ética psicanalítica não é suficiente para manter o analista em sua função, pois, quando há um bloqueio na escuta do analista, tal bloqueio advém de impedimentos causados por seus "pontos cegos", não bastando, portanto, apenas uma compreensão cognitiva.

No seu fazer clínico, o analista é questionado, de modo singular, por cada analisante, a ocupar o "lugar de analista", já que ocupar esse lugar não é uma coisa natural.

Sob essa perspectiva, o analista deveria aplicar a si mesmo o que Freud (1915/1969) ressaltou no seu artigo Observações sobre o amor de transferência, no que concerne ao analisante, que

> *É portanto, tão desastroso para a análise que o anseio do paciente por amor seja satisfeito quanto que seja suprimido. O caminho que o analista deve seguir não é nenhum destes; é um caminho para o qual não existe modelo na vida real. Ele tem de tormar cuidado para não se afastar do amor transferencial, repeli-lo ou torná-lo desagradável para a paciente; mas deve, de modo igualmente resoluto, recusar-lhe qualquer retribuição. (Freud, 1915/1970, p. 216)*

Piera Aulagnier, em seu livro O aprendiz de historiador e o mestre-feiticeiro (1989), ao referir-se à prática de reanálises e de supervisões, e escutando alguns analistas falarem de suas experiências "contratransferenciais" – seja na situação de análise, seja na de supervisão – deparou-se com a frequente confusão entre as problemáticas pessoais de tais analisantes em reanálises ou analistas em supervisão e as de seus respectivos analisantes. Muitas vezes, diz ela, "os afetos mobilizados por certas manifestações transferenciais só são toleráveis para o analista se ele recorrer a uma defesa bastante próxima do conceito kleiniano de identificação projetiva" (Aulagnier, 1989, p. 23). E acrescenta: "o analista projeta no analisante alguns de seus próprios pensamentos, algumas de suas fantasias, cuja elucidação não foi realizada em sua análise pessoal, sendo vivenciada por ele como um perigo inassumível, o que explica a sua exclusão do espaço analítico" (1989, p. 23). Na abordagem de Aulagnier, os afetos e as projeções transferenciais, das quais o analista se torna suporte, mobilizarão representações pulsionais, abrindo uma brecha na proteção que o analista há de ter erigido para delas se preservar. Nesses casos, o analista ou se torna "surdo" face ao material do analisante, ou viverá um estado de angústia que atribuirá ao excesso das manifestações transferenciais do analisante.

Podemos dizer que a comunicação feita por Piera Aulagnier vem apenas reforçar o que todos já sabemos, ou seja, que somente por meio da análise pessoal o analista poderá criar em si próprio condições que lhe permitam tanto viver a solidão que tal prática exige como ser atingido em suas vivências pessoais sem, contudo, permitir que tais vivências o coloquem numa situação indiscriminada em relação às experiências vividas pelo analisante. Além disso, acreditamos que somente por meio da análise pessoal o analista pode ter a percepção dos momentos em que sai do lugar de analista. Assim, não estamos excluindo a possibilidade de o analista sair de seu lugar, mas, sim, enfatizando a necessidade de que haja consciência dessa saída.

É em decorrência desses múltiplos desafios com os quais o analista se vê confrontado que surge, como parte de sua formação, a necessidade da supervisão. Cabe considerar, então, que o analista em formação inicia seu primeiro trabalho clínico estando simultaneamente em análise e, por isso, intensamente ativado para repetir as suas vivências inconscientes, ao mesmo tempo que tem de ocupar a posição de lápide/esfinge, de receptáculo das revivências de seu analisante e lugar de suposto saber. Nessa situação, a partir da qual o analista, em formação vivencia-se ora como analisante, ora como analista é que, como parte do processo de formação, surge a figura do supervisor.

O supervisor deverá ser o facilitador do reconhecimento das eventuais indiscriminações que o supervisando possa estar vivendo, pois é justamente nesse momento que o analista em formação e em análise, ao vivenciar uma intensificação da abertura de seus processos inconscientes, tende a estender o seu campo transferencial até o supervisor, demandando deste, por vezes, respostas que só poderiam ser encontradas no âmbito da própria análise. Ao lado disso, com frequência, o analista em formação, na posição de analista, ao ver-se diante da singularidade intrínseca ao analisante, e vivendo o desapontamento por constatar a impossibilidade de fazer uma aplicação imediata da teoria,[2] tende a demandar do supervisor "dicas", como se esse fosse um professor que detivesse chaves mágicas. Assim, seja da posição (colocada) de analista, seja da posição (igualmente colocada) de professor, o supervisor presta-se com facilidade a tornar-se objeto de idealização e de transferência.

Ponho-me de acordo com aqueles que pensam que o analista, esteja ele ou não em formação, é o único responsável por seus atos analíticos. A supervisão, quando sua prática é regulamentada, tende a colocar o supervisor não apenas na posição de ser o referencial do analista em formação, mas o responsável pelo tratamento que se desenrola entre ele e seu analisante. Muitas vezes, o sujeito suposto saber (ou o sujeito que sabe) passa a ser o supervisor, o que desvia a atitude do analista em formação, que, nesse caso, corre o risco de não se autorizar a ocupar para seu analisante o lugar de analista. Em seu apagamento como analista (do analisante), ele passa, de fato, a remeter o analisante ao supervisor.

Concordo com Mannoni (1989) quando diz que um supervisor só pode ser eficaz se ficar um pouco recuado, em vez de procurar ocupar fantasmaticamente o lugar de analista do analisante. Para ela, "a questão 'quem fala a quem?' constitui o eixo em torno

---

2 Emmanuel Peterfreund (1983), apoiando-se em casos pessoais de sua prática, observou que, em certos momentos de angústia em sua escuta, ele próprio se refugiava numa conduta estereotipada, justamente a que ele critica em seu livro. De fato, ocorre-lhe então soltar interpretações "pré-fabricadas" em vez de esperar que a "resposta" (venha ela do analisante ou do analista com o analisante) surja, no devido tempo, da desordem inerente a certos momentos do percurso analítico. Segundo ele, citado por Maud Mannoni (1988, p. 143), "quando um analista tem idéias preconcebidas sobre a técnica a ser utilizada num tratamento, ele corre o risco de estragar o que, no paciente, funciona como emergência da verdade. Assim, se forma um 'paciente dócil', que passa ao largo de sua análise, que se desenrola inteiramente na aparência".

do qual se ordena a supervisão. Não se estando atento a isso, embaralham-se as cartas e falseia-se o jogo" (p. 98).

Mesmo enfatizando o fenômeno da transferência – sustentáculo do processo analítico –, uma vez que ele expressa a necessidade de repetição advinda do analisante, Freud não deixa de assinalar os riscos decorrentes de tal fenômeno, bem como a dimensão paradoxal que a transferência adquire no processo analítico. Em "A dinâmica da transferência", Freud (1912/1969) chama a atenção para dois aspectos especialmente instigantes que a transferência adquire no processo analítico. Um deles é a constatação de que, no sujeito neurótico submetido à análise, o fenômeno transferencial instaura-se de forma mais intensa do que naqueles que não estão em análise. O outro refere-se ao aspecto paradoxal da transferência no âmbito da análise: por um lado, a transferência seria responsável pelas fortes resistências ao processo analítico; por outro, fora desse processo, ela se constitui no substrato "do efeito terapêutico e condição de seu êxito". A partir dessa perspectiva, podemos observar na supervisão o fenômeno da transferência quando acontece com aquele que está concomitantemente em supervisão e em análise. Contudo, se no processo analítico a transferência é a ele intrínseca e mesmo o seu móvel, cabe indagar como deverá proceder o supervisor diante de tal fenômeno na supervisão.

Corrêa (1995), indagando sobre o que está presente no momento da escolha do supervisor, escreve que "além dos fatores conscientes (admiração pelo conhecimento, reconhecimento profissional etc.), certamente fatores inconscientes são determinantes desta escolha" (p. 62). Se pensamos, por outro lado, na situação de supervisão, o supervisando pode também projetar no supervisor o seu ideal de ego – herdeiro de seu narcisismo primário –, o que fará parte dos processos de idealização. Espera-se, pois, do supervisor que esta transferência não seja estimulada e que o narcisismo do supervisando "depositado" no supervisor seja devolvido ao supervisando, com "lucros".

Nos seus primórdios, a história da psicanálise nos revelou que demandas que poderiam ser entendidas como de supervisão eram, na verdade, demandas de análise. Assim, podemos nos perguntar o que teria levado o renomado dr. Breuer a relatar ao jovem e iniciante médico Freud, em 1883, o "perturbante" caso de Anna O.

Indagação similar poderíamos fazer quanto ao próprio Freud, que alguns anos depois passa a relatar a seu amigo Fliess histórias de analisantes, relatos que deixam transparecer um clima de intensa relação transferencial. E, por sua vez, Freud, mais tarde, passa a receber os discípulos que a ele se dirigiam para relatar os seus casos, pedindo-lhe conselhos e ajuda.

Como nos lembra De Mijolla (1989) em seu artigo Quelques figures de la situation de supervision en psychanalyse, é Jung que nos fornece, a partir da segunda carta dirigida a Freud, em 23 de outubro de 1906, o primeiro esboço do relato de uma história de analisante:

> *É-me necessário ab-reagir com o senhor, mesmo correndo o risco de chateá-lo, uma experiência que vivi recentemente. Trato uma histérica segundo vosso método. Caso grave, uma estudante russa, doente deste os seis anos. . . . Serei extremamente grato se o senhor puder me comunicar em algumas palavras vossa opinião sobre esta história. (Jung, citado por De Mijolla, 1989, pp. 117-130)*

Jung expõe um fragmento da vida de um terapeuta em sua ligação com uma paciente, fazendo a Freud uma demanda velada de análise, à qual não obtém resposta enquanto tal, o que faz a estudante russa desaparecer da correspondência de Jung com Freud até 1909. Três anos mais tarde, ela ressurge na correspondência sob o nome de Sabina Spielrein, em circunstâncias que permitem compreender a necessidade que tinha Jung de "ab-reagir" os afetos demasiado intensos de suas relações com sua analisante.

Já Max Graf solicita a Freud, em 1908, conselhos para uma espécie de análise empreendida com o seu filho, o Pequeno Hans, que sofria de uma fobia.

Alguns autores atribuem tanto a eclosão da fobia como a não resolução analítica dos conflitos identificatórios de Hans à falha da função paterna. A própria fobia constituiria uma tentativa de suplência dessa função, no sentido de que o objeto fóbico, no caso o cavalo, viria preencher a falta de um pai suficientemente forte e temido, capaz de assegurar a interdição do incesto para libertar o menino da relação dual na qual se encontrava aprisionado. Vemos esse pai analista enredado em suas dificuldades transferenciais com Freud, enredamento este que produziu repercussões importantes no Pequeno Hans (Ropa, 1991).

Talvez não seja sem importância para a compreensão da fobia de Hans, ligada à carência da função paterna, o fato de haver recebido, quando criancinha, de Freud, por ocasião de uma visita deste, um cavalo de balanço de presente (Bergeret, 1987).

Por essa série de encontros e correspondências que compõem a aurora da história da psicanálise, a muitos dos quais se devem descobertas inaugurais e fundamentais, podemos dizer que neles também encontramos, sob diferentes formas, uma velada demanda de análise.

O silêncio de Freud em relação a Jung, referente a uma demanda velada de análise da parte deste último, inaugura um caminho para se pensar que toda demanda do supervisando dirigida ao supervisor, buscando o analista ou o professor, deverá ser respondida com o mesmo silêncio de Freud. Silêncio que remete essas demandas aos seus respectivos lugares.

Assim, compreendemos que a posição do supervisor, à semelhança do mestre Zen, é a de abrir para o supervisando um campo de possibilidades, fazendo-o entender, ao mesmo tempo, que tanto a escolha do caminho como o processo para vivenciá-lo serão sempre uma vivência solitária. Longe de se assemelhar a um professor, cuja preocupação é a de fornecer conteúdos, teorias, o supervisor, em analogia ao mestre Zen, é aquele que conduz o supervisando a se despojar de todas as fórmulas, a fim de que possa constatar que cada analisante será sempre uma surpresa. Surpresa que exige, por vezes, viver o vazio de não ter o que dizer, de não ter o que interpretar. Ao supervisor cumpre a responsabilidade de propiciar ao supervisando descobrir não o caminho propriamente dito, mas as vias de acesso a este caminho (Herrigel, 2016).

Até onde o supervisando poderá chegar no trilhar do seu caminho é uma questão que diz respeito a ele próprio. O supervisor, como alguém que já fez a escolha de um percurso, deverá estar ciente de que o tempo e a maneira como cada analista em formação organizará o seu percurso serão sempre únicos e, portanto, com características próprias que deverão ser respeitadas.

Ao lado disso, cabe ao supervisor ajudar o supervisando quanto às suas interrogações no que concerne ao manejo da técnica, desde as entrevistas preliminares, passando pelo desenrolar do processo até o momento de seu término, bem como quanto à adequação do manejo da técnica face às várias organizações psíquicas.

Ao supervisor cabe, ainda, fazer aflorar no supervisando as balizas teóricas com as quais este vem trabalhando e ajudá-lo a constatar a precariedade da imitação.

Por princípio, o objeto da supervisão para o supervisor é o supervisando, e não o analisante deste. Quando o supervisor faz a escolha do objeto da supervisão tendo como base o analisante do supervisando, ele corre o risco de "subtrair" do supervisando-analista a função de analista de seu analisante, tendendo a deixar de fora a questão da transferência e do desejo. No entanto, quando o objeto da supervisão é o supervisando, vai caber ao supervisor remeter sempre o supervisando ao seu lugar de analista.

Sabemos que é a análise do analista o eixo privilegiado da formação e o que vai permitir, como disse Freud, que "o analista seja capaz de se servir de seu próprio inconsciente". Partindo dessa ideia fundamental, estamos de acordo com aqueles que pensam que formar um analista é antes de mais nada sensibilizá-lo a participar do inconsciente no processo analítico. Assim, a supervisão é também um espaço propício para efeitos analíticos de abertura do inconsciente. No espaço da supervisão, por meio do relato clínico, o analista-candidato em supervisão terá a oportunidade de se ouvir escutando o seu analisante, e, em princípio, será confrontado a seus próprios movimentos defensivos, seus pontos cegos, ou seja, à sua resistência.

Faz-se importante deixar claro que, embora a supervisão seja um espaço privilegiado para suscitar e evidenciar efeitos de abertura ao inconsciente, ela não é, absolutamente, o lugar onde essas questões poderão ser aprofundadas. Por isso, é fundamental estarmos atentos para os possíveis riscos de confusão entre o espaço da supervisão e o espaço da análise.

Uma das tarefas do supervisor é a de indicar os momentos em que, possivelmente, se deu um fechamento ao inconsciente. Em primeiro lugar, o supervisor deve assegurar um espaço de mediatização, necessária para que o supervisando-analista elabore as suas questões sobre o caso. Além disso, para que a supervisão possa produzir todos esses efeitos analíticos, sem o risco de uma clivagem transferencial, é preciso que o supervisor se atenha à sua função, evitando entrar em uma relação de pseudoanálise com o supervisando ou em uma relação narcísica de competição com o analista do supervisando. A abstenção do supervisor em interpretar, junto com a mediatização propiciada pelo relato do caso, tendem a reduzir a importância da mobilização transferencial no supervisando.

Como sabemos, a psicanálise não pode ser ensinada como as outras ciências, bem como sabemos que o saber do analista tem como objetivo a escuta do desejo do analisante. A particularidade desse saber consiste na necessidade, tanto para o analista quanto para o analisante, de reencontrar esse saber ao vivo. Isso o diferencia do que seria o saber das ciências exatas. Face a um analisante particular com quem me confronto, não conheço nada. O que sei é o caminho para fazê-lo chegar a esse conhecimento. Daí, podemos concluir que o saber do analista se resolve em um saber analisar, isto é, em ser capaz de levar o analisante à "decifração" e ressignificação de seu inconsciente. Assim, analisar é um fazer saber e não um saber fazer (Chnaiderman, 1988).

Se Freud, repito, insistia com os seus discípulos que a psicanálise devia ser colocada em questão a cada caso e que para tal era indispensável conservar o estado de graça de um não saber, era porque somente assim o analista poderia estar aberto para captar os processos inconscientes.

Nessa perspectiva, o lugar do supervisor enquanto "mestre" vai ter sentido como o de um mestre que forme seu "discípulo", antes de mais nada, em um não saber, o que não quer dizer uma negação do saber.

A solidão da atividade analítica e as incertezas do inconsciente submetem o analista a duras provas com o seu narcisismo. Diante disso, não é raro que o analista tenda a buscar certezas e garantias, seja em um saber teórico, seja em outrem, na tentativa de suportar sua própria angústia.

Entretanto, com tal movimento, ele pode obstruir o processo de abertura e de movência do inconsciente, já que é somente no espaço da falta no analista que o analisante pode caminhar. Assim, uma das principais funções do supervisor é a de ajudar o supervisando a suportar a angústia do não saber; ajudá-lo a sustentar a espera necessária para que haja revelação-elaboração dos processos inconscientes, sem inserir na brecha essencial um saber defensivo (Mannoni, 1989).

Quando o supervisor se coloca tamponando a angústia do não saber do supervisando, oferecendo a sua própria teoria como verdade acabada dos fatos, sentindo-se responsável pela condução do processo, pode provocar paralisação do processo analítico: o supervisando-analista do caso é destituído do seu lugar, e o supervisor se transformará em uma espécie de superego, corpo estranho a parasitar o processo analítico, prejudicando a emergência do analista, seu supervisando (Mannoni, citada por Ropa, 1991).

Sobre o lugar da teoria na supervisão

Concordo com aqueles que pensam que a desvalorização de qualquer saber teórico, em proveito de um pretenso dom suficiente para a escuta, é tão nefasta quanto aquela da valorização defensiva da teoria. Ambas implicam um profundo divórcio entre teoria e prática, incompatível com a função analítica. Não acredito que possa existir uma prática propriamente psicanalítica sem uma teoria que a sustente, e penso que não se deve confundir teoria psicanalítica com psicanálise teórica.

Sobre a relação entre a clínica e a teoria, é pertinente o que escreve François Gantheret:

> *Entre o trabalho de pensamento do analista escutando, abrindo-se para compreender, e o trabalho do analista teorizando, entre essas duas práticas, há separação de ressonâncias; "ponto de basta",[3] no qual os dois registros se encontram, se colam durante um tempo um no outro, e vastos espaços onde seguem sozinhos seus caminhos . . . . Para tentar traduzir essa paradoxal relação: eu não escuto com a metapsicologia na cabeça, e no entanto, eu não saberia escutar sem ela.* (Gantheret, 1986, pp. 63-74, tradução nossa)

Penso ser de importância para o supervisando, além do interesse teórico-clínico em compreender a organização e o funcionamento psíquico do seu analisante, refletir sobre o trabalho das entrevistas preliminares, o tipo de demanda e entrada em análise e também sobre a finalidade do processo analítico.

---

3 "Ponto de basta" ("*point de capiton*") é um ponto típico de amarração que se faz no tecido, especialmente de forração de móveis, que por analogia Lacan utilizou para se referir ao momento em que o tempo do "só depois" freudiano se atualiza no trabalho de sentido no dispositivo das associações livres. O "ponto de basta" é o ponto de capitonê da técnica do estofador. Segundo Lacan, é preciso que em algum ponto o tecido de um se prenda ao tecido do outro, para que se saiba a que nos atermos. No deslizamento constante do significado sob o significante, é necessário que haja uma interrupção, pelo viés de uma pontuação, causando, enfim, uma significação."É o ponto de convergência que permite situar retroativamente e prospectivamente tudo o que se passa no discurso" (Lacan, 1881, pp. 303-304). Agradeço a Carlos Augusto Nicéas, Romildo do Rego Barros e a Enaide Barros pela interlocução que tivemos sobre o uso desse termo.

Paralelamente à atenção flutuante, a função analítica comporta também uma "teoria flutuante". Todavia, quando o analista só ouve o que já sabe, ele apaga o próprio movimento dialético entre teoria e clínica, movimento que é imprescindível para o andamento do processo.

A espera de algo ainda não nomeado está na origem de toda possibilidade criadora no processo analítico. Patrick Casement (1985), em Aprendendo ainda mais com o analisante (citado por Maud Mannoni, 1989), narra uma obervação feita por Bion a um de seus supervisionandos, quando a este ele diz "não vou poder ajudá-lo em sua sessão de amanhã, somente o paciente poderá...." (Mannoni, 1989, p. 137). Essa observação de Bion, segundo Mannoni,

> *parece ter sido retomada, à sua maneira, por Patrick Casement quando este propõe ao analista ater-se a uma atitude "expectante", ou quando considera que não se trata tanto de informar o paciente, mas de saber esperar pelo momento eletivo em que a interpretação pode ter um valor de progresso e exercer assim uma função de mutação. (1989, p. 137)*

Para Casement (citado por Manonni, 1989), este momento sobrevém na análise quando o que está prestes a advir no imaginário do analisante "já está em jogo no que é falado com o analista, quando o desejo do sujeito torna presente esse algo de inexprimível que compete ao analista poder nomear com isso autorizando o analisante a aceder a uma verdade" (p. 138).

Daí a importância de que o analista saiba respeitar no enquadre analítico um espaço de criação, que exige dele saber segurar o "furor interpretativo", respeitando o movimento associativo do analisante, não usando a teoria como um escudo protetor, mas colocando-a em estado de "suspensão". Essa atitude vai dele exigir, por vezes, viver o vazio de não ter o que dizer ou de não ter o que interpretar. Ao supervisor, cumpre a responsabilidade de propiciar ao supervisando descobrir, não o caminho propriamente dito, mas as vias de acesso a este caminho (Herigel, 2011). Até onde o supervisando poderá chegar no trilhar do seu caminho é uma questão que diz respeito a ele próprio. O supervisor, como alguém que já fez a escolha de um percurso, deverá estar ciente de que o tempo e a maneira como cada analista em formação organizará o seu percurso serão sempre únicos e, portanto, com cacacterísticas próprias que deverão ser respeitadas.

Ao lado disso, cabe ao supervisor ajudar o supervisando quanto às suas interrogações no que concerne ao manejo da técnica, desde as entrevistas preliminares, passando pelo desenrolar do processo, o momento de seu término, bem como quanto à adequação face às várias organizações psíquicas.

Podemos dizer que a supervisão é, idealmente, uma situação na qual um analista em formação relata, com uma razoável continuidade a um analista supostamente apto a esse tipo de escuta, o que lembra de uma situação analítica.

No analista em formação na instituição é criada a expectativa de que deve esperar, como resultado da supervisão, aperfeiçoar e aprofundar o manejo do método psicanalítico, com a possibilidade de ser admitido e reconhecido por uma comunidade de psicanalistas cujos membros deram prova de suas aptidões a exercerem tratamentos psicanalíticos.

A supervisão seria, assim, um dos momentos de uma travessia, de um lugar de passagem; encontro com uma experiência que, confrontada com outras, permite a cada aprendiz forjar a sua própria maneira de proceder.

Todavia, no que concerne à supervisão voltada para o analista em formação e em análise, talvez possamos dizer do papel do supervisor lembrando a expressão "tempo da delicadeza", usada na bela obra musical de Chico Buarque de Holanda e Cristóvão Bastos, "Todo sentimento". Isso porque a supervisão é um tempo no qual o analista em formação, encontrando-se particularmente susceptível a incluir no seu campo transferencial o supervisor, deve ter como resposta a delicadeza que acolherá e remeterá as suas interrogações aos seus devidos lugares. Ao supervisor, cabe a delicadeza de não impedir a emergência do analista em seu supervisando.

Referências

Aulagnier, P. (1989). Do mau uso da identificação projetiva. In P. Aulagnier, *O aprendiz de historiador e o mestre feiticeiro* (pp. 23-28). São Paulo: Escuta.

Bergeret, J. (1987). *Le "Petit Hans" et la realité ou Freud face à son passé*. Paris: Payot.

Casement, P. (1985). *Aprendendo ainda mais com o paciente*. Rio de Janeiro: Imago.

Chnaiderman, R. (1988). Política de formação em psicanálise: alinhavando algumas anotações de leitura. *Percurso*, *1*(1), 11-14.

Correa, F. (1995). Transferência. In J. Outeiral, & T. O. Thomaz (Org.), *Psicanálise Brasileira* (pp. 52-62). Porto Alegre: Artes Médicas, 1995.

De Mijolla, A. (1989). Quelques figures de la situation de supervision en psychanalyse. *Etudes Freudiennes*, *31*, 117-130.

Freud, S. (1912). A dinâmica da transferência. In J. Strachey (Ed.), *Edição standard brasileira das obras psicológicas completas de Sigmund Freud* (vol. XII, pp. 131-143). Rio de Janeiro: Imago. 1969).

Freud, S. (1953). Conseils aux médecins sur le traimetement analytique. In S. Freud, *La technique psychanalytique* (pp. 61-71). Paris: PUF. (Obra original publicada em 1912).

Freud, S. (1970a). Observations sur l'amour de transfert. In *La technique psychanalytique* (pp. 116-130). Paris: PUF. (Obra original publicada em 1915).

Freud, S. (1970b). *Totem e tabu*. Paris: Payot. (Obra original publicada em 1912).

Gantheret, F. (1986). La haine en son principe. *Nouvelle Revue de Psychanalyse, 33*, 63-74.

Herrigel, E. (2016). *Arte cavalheiresca do arqueiro Zen*. São Paulo: Pensamento.

Lacan, J. (1981). *Seminaire III: les psychoses* (pp. 303-304). Paris: Seuil.

Mannoni, M. (1989). *Da paixão do ser à "loucura" do saber: Freud, os anglo-saxões e Lacan*. Rio de Janeiro: Jorge Zahar.

Mannoni, M. (1989). Risque et chance de la supervision. *Etudes Freudiennes, 31*, 29-30.

Miller, P. (2001). *Le psychanalyste pensant la séance*. Paris: PUF.

Peterfreund, E. (1983). *The process of psychoanalytic therapy*. New Jersey: The Analytic Press.

Rocha, F. (2015). *Entrevistas preliminares em psicanálise: incursões clínico-teóricas* (coleção Clínica psicanalítica, 2a. ed.). São Paulo: Casa do Psicólogo.

Ropa, D. (1991). As três dimensões da supervisão. *Percurso,* 3(5/6), 55-62.

Vernant, J.-P. (1988). *A morte nos olhos.* Rio de Janeiro: Jorge Zahar.

3. Reflexões sobre o paradoxo entre o inconsciente disruptivo e a instituição[1]

Chacun prefere ses dogmes à la verité.
(Marcel Jauhandeuau – 1889/1979)

A *ciência psicanalítica*

Quando Freud insere a psicanálise no rol das ciências, exige que nela sejam reconhecidas as características singulares de seu objeto – o inconsciente –, que, embora intangível, não perde sua *legitimidade*, ainda que chegue à consciência "após ter sofrido uma transposição ou tradução em consciente" (Freud, 1968, p. 65).

Esse processo de tradução é propiciado pelo "trabalho psicanalítico", e, para levá-lo a cabo, faz-se necessário que o analisante vença determinadas resistências, "as mesmas que, em seu tempo,

---

1 Palestra de abertura no simpósio da SBPRJ, tendo como tema "A clínica e o instituído", em 3 de novembro de 2016. Nesta versão, foram introduzidos alguns acréscimos e modificações.

fizeram de tal representação um recalcado, rechaçando-as do consciente". Por esse processo, Freud demonstra que "a hipótese do inconsciente é necessária e legítima" (Freud, 1968, p. 56) e nos aponta que o recalcado produz efeitos que, por atingirem a consciência, garantem a veracidade do inconsciente, a legitimidade de sua suposição e o próprio trabalho analítico.

Uma vez que os efeitos do recalcado podem chegar à consciência, a palavra será o elemento fundamental para o trabalho analítico. A ela cabe operar a circulação entre consciente e inconsciente, pois, ocorrendo por meio da consciência, é a palavra que também revela a existência do inconsciente, no momento em que rompe com a lógica da consciência.

Em *Contribuição à concepção das afasias* (Freud, 1891/1983), Freud nos mostra que há na linguagem uma estrutura afásica, já que fenômenos como atos falhos, esquecimentos, lapsos, podem ocorrer – sem a justificativa de lesão neurológica – em estados de cansaço ou como no caso das crianças que, inicialmente, aprendem a mensagem – fala – para, posteriormente, adquirirem o signo. Podemos, então, compreender a amplitude que há na ruptura que Freud opera ao abandonar o método hipnótico em proveito da "associação livre", técnica que visa, por meio das palavras, abrir vias de acesso ao inconsciente, possibilitando que conflitos ganhem expressão por meio da seleção não voluntária de pensamentos, do material onírico, do lapso da fala, dos equívocos na ação etc.

O desenrolar desse processo, nos analisantes de estrutura neurótica, exige um *setting* analítico – espaço no qual se estabeleça um jogo de posições envolvendo analista e analisante. Nesse jogo, porém, o único que efetivamente deve ter uma clara posição, um lugar definido, é o analista, já que o analisante, via de regra, busca a análise justamente por não conseguir ocupar um lugar a ele conferido. Supõe-se que aquele que vai à procura de análise está, inconscientemente, buscando uma relação já perdida, na qual predominaram os ideais do ego-ideal – uma relação de completude.

Já o analista, ocupante de um lugar – o lugar de analista – é, como sugeriu Freud em *Totem e tabu* (1912) e em "A dinâmica da transferência" (1912), o lugar de suporte da transferência. Nesse lugar, é exigido do analista manter-se presente-ausente. Presente porque ele é a mola propulsora da cadeia associativa, pois, como lembra Freud, "não há transferência em ausência". Se é possível dizer que a transferência perdura fora do *setting* analítico, é porque antes já houve presença. E "ausente" no sentido de o analista não agir sobre o analisante a partir de conflitos ou valores pessoais. Ocupando o lugar de transferência, o analista é suporte e representante das vivências inconscientes, que se expressam por meio das associações livres do analisante.

No entanto, com os analisantes não neuróticos, que se expressam pela exacerbação de distúrbios do narcísico, os chamados "casos limite" ou psicossomatizantes graves, estes não expressarão suas sintomatologias por meio dos derivados do recalcado. Eles exigirão do analista outras formas de escuta que a associação livre, sendo outros os instrumentos metodológicos utilizados.

Não são todos os analisantes que utilizam o enquadre analítico dos consultórios, como é o caso dos atendimentos com escuta analítica quando se passam nos ambulatórios de saúde mental e com analisantes com determinadas organizações psíquicas não neuróticas graves, ou quando em ambiente hospitalar ou residencial. Além disso, muitos são aqueles que não podem frequentar os consultórios de psicanálise por questões financeiras. Daí a importância do atendimento nas clínicas sociais de psicanálise.

No caso das psicoses, o analista terá que inventar e reinventar o seu dispositivo. O analista não vai escutar nem dialogar da mesma maneria com um psicótico como dialoga ou escuta um neurótico; ele terá que inventar o seu dispositivo terapêutico singular.

A subversão do inconsciente

Se Freud tinha consciência da subversão do inconsciente, ele também avaliava que era preciso institucionalizar a psicanálise, mesmo sabendo que o preço seria a diminuição de seu vigor, da virulência que possuía nos seus primórdios. Quando viajou para os EUA, em 1909, e divulgou pela primeira vez a psicanálise no continente americano, Freud comentou com Jung, que o acompanhou na viagem: "eles não sabem que estou lhes levando a peste". Ao dizer isso, Freud já pressentia as resistências que sua ciência recém-nascida enfrentaria.

Martinez (2012) se pergunta: "por que a Psicologia, criada como ciência no século XIX, nunca foi considerada uma 'peste', diferentemente da Psicanálise?". A autora diz acreditar que a psicologia não é "a peste" porque foi criada dentro dos ditames tradicionais da ciência, cujo objetivo último é descrever as leis do comportamento *visível*, enquanto a psicanálise teve, desde o início, a proposta fundante de desvelar o que é invisível, ou seja, o que está inconsciente no comportamento humano, tornando explícito "aquilo que não queremos ver de nós mesmos".

Da experiência fundadora à transmissão possível

A história do movimento psicanalítico pode ser escrita em torno do tema da transmissão. Aulagnier (1969) afirma que, embora inventada por um autodidata, já que a autoanálise de Freud foi uma experiência que não se apoiou em nenhum modelo, a psicanálise postula que não pode existir autodidata em seu campo.

Na origem da psicanálise, Fliess, apesar de não o saber, ocupou o lugar de analista para Freud. Lugar de interlocutor ausente e silencioso a quem Freud vinha comunicar o que descobria. No entanto, ao colocar Fliess como "suposto saber", este teve função de desvendamento. Freud foi descobrindo na sua nudez, por meio do "suposto saber" posto em Fliess, o objeto do seu próprio desejo. Assim, Freud descobre que aquilo que pedia a Fliess era a garantia de um lugar onde esse objeto existisse e onde pudesse encontrá-lo. Portanto, Freud nos legou a transferência.

Nos seus primeiros tempos, a psicanálise nasce e vive "à margem dos discursos científicos instituídos". De volta de Paris, Freud havia assistido às conferências de Charcot. Ele fala na Associação Médica de Viena e na discussão de *um caso de hemiastenia num homem histérico,* dando início a um conflito que abalou suas relações com a Sociedade Médica. Além disso, as tendências antissemitas que se impõem em Viena reinam na Sociedade Médica e na Faculdade de Medicina, forçando o adiamento de sua nomeação como professor. A falta desse emblema tem consequências significativas no consultório de Freud, e os anos que vão de 1888 a 1902 são para ele marcados pelo isolamento (Alonso, 2011).

Todavia, no enfrentamento das muitas dificuldades para sustentar a transgressão das *verdades instituídas,* reside em germe a possibilidade de transformação. Talvez tenha sido esse exato lugar que lhe facultou prestar atenção àquilo que outorga à psicanálise sua fecundidade (Alonso, 2011).

Transgressão no sentido de um movimento que leva o sujeito a ultrapassar o *já sabido*, a uma nova interrogação. Nesse sentido, acreditar na possibilidade de uma transgressão última seria recriar o mito de um saber derradeiro, de um absoluto do conhecimento.

Segundo Alonso, a cena está montada, tendo de um lado o desafio da clínica e, de outro, a transferência com Fliess. No centro dessa encruzilhada que possibilita uma fecunda produção teórico-clínica, perpassa o caminho da chamada autoanálise. "Nesse arranjo, não há oposição entre teoria e clínica, não se corre o perigo da dogmatização esterilizante nem do empirismo empobrecedor" (Alonso, 2011, p. 374).

Freud permanecerá só até 1902. Depois, vai se reunindo em torno dele um grupo informal de membros unidos por um interesse comum pelas suas descobertas, e animados pelo desejo de aprender e de aprofundar a teoria e a prática analíticas.

Nas chamadas "reuniões das quartas-feiras", Freud visava utilizar esse espaço como um lugar em que cada analista pudesse "elaborar um pensamento por meio do erro" (no sentido de errância). Instaurou-se assim um "espaço analítico", no qual aquele que falava na presença dos colegas o fazia no lugar de analisante. No entanto, não tardou para esse espaço se transformar em um lugar de rivalidade. O discurso, antes valorizado por ser singular, transforma-se em "discurso conforme", enquanto a criatividade adormece. A verdade buscada é substituída por uma verdade revelada. Freud propunha, aos que o seguiam, pensar em comum, adotando nas sessões científicas a mesma regra de livre associação de ideias exigida do analisante em tratamento. Ao mesmo tempo, o ensino da psicanálise (ou seja, do inconsciente) parecia-lhe marcado pela dimensão do impossível, uma vez que sua preocupação principal era não sujeitar a análise à medicina nem à religião (Mannoni, 1989).

Sempre que leio algo que se refere às "reuniões das quartas-feiras", imagino-as como um modelo ideal de transmissão da psicanálise, que, possuindo um potencial de diversidade, de pluralismo teórico, era bem diferente das instituições atuais que tendem para o dogmatismo e a pouca tolerância para com as diferenças.

Transmissão e instituição

Segundo o dicionário Littré (1886), as instituições são fundamentalmente aquilo que institui, ou seja, aquilo que dá começo, que estabelece, que forma. A definição formal do termo inclui, de início, a questão de origem e da gênese, o problema da manutenção e da estabilidade da formação. Digamos que uma instituição visa definir um modo de regulação e tem por finalidade manter um estado de fazer durar e de assegurar uma transmissão.

A linguagem corrente não está enganada quando qualifica como instituições a família, a escola, a igreja, as forças armadas. Elas funcionam em um saber que tem força de lei e que se apresenta como expressão da verdade. O pensamento teológico da igreja, as matérias ensinadas na escola, a concepção do homem nas forças armadas e na família formam corpos de noções estritamente articuladas. Tais noções são indiscutíveis, na medida em que, ao serem interrogadas, colocam em causa não somente o sistema nocional, mas a própria instituição. Nesse sentido, é ilustrativa a anedota que nos conta Enriquez (2003) sobre o jovem recruta que pergunta ao sargento: "por que devemos morrer pela pátria?". Ao qual este responde estupefato: "efetivamente, por quê?". A partir do momento em que tal questão pode ser colocada, é toda a estrutura das forças armadas, de seu lugar de nação, que é colocada em questão. As antinomias entre transmissão de psicanálise e instituição são conhecidas e apontam para contradições entre um saber integrador e um saber subversivo, entre o desejo de transmitir um saber constituído e um desejo de interrogar esse saber.

Entretanto, seria uma utopia imaginar a permanência da psicanálise em nossa cultura fora de qualquer sociedade formadora. Compreende-se que as sociedades não possam abrir mão de um modelo de organização, sob pena de cair na anarquia ou numa oligarquia, ou autocracia.

Entretanto, a tomada de consciência dessas contradições é de fundamental importância para que, no seu modo de organizar-se, a sociedade psicanalítica possa criar as melhores condições para que a transmissão da psicanálise possa se dar. Ela deve organizar-se facilitando autênticas trocas entre pares, preservando o respeito pelas diferenças e singularidades. Ela deve abrir espaços para que todos os seus membros e candidatos permaneçam expostos à experiência do inconsciente. Deve precaver-se para que a burocratização da formação não sufoque a criatividade, coisa que pode ocorrer quando rituais são criados no lugar de uma interrogação do saber – interrogação que é própria do trabalho psicanalítico.

Já mencionei no Capítulo 1, "Emancipação *versus* adaptação: perspectivas na formação psicanalítica", que, quando Freud introduziu a noção de formação em psicanálise, empregou o termo *Ausbildung*, querendo ressaltar uma concepção de formação que conduzisse a uma prática de autocrítica, de interrogação, em oposição à noção de modelo.

Freud foi o primeiro a compreender que a resistência à análise pode se revestir das mais variadas formas, inclusive do seu ensino, no próprio seio da organização instaurada para assegurar a formação e a qualificação do psicanalista.

Voltando ao percurso da história da instituição/formação, até 1908, data do primeiro congresso psicanalítico internacional em Salzburg, por instigação de Jung, tudo permanecerá relativamente livre e informal. Mas muito rápido parece se impor a necessidade de uma organização assegurando funções pedagógicas. Ao mesmo tempo, a hostilidade que a psicanálise encontra nos meios oficiais reforça a ideia do fundamento dessa necessidade.

Assim, em 1910, após o Congresso de Nuremberg, foi criada a Associação Psicanalítica Internacional (International Psychoanalytic Association – IPA), oficializando o movimento que passa a concentrar suas atividades nos problemas de organização, seleção e formação de psicanalistas.

Em *A questão da análise leiga* (1926/1976), Freud diz que ninguém deve praticar a análise sem ter, para isso, uma formação determinada, e que lhe parece irrelevante que seja um médico ou não. No entanto, embora seguisse de perto os acontecimentos, intervindo quando necessário, procurando denunciar as aberrações e os possíveis desvios, jamais assumiu responsabilidades oficiais no seio da organização. Ele continuou a ser o portador de uma palavra subversiva, cujos efeitos não são identificáveis de imediato e que sempre retornam. Talvez essa posição de relativa exclusão em relação à organização seja comparável à do sujeito do inconsciente, sujeito portador de uma verdade insistente, que ignora o tempo e a contradição.

Sobre o saber do analista

A psicanálise não deve ser ensinada como as outras ciências. Se o saber do analista tem como objeto o funcionamento psíquico, a particularidade desse saber consiste na necessidade, tanto para o analista quanto para o analisante de, a cada vez, reencontrá-lo ao vivo. Face ao sujeito particular com quem me defronto, não conheço nada além do caminho para fazê-lo chegar a um conhecimento de si. Donde se conclui que o saber do analista reside em ser capaz de levar um sujeito à decifração do seu inconsciente. Analisar é um fazer saber e não um saber fazer (Schneiderman, 1988).

A formação tripartida

No que concerne à formação, a maior concordância diz respeito à "formação tripartida": uma análise pessoal de efeito necessariamente didático, graças à qual se experimenta a teoria pela experiência da transferência e do inconsciente; uma aproximação teórica das obras de Freud e pós-freudianos e aberturas para outras ciências humanas; prática de análises supervisionadas, pelas quais o analista em formação dá conta das primeiras análises que ele conduz a um outro analista experimentado e de "suposto saber".

Podemos afirmar que a transmissão da psicanálise se dá essencialmente por meio da experiência analítica – via transferência – com o analista. Nela, o analista se oferece como um lugar para que um saber se dê. Essa análise vai sinalizar que cada um deve realizar por sua própria conta o caminho da descoberta freudiana (Mannoni, 1989).

Uma outra forma de transmissão é a da teoria, com o professor "suposto saber". Concordo com aqueles que pensam que ensinar psicanálise é um ato psicanalítico e um projeto de desalienação. Desalienação, desta vez, não do sujeito analisante, mas do discurso que se tem sobre o saber psicanalítico. O que se ensina é um modelo metodológico que subordina todo saber a uma interrogação, a uma colocação em questão.

Um dos pecados da instituição é pretender apresentar o saber sem interrogá-lo, e não podemos deixar de pensar nos riscos de toda teorização quando ela quer se fazer dogma.

Birman (2002, citado por Sister, Sammarone, Selaibe, Getlinger & Cromberg, 2002, p. 106), em entrevista à revista *Percurso*, lembra que a transformação de uma teoria em doutrina tem como consequência o fechamento desta num paradigma supostamente absoluto a partir do qual se excluem as demais teorias. "Geralmente", diz ele, "isto acontece através de estratégias de desqualificação, de subterfúgios presentes nos jogos de linguagem: 'Não, isso aqui não é psicanálise. Isso é uma subpsicanálise; isso é uma falsa maneira de se entender psicanálise". A esta atitude, Birman contrapõe a importância do convívio num campo pluralista marcado por diferenças, tendo como modelo as reuniões do "grupo das quartas-feiras", em que se podia ter pares com quem se pudesse trocar as próprias inquietações, ousar desenvolver novas hipóteses e até novos conceitos. Um dos empecilhos de qualquer grande instituição de psicanálise, por ele apontado, "é o fato de que apesar de serem um espaço de troca entre os psicanalistas (foi para isto que foram formadas . . .), por um efeito de inversão (que eu entendo que tenha a ver com a maneira pela qual a questão da servidão se organiza na relação transferencial), essas instituições acabam por funcionar apenas como um espaço de formação" (Birman, citado por Sister et al., 2002, p. 106).

Geralmente a formação teórica reconhecida pela instituição é fornecida por analistas sob a forma de seminários, grupos de pesquisas, aulas etc. Esses analistas são supostos saber, e este "suposto saber" é um dos móveis da chamada "transferência lateral", que é tanto mais perigosa quando a pedagogia institui uma relação forte/fraco, grande/pequeno, o que leva a uma hipervalorização do mestre e a uma alienação do aluno. Entretanto, toda formação contém os riscos de que a adesão ao discurso do mestre e a um corpo de doutrina tome o valor de identidade, sem um processo de crítica ou metabolização (Schneiderman, 1988). A passagem pela supervisão corre os mesmos riscos.

Analogia entre mal-estar na instituição e mal-estar na civilização

Em *O mal-estar na civilização* (1930), Freud parecia dar-se conta de uma renúncia necessária para a manutenção da civilização. Os sacrifícios que o homem teria que fazer contra a realização dos seus desejos acarretaria uma inevitável desfusão pulsional, que teria como consequências: a) o recalcamento dos impulsos eróticos, o que daria origem a manifestações sintomáticas; b) um retorno dos impulsos agressivos contra o próprio indivíduo, manifestados sob a forma de um aumento de severidade do superego. Assim, o inevitável mal-estar na civilização seria a percepção, por parte do ego, de um aumento do sentimento de culpa inconsciente, consequência da renúncia à realização dos seus desejos, necessária para a manutenção da cultura.

Podemos ousar refletir sobre as consequências éticas dessa constituição freudiana. Parece pairar sobre ela uma maldição: toda vez que o humano ceder em seu desejo, ver-se-á condenado a um sentimento de culpa por algo que não fez, e que se o tivesse feito, talvez não tivesse se sentido culpado.

Não deixa de ser mais ou menos evidente que existe por trás de tudo isso um certo caráter obsessivo preso às redes de sua eterna dúvida e de sua infinita dívida. Não será possível pensar que corre semelhante risco na instituição?

Podemos tentar aproximar a conduta do homem na civilização com a postura do psicanalista na instituição, sobretudo do candidato, quando este é compelido a submeter-se e a abdicar de sua capacidade de interrogar. Poderíamos supor que esse candidato, assim como a criança da civilização, com medo da perda do amor dos seus mestres, abriria mão da individualidade do seu desejo, o que poderia ocasionar as seguintes consequências: 1) no que concerne aos sintomas, por um caráter obsessivo, caracterizando-se por um amor às pequenas regras e um infinito detalhamento de uma moral psicanalítica; 2) em um aumento da severidade superegóica, evidenciando-se por uma excessiva rigidez na defesa de ideais supostamente coletivos, sem que uma atividade crítica pudesse se manifestar separada de um sentimento de culpa, e que poderia resultar em uma postura de desconfiança diante da diferença, do novo e da não rigidez.

Sobre as resistências à psicanálise

Em 1909, Freud revela sua teoria do inconsciente – uma divisão constitutiva psíquica que sinaliza que os homens não são senhores de si mesmos. A verdade inaceitável e insuportável é a existência no homem de algo que age à revelia dele, de algo a partir do qual ele age sem saber que o faz. Assim, ao se encontrar descentrado em relação a si mesmo, sofre um golpe no seu narcisismo.

Paralelamente ao aumento da difusão da psicanálise junto ao público, na atualidade, podemos observar um crescente desconhecimento de sua especificidade, uma crescente vinculação dogmática expandindo não mais a psicanálise freudiana, mas alguma coisa que a vincula a laços de religiosidade, em que se tenta dizer ou fazer aquilo que justamente não é psicanálise. Tem-se, inclusive, notícias de que algumas igrejas evangélicas promovem "formação de psicanalistas"!

Iniciando, Alonso (2011) lembra que, em 1914, Freud, ao retraçar *A história do movimento psicanalítico*, apresenta um extenso inventário das resistências à psicanálise. A própria teoria psicanalítica freudiana apresenta meios para esclarecer quais foram os motivos do repúdio às ideias de Freud, que inicialmente impactaram e que dizem respeito à natureza do inconsciente humano.

No que concerne à sexualidade, Freud descobre que a ação dos ciclos periódicos da natureza humana é subvertida, que a sexualidade humana é diferente da dos animais. Essa ação é prova de que somos seres com uma "linguagem" inconsciente. Assim, para o ser falante (simbólico), a sexualidade não se restringirá ao ato sexual enquanto conjunção dos órgãos genitais, mas se revelará em outras atividades aparentemente desprovidas de um cunho sexual, como o ato de olhar, a leitura, os esportes, as funções fisiológicas de excreção, a respiração etc., apenas para dar alguns exemplos (Alonso, 2011).

Um dos polos geradores de maior resistência é, precisamente, a concepção freudiana de uma sexualidade múltipla, errática, desconcertante e, além de tudo, calcada nas vivências primevas da infância.

Para Freud, a força que rege os impulsos sexuais no ser humano tem o nome não de instinto (cujo funcionamento supõe um objeto sexual previamente definido), mas de pulsão, que não é regida por ciclos biológicos preestabelecidos, mas sim pela ação contínua da linguagem.

A respeito dos efeitos dos ideais instituídos na clínica, Silvia Alonso (2011), que dedicou um rico trabalho sobre o tema, pergunta: "em meio ao reconhecimento social da psicanálise, como não perder a potência disruptora que germinou desde seu nascimento, e a fez fecunda?" (p. 384).

Vale a pena lembrar que, em agosto de 1902, com a chegada da aprovação da nomeação de Freud como professor, o lugar social da psicanálise começa a transformar-se. Isso pode ser comprovado em uma carta de Freud, de 11 de março de 1902, em que ele diz que

> *o entusiasmo público é indescritível. Chovem sobre nós felicitações e flores, como se o papel da sexualidade houvesse sido, de repente, sancionado por um ofício de Sua Majestade, como se todo o Conselho de Ministros houvesse confirmado a "Interpretação dos Sonhos" e como se a necessidade de tratamento psicanalítico da histeria tivesse sido aprovado pelo Parlamento com maioria de dois terços. . . . Por mim, continuo disposto a trocar cinco felicitações por um só caso que chegue a mim para tratamento extenso. (Freud, 1973, p. 304)*

"A questão", diz Alonso (2011), "é saber quais são os pactos que o movimento psicanalítico realiza com este coletivo, mesmo ao preço de perder-se" (p. 377). E nos lembra que basta pensar na forma como "a peste", levada por Freud para os Estados Unidos, transforma-se na psicologia do ego. Ou no fato de "algumas Sociedades de Psicanálise aceitarem apenas médicos como membros: e não penso que psicanalista algum acredite em qualquer isomorfismo possível entre o campo psicanalítico e o diploma de médico" (p. 377).

Quando Freud escreve *A história do movimento psicanalítico*, mostrando que a saída do isolamento se deu por meio da institucionalização, indica que certas desvantagens aconteceram devido à incorporação do discurso psicanalítico pelos discursos médico, filosófico, pedagógico, o que ocasionou muitas complicações. São conhecidos os efeitos da pedagogização, da medicalização, por exemplo, do discurso psicanalítico e seus efeitos na clínica – desde *o furor curandi* até a interpretação moralizadora. Basta lembrar, com Alonso, das tentativas de incorporação da psicanálise como instrumento da estrutura pedagógica, que faz com que os analistas de crianças recebam em seus consultórios mães que trazem seus filhos por imposição da escola, "a qual sequer questiona a situação de ensino" (2011, p. 378).

Sobre o lugar da clínica – onde a teoria se recria

A clínica é o lugar onde a teoria se recria e onde os obstáculos encontrados levam a conceitualização a ter que ser repensada, como nos lembra Alonso (2011). Não é isso, pergunta ela, que faz com que o discurso freudiano, em sua extensão, seja cheio de idas e vindas? Assim, é no corpo a corpo da clínica que lhe apresenta obstáculos, que o desafia com seus fracassos e que o questiona em seus avanços, que Freud se ancora para não abandonar o árduo trabalho de montagem de uma tessitura conceitual. Isso pode ser observado numa carta de Freud a Fliess, de 27 de outubro de 1897: "certa ideia sobre resistência permitiu-me novamente encarrilhar todos os meus casos, que pareciam afundados num atoleiro; como resultado, voltaram a caminhar satisfatoriamente" (Freud, 1973, p. 199). No entanto, esse avanço não seria possível sem um campo de transferência na relação com Fliess.

De forma contundente, Alonso diz: "quando a clínica sai do lugar disruptor e motor da conceitualização, se convertendo no suporte do discurso do saber, as instituições psicanalíticas viram seitas religiosas que se sustentam no gozo narcísico das pequenas diferenças" (Alonso, 2011, p. 380).

Isso geralmente ocorre, segundo Alonso, quando não há lugar para o convívio com as diferenças, o que Freud conceituava como o funcionamento das massas". Neste caso, o líder, ou a ideia líder, ocupava um lugar ideal, com a qual os indivíduos se identificavam, às custas à renúncia às modalidades individuais (Freud, 1921).

Não é por acaso que Freud considerava o psicanalisar uma das tarefas impossíveis. Todos nós conhecemos as dificuldades de sustentar o "lugar de analista". Lugar que implica saber renunciar à posição de saber, em que o analisante nos coloca para poder desfazê-la. Ocupar o lugar de analista pressupõe abrir mão da ocupação do lugar narcísico do discurso teórico sem falhas, capaz de dar conta de tudo.

Na atualidade, o lugar do psicanalista não é mais o mesmo. De lugar à margem do reconhecimento social, como era nos primórdios da psicanálise, na atualidade, o analista tem um lugar de maior importância no mundo da cultura, participando de uma comunidade numerosa de pares. É povoado por numerosas instituições e pluralidade de pensamentos teóricos, com práticas conduzidas diferentemente. É grande sua acolhida nos vários espaços das instituições.

Concordo quando a colega Silvia Alonso diz que as instituições psicanalíticas cumprem algumas funções importantes como lugar de intercâmbio entre colegas, como espaço no qual as transferências circulam, assim como no processo de transmissão e difusão da psicanálise. Assim, diz ela,

> *supõe-se que cada analista passa por uma transformação no lugar das transferências que lhe permite a apropriação das heranças. A rearticulação singular dos restos identificatórios que atua propiciatoriamente, abrindo caminhos para pôr a psicanálise "a trabalhar".* (Alonso, 2011, p. 385)

Para terminar, penso, ou sonho, com uma instituição na qual haja respeito pelas diferenças, e em que se possa ter ideais singulares, sem impedimentos

> *por uma organização que segue o modelo das massas, . . . [pois, quando isso ocorre,] os membros estarão ligados a algo que os unifica, mas onde as singularidades estarão excluídas e aquilo que os une pode ser um texto repetido em um discurso mimetizado sem expressão simbólica, ou uma escuta clínica onde o sofrimento que grita seja abafado por um "só se vier as quatro sessões semanais, pois é assim que se passa uma análise, é assim que trabalho", que se impõe ao analista como imperativo categórico. (Alonso, 2011, p. 386)*

Vinheta clínica – o caso Maria

Na vinheta clínica que passo a expor, pode-se observar efeitos do paradoxo entre o inconsciente subversivo – disruptivo – e os ideais instituídos. No lidar com esse paradoxo na clínica pode residir a "arte" do fazer psicanalítico.

Certa vez, em Paris, uma mulher portuguesa, que chamarei de Maria, telefonou-me e perguntou se eu aceitaria escutá-la, ainda que não tivesse certeza de querer empreender uma análise. Achei curiosa a sua primeira abordagem, e marcamos uma entrevista no meu consultório.

Em nossa primeira entrevista, ela disse estar vivendo um drama passional com um homem de quem sentia muito ciúme e com quem costumava brigar, inclusive fisicamente. Comunicou, ainda, que o que a vinha deixando sobretudo assustada era a sua própria incontrolável violência, pois, na última briga, havia tentado ferir corporalmente o amante com um objeto cortante. Ela colocou no amante a responsabilidade pelas brigas.

Ainda nessa primeira entrevista, disse: "*não sei se quero uma análise, mas preciso que você me escute*". Fiquei imaginando quais temores levavam Maria a hesitar em querer uma análise, mesmo querendo, assumidamente, ser escutada. Penso que as entrevistas preliminares comportam a análise da demanda e a ajuda ao entrevistando, para que ele possa transformar um pedido de ajuda em uma demanda de análise.

Maria estava consciente da sua necessidade de ajuda, mas carregava uma grande decepção em relação à possibilidade de analisar-se. Sua experiência anterior de análise fora interrompida, porque ao falar para o analista sobre sua impossibilidade, "*por razões econômicas*", de três sessões semanais, o analista dissera que só a aceitaria em análise se ela cumprisse as quatro sessões semanais, pois "*era assim que se passava uma análise e assim que ele trabalhava*". No decurso da entrevista, ela contou ainda haver dito ao analista que ele "*se preocupava mais com a psicanálise do que com a sua pessoa, com o que estava se passando com ela*". Pensei que o analista em questão havia dado primazia aos ideais do que para ele deveria ser uma análise. Mas o sofrimento de Maria fora deixado sem escuta. No fim da entrevista comigo, ela perguntou: "*e para você, quais são as suas exigências?*". Tentando seguir o movimento de sua busca inicial, simplesmente perguntei-lhe quando pretendia voltar.

Essa situação clínica fez-me refletir tanto sobre a complexidade dos elementos particulares desse caso como nos problemas que se apresentam ao analista em sua prática clínica em relação aos ideais instituídos.[2]

---

[2] Concordo com Birman (2002), quando diz que qualquer analista tem que estar atento à singularidade e ao fato de que não existe um único modelo. Ele lembra que "os analistas pioneiros tinham uma maior maleabilidade, porque não havia um código dogmático estabelecido institucionalmente, nem a exigência de formar discípulos". Em suma, esta maior plasticidade os levava a dar algum destino para o sofrimento das pessoas que os procuravam. Depois

Depois dessa digressão-associação, voltemos a Maria:

Expressando angústia, Maria demonstrava grande necessidade de queixar-se, colocando-se sempre na posição de vítima das situações. Em entrevista subsequente, cometeu um lapso que foi decisivo para sua "entrada em análise", já que pela primeira vez implicou a si mesma nas dificuldades das quais tanto se queixava. Ao descrever uma briga com o amante, quando tentava dizer "*eu queria matá-lo*", disse "*eu queria amá-lo*". Essa inesperada fala, irrupção do seu inconsciente, foi marcada por mim e teve um efeito de *retificação subjetiva*, inaugurando sua entrada em análise. Tal lapso, de marcante efeito analítico, foi fundamental para que Maria vislumbrasse o sentido defensivo de sua violência, fazendo com que ela passasse a se reconhecer como partícipe da situação da qual se queixava.[3] Estávamos aí diante de uma *retificação subjetiva*: expressão que traduz a necessidade do entrevistando de modificar a sua relação com a demanda. É sob essa ótica que hoje compreendemos a formulação proposta por Piera Aulagnier (1973), para quem a adesão à hipótese da existência do inconsciente é fundamental e imprescindível para uma demanda de análise em nome próprio.

Durante a minha escuta, pude observar, por sua fala, que Maria carregava o sentimento de não ter sido suficientemente amada pela mãe, de não ter sido vivenciada como objeto de completude, numa relação primária de amor fusional. Daí o medo e, ao mesmo

---

disso, "a dimensão da dor e do sofrimento ficou completamente em segundo plano diante do modelo que o analista quer aplicar. A história da psicanálise, de 1940 a 2000, mostra claramente que a cura-tipo é um caso particular de diálogo psicanalítico". Assim, diz Birman, com quem concordo, "a cura tipo não é a única forma da psicanálise existir".

3 Encontramos em Freud o significado da retificação no momento em que ele conduz sua analisanda Dora a constatar que ela fazia mais do que simplesmente participar da grande desordem do mundo de seu pai, da qual ela se queixava. Freud pergunta a Dora qual teria sido a participação dela naquilo de que se queixava. Assim, Freud inaugurava a *retificação subjetiva*.

tempo, o desejo do encontro, semelhante ao que diz Nasio (1990) sobre a histeria. Minha escuta, funcionando como uma "teoria flutuante", foi colocada por mim em suspensão. Pensei que isso poderia se acrescentar como uma razão para sua anterior recusa em aceitar três sessões semanais, o que poderia significar uma aproximação demasiada.[4]

Posteriormente, Maria passou a fazer uso do divã, a vir duas, depois três vezes semanais, e a compreender o sentido da associação livre.

Penso que as entrevistas preliminares, que devem constituir um objeto de interesse para uma reflexão propriamente psicanalítica, se passam, com frequência, como se houvesse a crença de que um conjunto de regras instituídas fosse um infalível instrumento capaz de produzir, com qualquer analisante e qualquer analista, o surgimento de um processo reconhecidamente psicanalítico. Segundo Birman e Nicéas (1983, p. 8): "tudo se passa como se, uma vez o analisante tendo aceito as condições materiais do tratamento analítico – principalmente o preço e o número de sessões – mera aplicação de um contrato bastasse para fazê-lo estar em análise".

Concordo com aqueles para quem este é um dos efeitos da institucionalização, podendo ocorrer o processo de ritualização da prática em certas situações como essa, em que a forma (*setting*) vai-se esvaziando do sentido e se repete automaticamente como

---

4 Para Nasio, o histérico é fundamentalmente um ser de medo, que, para atenuar a sua angústia, mantém incessantemente em sua fantasia e em sua vida o doloroso estado de insatisfação. Assim, enquanto estiver insatisfeito, ficará protegido do perigo essencial que o ameaça, um perigo absoluto, sem imagem nem figura, mais pressentido do que definido; a saber: o perigo de viver a satisfação de um gozo máximo. No caso de Maria, poderíamos pensar que o desejo-medo do encontro seria causa de sua agressividade, evitando a aproximação temida e ao mesmo tempo desejada. O medo da fusão com o outro – seria este, talvez, o sentido de seu ato falho.

um ritual (Alonso, 2011). Assim ocorre o deslocamento do eixo daquilo que é central, específico da situação analítica, passando-se a definir a psicanálise pelo *setting*. Para mim, a escuta de Maria durante as entrevistas preliminares visava, sobretudo, tentar compreender o sentido de sua demanda. Era fundamental criar uma abertura para a escuta do seu sofrimento, não bastando a aceitação do número de sessões e do pagamento dos honorários. Dessa forma, o encontro entre alguém que sofre e um outro que se coloca em escuta analítica pode propiciar a instalação de um campo transferencial. No caso de Maria, a escuta do lapso "eu queria matá-lo"/"eu queria amá-lo" inaugurou sua "entrada em análise". Foi fundamental que a "escuta analítica" fosse exercida desde o primeiro momento.

Referências

Alonso, S. L. (2011). Efeitos na clínica dos ideais instituídos. In S. L. Alonso, *O tempo, a escuta, o feminino* (pp. 369-386). São Paulo: Casa do Psicólogo.

Aulagnier, P. (1969). Sociétés de psychanalyse et psychanalyste de société. *Topique, 1*, 7-46.

Aulagnier, P. (1973). Temps de parole et temps de l'écoute: remarques cliniques. *Topique, 11-12*, 41-69.

Birman, J., & Nicéas, C. A. (1983). Teoria da prática psicanalítica. In J. Birman, & C. A. Nicéas (Coord.), *Psicanálise e psicoterapia* (p. 9). Rio de Janeiro: Campus.

Enriquez, M. E. (2003). Le psychanalyste et son institution. *Topique, 6*, 29-64.

Freud, S. (1974). A história do movimento psicanalítico. In J. Strachey (Ed.), *Edição standard brasileira das obras psicológicas completas de Sigmund Freud* (pp. 13-82). Rio de Janeiro: Imago. (Obra original publicada em 1914).

Freud, S. (1968). L'inconscient. In S. Freud, *Métapsychologie* (pp. 65-123). Paris: Gallimard.

Freud, S. (1973a). *In la naissance de la psychanalyse*. Paris: PUF.

Freud, S. (1973b). Psicologia de las masas y análisis del yo. In S. Freud, *Obras completas*. Madrid: Biblioteca Nueva. (Obra original publicada em 1821).

Freud, S. (1975). *Malaise dans la civilisation*. Paris: PUF.

Freud, S. (1976). A questão da análise leiga. In J. Strachey (Ed.), *Edição standard brasileira das obras psicológicas completas de Sigmund Freud* (vol. XX, pp. 205-285). Rio de Janeiro: Imago. (Obra original publicada em 1926).

Freud, S. (1983). *Contribuition à la conception des aphasies*. Paris: PUF. (Obra original publicada em 1891).

Littré, E. (1886). *Dictionaire de la langue française*. Paris: Librairie Hachette.

Mannoni, M. (1989). *Da paixão do ser à "loucura" do saber*. Rio de Janeiro: Jorge Zahar.

Martinez, A. L. M. (2012, 6 de julho). *A peste da psicanálise* [post de blog]. Recuperado de http://www.ribeiraopretopsicologia.com.br/a-peste-da-psicanalise/

Nasio, J. D. (1990). *A histeria: teoria e clínica psicanalítica*. Rio de Janeiro: Jorge Zahar.

Schneiderman, R. (1988). Política de formação em psicanálise. *Percurso, 1*, 11-15.

Sister, B. M., Sammarone, C., Selaibe, M., Getlinger, P. V., & Cromberg, R. U. (2002). Os jogos de verdade da psicanálise. Entrevista com Joel Birman. *Percurso, 29*, 103-120. Recuperado de http://revistapercurso.uol.com.br/pdfs/p29_entrevista.pdf

4. Entrevista à *Alter*[1]

Alter: Fernando, gostaríamos de agradecer sua disponibilidade em conceder essa entrevista, que é o desdobramento de uma rica conversa que aconteceu na SPB. Naquele encontro, que tinha como tema central o papel da entrevista inicial no tratamento psicanalítico, muitas questões importantes foram discutidas, mas penso que o grupo ficou com desejo de alongar a conversa.

E para começar no papel, gostaríamos que você nos falasse um pouco sobre essa ênfase na investigação que observamos ao acompanhar seu percurso na psicanálise. Como ela foi se constituindo e o que a fundamenta?

Fernando: Quero dizer, inicialmente, que tive grande prazer em trocar ideias psicanalíticas com os colegas de Brasília e agradecer a maneira simpática e interessada como me acolheram.

---

1 Revista de estudos psicanalíticos da Sociedade de Psicanálise de Brasília, publicada em junho de 2012, *Alter*, *30*(1), 123-130. Alguns dados foram acrescidos *a posteriori* com a finalidade de ampliar as respostas e para melhor esclarecer algumas questões abordadas.

Contar como aconteceu meu primeiro encontro, minha "primeira entrevista" com a psicanálise talvez esclareça o meu gosto pela investigação, que podemos dizer teve início quando quis entender o meu desejo face à escolha por uma área de estudo. Isso aconteceu pouco antes de concluir o segundo grau, momento de interrogações existenciais, de dúvidas e indecisões pelo qual passa a maior parte dos jovens nesse período de indagações sobre a escolha de uma profissão. Morando numa cidade do interior de Pernambuco, qualquer que fosse minha decisão, implicava viajar. Já haviam falado em minha casa a respeito de um primo médico, sobrinho de meu pai, que morava na capital e que "curava com palavras". Fiquei fascinado com a ideia e, mais tarde, fui ao seu encontro. Zaldo Rocha era professor da faculdade de medicina, psiquiatra-psicoterapeuta de crianças e estudioso do inconsciente. Nesse encontro, ele falou-me sobre Freud e também sobre a psicanálise. Naquela época, não existia nem psicanalista, nem formação psicanalítica em Recife. O fato desse primo ser também um exímio violonista me aproximou ainda mais dele, por termos a música em comum. Naquele dia, mais tarde, fizemos uma roda de violão e cantoria inesquecível. O lado médico de Zaldo ia ao encontro do desejo do meu pai de, como bom nordestino, "ter um filho doutor" (risos), e a mim, encantava ser um "doutor que curasse com as palavras". Foi por aí que teria caminhado, e teria sido a primeira investigação do meu desejo que me levou até a psicanálise. Ela abriu o caminho para cursar Medicina em Recife, empreender especialização em psiquiatria e iniciar uma análise em Porto Alegre, como fizera a amiga recifense, a psicanalista Marlene Silveira. Em seguida, com o estímulo de outro primo – Carlos Nicéas –, fui para Paris, onde vivi durante dez anos, onde fiz minha formação psicanalítica, casei e tive meu primeiro filho. Então, a "primeira entrevista" com o dr. Zaldo Rocha, que involuntariamente representou para mim um lugar analítico, foi inaugural na revelação de meu desejo de ser um investigador. De investigar a dor? Desde a época de minha formação, no Instituto da Sociedade Psicanalítica de Paris, nos anos 1970, me interessei particularmente por um seminário sobre "as entrevistas preliminares". Esse seminário foi também uma boa descoberta da importância dos começos, e a partir dali, com o meu trabalho clínico, passei a valorizar, ainda mais, o tempo que precede a análise – o tempo do "prólogo da análise".

Assim, a descoberta da importância dos começos foi ganhando relevo: começo de análise, depois começo de formação, começo da atividade clínica – histórias de investigações do inconsciente. Momento inaugural, as entrevistas são a instalação de um espaço em que analista e futuro analisante se interrogam sobre seus respectivos desejos.

É importante mencionar o meu encontro, em Porto Alegre, com o dr. Paulo Guedes, com quem iniciei minha primeira análise, interrompida por seu falecimento. Momento de luto. Depois, um outro começo. Recomeço de análise. Numa outra experiência analítica, com J.-B. Pontalis, em Paris, me foi possível "retomar" a análise interrompida no Brasil. Logo nas primeiras sessões, ao escutar o pigarro característico de fumante do novo analista, pude associá-lo, de imediato, ao pigarro que emitia o analista que eu havia perdido no Brasil e ao pigarro do meu pai, que também era fumante. Reencontros na transferência. Transferência que me fez desde então refletir, cada vez mais, sobre a importância dos primeiros encontros: das primeiras entrevistas, das perdas e da repetição. A experiência analítica – única experiência capaz de transformar pela elaboração psíquica, compulsão à repetição em mudança psíquica.

O encontro analítico: o desvendamento dos encontros e desencontros dos amores dos começos. . . . A volta aos primeiros encontros, aos amores infantis. *Le transfert*.

Então, meu percurso como investigador se iniciou quando indaguei o meu próprio desejo. E prosseguiu, quando na clínica passei a escutar as indagações dos meus analisantes. Indagações que me levavam, como analista, a continuar a tarefa sem fim de escutar. De escutar tanto o desejo do outro como o meu próprio.

Alter: Retomando o tema específico de nosso encontro aqui na Sociedade Psicanalítica de Brasília, gostaríamos que você nos falasse um pouco mais a respeito das entrevistas preliminares no tratamento analítico.

Fernando: Considero o momento das entrevistas preliminares um momento especial. Digo especial porque ele vai possibilitar ao analista, por meio de sua escuta do sofrimento do outro, situar-se diante do tipo de demanda que lhe faz o entrevistando – analisante em potencial. Ao analista cabe, por meio de sua escuta e do trabalho de *retificação subjetiva*, a tarefa de tentar transformar o pedido de ajuda em demanda de análise. É um trabalho que pode propiciar a transformação do sofrimento do entrevistando. Daí a sua importância. Ao mesmo tempo, representa o momento no qual o analista deverá interrogar-se sobre suas possibilidades de empreender o trabalho analítico com aquele entrevistando singular.

Assim, se há um prólogo da análise, este não se restringe apenas às interrogações referentes à demanda do entrevistando, mas, também, àquelas que o analista deverá se fazer sobre suas possibilidades de assumir o *lugar de analista* com aquele entrevistando particular. As entrevistas preliminares devem considerar tanto a dimensão que situa a indicação da análise como adequada, ou não, quanto a que se volta à motivação do analista no empreendimento da análise com aquele potencial analisante.

A pertinência do método analítico coloca questões quanto aos procedimentos a serem adotados nos casos em que não há indicação de "análise clássica", de "cura-tipo", quando o analisante se expressa, sobretudo, por meio de comportamentos sintomáticos que ocupam o lugar da elaboração psíquica; quando no funcionamento psíquico há entraves que dificultam a busca de uma significação para o sofrimento. Quando a ideia de um tratamento pela palavra é desvalorizada, é inquestionável a necessidade de operar adaptações a fim de fazer face a essas situações. É o que Jean-Luc Donnait chama de "o divã bem temperado".

Ao decidir ocupar o *lugar de analista* com aquele sujeito específico, o analista deverá reconhecer, independentemente da "etiqueta nosográfica", a sua própria problemática psíquica, repensar seus pontos de resistência (embora saibamos que a maioria deles é da ordem do inconsciente) e poder formular um autodiagnóstico que, no dizer de Piera Aulagnier, lhe propicie rever sua capacidade de investir e de preservar uma relação transferencial não com um neurótico, um psicótico, um caso-limite, mas com o que pode prever, para além do sintoma, sobre a singularidade do sujeito que está diante dele.

Assim, o tempo das entrevistas preliminares apresenta questões fundamentais, cujo manejo poderá ajudar o psicanalista a lançar mão dos critérios de analisabilidade e definir a maneira mais adequada de investigar e de encaminhar o processo psicanalítico.

Nesse sentido, é de fundamental importância compreender a dimensão que o termo "analisabilidade" adquire, numa perspectiva de análise que considera as entrevistas preliminares como um dos momentos indispensáveis à construção do processo de análise.

Por fim, lembro o questionamento feito por Pontalis sobre analisabilidade, quando diz que "constatamos que se uma análise 'não anda' com este analista, não terá que esbarrar no mesmo obstáculo intransponível com um outro, que, estagnada aqui, ela poderá desemperrar adiante, sem que nisto se possa considerar sempre a extensão da experiência adquirida como um fator determinante".

Em síntese, "ao analisável não caberia outros limites que não os do analista".[2]

Um dos aspectos importantes a ser evitado nessas entrevistas é que se estimule uma relação transferencial, prolongando o número de entrevistas, quando o analista percebe que a problemática do entrevistando é incompatível com o seu desejo de analisá-lo. Esse cuidado denuncia a inadequação de se estabelecer, aprioristicamente, um número de entrevistas, embora deva ser mantido como princípio básico um número que preserve o entrevistando de uma perturbação na sua economia psíquica.

Alter: Você tem se debatido muito a respeito da pertinência ou não da ideia de diagnóstico e de estrutura em psicanálise. Para você, qual a importância em se definir tais noções na condução do tratamento analítico?

Fernando: Embora seja na relação transferencial que se revelará a organização psíquica do analisante, já nas entrevistas preliminares o analista pode levantar suas primeiras hipóteses sobre o diagnóstico. Dizemos primeiras hipóteses porque, em psicanálise, todo diagnóstico proveniente das entrevistas preliminares deve ficar em suspenso, embora servindo de balizador flutuante que propicie tanto o diagnóstico de analisabilidade quanto o manejo da técnica-ética. Podemos dizer, então, que as entrevistas preliminares nos levam ao âmago do paradoxo do diagnóstico em psicanálise, paradoxo que deverá estar sempre presente na escuta psicanalítica. Se, por um lado, dizemos da impossibilidade de fixar

---

[2] "Enfin, on a pu constater que telle analyse qui ne 'marche pas' avec tel analyste ne butera pas sur le même obstacle infranchissable avec un autre, que, stagnante ici, elle pourra, 'bouger' ailleurs, sans qu'on puisse toujours tenir l'étendue de l'experience acquise pour un facterur déterminant . . . . En somme, l'analysable ne connaîtrait d'autres limites que celle de l'analyste". Pontalis, J.-B. (1974). Bornes ou confins? *Nouvelle revue de Psychanalyse – Aux limites de l'analysable*, *10*, p. 6.

um diagnóstico – ao contrário do que ocorre na Medicina –, por outro, dizemos quão fundamental são as entrevistas preliminares na formulação da hipótese diagnóstica, sobretudo se estamos diante de um analisante neurótico ou psicótico. Concordo com François Ganthertet quando diz: "entre o trabalho de pensamento do analista escutando, abrindo-se para compreender, e o trabalho de pensamento do analista teorizando, entre essas suas práticas, há separação de ressonância; 'ponto de basta'". É nesse ponto que os dois registros se encontram, "se colam durante um tempo um ao outro, e vastos espaços onde seguem sozinhos seus caminhos.... Para tentar traduzir essa paradoxal relação eu não escuto com a metapsicologia na cabeça, e portanto, eu não saberia escutar sem ela" (Gantheret, 1986).[3]

No entanto, além da importância que as entrevistas preliminares possuem na elaboração do diagnóstico, devemos também considerar a escolha do modelo teórico do analista.

Os gregos tinham uma forma interessante de pensar a teoria: o verbo grego *theoréo* significa "ação de olhar", "observar", "contemplar", o que faziam os espectadores nos jogos e festivais públicos. Esse espectador não intervinha em tais jogos ou atividades; sua atividade era teórica. Os gregos chamavam de *theóros* o observador, o embaixador que uma cidade-estado enviava aos jogos e ao oráculo. Cada cidade mandava o seu *theóros* que, ao término, retornava para suas respectivas cidades e, em praça, relatava o que tinha visto. Essa narrativa variava, pois dependia do lugar onde cada um havia se posicionado (Mora, 1982).

Com essa pequena história, podemos entender que a teoria depende do lugar onde cada teórico se coloca para poder criar e se posicionar diante dos fenômenos.

---

3 Tradução livre.

No pequeno livro que escrevi sobre o tema das entrevistas preliminares em psicanálise, escolhi o conceito de castração como ponto de referência, marcando que seria somente na travessia do complexo de Édipo e na experiência da entrada na fase fálica que as organizações psíquicas iriam se revelar.

Certa vez, quando ainda iniciava minha clínica em Paris, recebi para entrevista uma mulher aparentemente com uma sintomatologia neurótica. Naquela época, minha experiência quanto à prática das entrevistas preliminares era restrita, e por isso, de forma prematura, indiquei o divã para a analisante. No período que havia programado para minhas férias, avisei-lhe que estaria ausente. Ao voltar das férias, encontrei uma carta da analisante na qual ela se mostrava muito zangada, alegando que fora desconsiderada, uma vez que havia comparecido a todas as suas sessões e que eu havia faltado a estas.

Apressei-me em telefonar-lhe e já no telefone dei-me conta de que ela não havia registrado a minha comunicação a respeito das férias. Dias depois, deitada no divã, ela me pergunta, após um pesado silêncio: *"por que é que você está querendo me matar?"*.

Somente naquele momento é que pude perceber na analisante uma falha no que concerne à simbolização da ausência, denotando uma organização psicótica. Essa vinheta ilustra que a indicação de divã foi uma precipitação.

Alter: Com as chamadas "patologias contemporâneas", muitas das condições de analisabilidade que Freud considerou têm sido colocadas em debate. Como você se coloca diante dessa questão? Há pacientes inanalisáveis?

Fernando: O incremento das *patologias do ato*, junto com o *fenômeno psicossomático*, pode ser entendido como fruto de uma época marcada pela existência de dispositivos e agenciamentos sociais que produzem e são produzidos por um narcisismo que encontra, na ausência de lei, um dos seus sustentáculos. Permissiva, a sociedade gera a ilusão de que, num estado de gozo, o homem poderia ingressar no ilimitado.

Em nossa época, o que teria para dizer a psicanálise? Vivemos sob o manto de diversos paradoxos: o crescente fluxo de informações e a impotência para absorvê-las; o uso de novos e sofisticados equipamentos eletrônicos, que exige muito reflexo, confrontados com a reduzida reflexão; a crescente interatividade confrontada com o aumento da solidão – nunca foi tão fácil e tão crescente o contato à longa distância com muitas pessoas e grupos pelo aplicativo de mensagens instantâneas.

Participando de um mundo no qual predomina o descartável e o efêmero, o homem de nosso tempo exime-se de qualquer compromisso em longo prazo.

E, perguntamos com Bauman (1998), como se localizar em uma época na qual vigora o fluxo contínuo de um tempo sempre presente? Intolerante a qualquer espera, avesso a toda fixidez, o homem se move para chegar a lugar nenhum e, num quase sem-rumo, "tropeça" acidentalmente em outros. Assim, num momento em que se tenta apagar a figura do outro, a não espera é louvada, a satisfação plena é cultuada, fortalecendo-se um narcisismo que sustenta o divórcio entre a lei e a cultura: a cultura torna-se mais o lócus do gozo do que da interdição.[4]

Assistimos, então, ao declínio lento e gradual da imagem do pai, da lei do pai, cuja função é, justamente, marcar o sujeito com a inscrição de uma falta estruturante, instituindo limites e fixando lugares. Essas transformações produzem novas subjetividades.

---

4 Aqui poderíamos incluir exemplos anti-éticos no mundo da política nacional.

É nesta contemporaneidade sem "futuro", desprovida de sonhos e de respeito – no sentido de *respicere* ("olhar para", que conota o olhar para o outro na sua diferença e singularidade) – que a delinquência, a toxicomania, a psicopatia, a adolescência prolongada, as inibições múltiplas ganham dimensões alarmantes. Freud não deixa de chamar a atenção para o fato de existirem outros tipos de conflitos que, estando fora do âmbito da simbolização, adquirem rumos diversos como possibilidade de descarga de energia. Assim, fenômenos como o psicossomático, as patologias do ato – compulsões, delinquência, toxicomania, psicopatia –, as patologias que se expressam nos distúrbios em relação à imagem corporal – anorexia e bulimia –, ou ainda a melancolia, a síndrome do pânico, as chamadas perturbações narcísicas, os casos-limite, ou *borderlines*, apresentam-se impondo novos desafios à psicanálise, cabendo discriminar o agir concreto do agir simbólico.

Sobre essas duas noções, em um de seus números, a *Nouvelle Revue de Psychanalyse* sobre a temática dos atos (Argument, 1985), encontramos um importante subsídio em seu reconhecimento de uma ambiguidade na noção de ato. Haveria uma distinção não apenas formal ou terminológica entre a ação e o agir. Enquanto este traduz o compulsivo, o repetitivo, a ação é o resultado de um trabalho psíquico.

Diferente das patologias que têm como parâmetro de definição o complexo de Édipo, as patologias atuais envolveriam questões que traduziriam uma problemática mais referida a questões de ordem narcísica. Embora não se possa afirmar que algumas dessas patologias contemporâneas estivessem ausentes em outras épocas (para alguns, a síndrome do pânico já havia sido descrita por Freud como neurose de angústia), o fato é que a incidência com a qual elas ocorrem é uma característica da nossa contemporaneidade.

Essas "novas doenças da alma"[5] exigem que a clínica atual repense tipos de intervenções adequadas às situações nas quais os sistemas de simbolização, inclusive o da expressão verbal, mostram-se fragilizados e preteridos. A expressão "patologias do não agir" se refere a certos comportamentos, entre eles o das "inibições múltiplas" e o da "adolescência prolongada", este último incentivado e mesmo produzido pela família (Argument, 1985, p. 7). Nessa precariedade simbólica, cabe mais ao analista "emprestar" suas fantasias para que seu analisante possa construir sentido, já que há uma carência nas possibilidades de promover ressignificações.

Alter: Em alguns de seus escritos técnicos, Freud já manifestava preocupação com uma clínica social. Sabemos que ela esbarra em muitas dificuldades práticas e teóricas. Como você vê a clínica social? Qual sua importância para a psicanálise?

Fernando: Podemos começar pensando sobre os dois termos: clínica e social.

O termo *clínica* psicanalítica pode remeter tanto ao atendimento clínico, propriamente dito, como à reflexão teórica e ética do trabalho psicanalítico, ou ainda à pesquisa do trabalho clínico realizado.

Já o termo *social* destaca o aspecto social desse atendimento, o tipo de população que nos procura e como respondemos à demanda de tratamento por parte de uma população que não tem condições, por razões financeiras, de frequentar os consultórios particulares.

Assim, uma clínica social deveria possibilitar que os benefícios do tratamento psicanalítico fossem estendidos a uma camada

---

5 Título de livro de Julia Kristeva no qual ela aborda de modo interessante, entre outras coisas, a redução do espaço psíquico, provocado por condições da vida moderna.

social ampla, especialmente àqueles com recursos financeiros reduzidos. Sabemos, contudo, que podem existir outras razões, diferentes das impostas por limitações financeiras, para a busca de tratamento numa clínica social. Estou assinalando aqui razões referentes à economia psíquica.

Em entrevista concedida por Birman (2002 citado por Sister, Sammarone, Selaibe, Getlinger & Cromberg, 2002), com relação aos atendimentos de base analítica para pessoas com recursos reduzidos ou aos atendimentos com escuta analítica para os quais não está indicada a "cura-tipo", parece pairar um preconceito.

Penso que instituições psicanalíticas em seus institutos de formação deveriam também voltar a formação para os casos que são atendidos fora dos consultórios, para quem não existe indicação de análise clássica, para aqueles que precisam de uma "psicanálise sem divã". Ou seja, deveriam instrumentar os que realizam atendimentos com escuta analítica em ambulatórios de saúde mental e outras instituições públicas.

Birman lembra que algumas vezes vemos colegas que estão terminando a formação analítica e que trabalham em instituições públicas terem esses trabalhos vistos como coisa menor. É como se só pudesse ser um psicanalista valioso quem atendesse em consultório de muita clientela. No entanto, a instituição psicanalítica deveria pensar em instrumentar colegas para esses tipos de atendimentos que são mais adequados para uma certa camada da população, que nem tem recursos para um tratamento caro como a psicanálise (Sister et al., 2002).

Quando eu trabalhava em Paris, observava que eram raros os colegas analistas que não trabalhavam em instituições de atendimento público. Mesmo os analistas de maior experiência. Os que atendiam apenas em consultórios eram muito raros e inclusive não vistos com bons olhos.

Birman (Sister et al., 2002) comenta, ainda, que é como se a formação do analista fosse somente para se aprender a fazer aquilo que os autores dos anos 1950 chamavam de "cura-tipo": tantas sessões por semana, com uma duração determinada, uma certa forma de silêncio do analista, um domínio tecnológico de intervenções; em vez de pensar que a psicanálise, como experiência e até historicamente, quebrou esse modelo como único (Sister et al., 2002). Birman diz que, se considerarmos a psicanálise de 1940 até hoje, observaremos uma ruptura com a "cura-tipo" como modelo único. Primeiro, foi a psicanálise de crianças, depois a psicanálise dos psicóticos, dos estados-limites e da psicossomática e também a psicanálise nas instituições (Sister et al., 2002).

Winnicott foi um exemplo de analista que adaptava o atendimento analítico às possibilidades das organizações psíquicas dos analisantes. Tanto atendia cinco vezes por semana, com sessões de 50 minutos, como, dependendo da estrutura do analisante, já aconteceu de ele ir atender em sua própria casa.

Qualquer analista deverá estar atento à singularidade e ao fato de que não existe um único modelo. "Pode-se fazer um atendimento com escuta analítica num espaço fora do consultório, com um tempo menor ou maior do que 45 ou 50 minutos, com menos ou mais vezes por semana, dependendo do caso" (Sister et al., 2002), e o que sustenta cada uma dessas experiências é o reconhecimento e o manejo da transferência que supõe o inconsciente como hipótese.

Essas reflexões me trouxeram à memória um atendimento que realizei no Centre Alfred Binet, em Paris,[6] onde eu coordenava uma das sete equipes de atendimento. Tratava-se do pai de um garoto que estava sendo atendido por um dos analistas da equipe. No início, este senhor – um caminhoneiro – parecia muito retraído e

---

6   Centro de atendimento psicoterapêutico e psicanalítico para crianças e adolescentes do bairro 13 de Paris.

desconfiado. Ele tinha pouco contato com o filho e foi convidado a vir ao centro onde se passava o tratamento do filho. Recusando-se a subir até o primeiro andar, onde se encontrava o local de consultas, permanecia sentado no balcão de um café (lanchonete, situada no térreo do prédio do Centro Binet). Aos poucos, tentei uma aproximação, primeiramente me identificando como coordenador da equipe que tratava de seu filho e convidando-o para subir até o local de consultas. Recusou minhas primeiras tentativas, mas, aos poucos, parecendo mais confiante, resolve subir até a sala de consultas. Contou, de início, que a mãe do garoto, sua esposa, esteve muito agressiva e agitada, ouvindo vozes, e precisou ser hospitalizada no hospital de adultos da mesma Associação de Saúde Mental. De fato, ela fora acometida de crise psicótica delirante. O filho ia mal na escola e apresentava um comportamento pré-psicótico. Aos poucos, o pai começou a se comunicar melhor e acordou em vir semanalmente às consultas comigo. Depois de certo tempo, falou sobre sua relação com seu próprio pai, também caminhoneiro, que, como ele, também viajava pelo interior da França. À medida que se sentia escutado por mim, passou a comunicar-se cada vez melhor. Iniciou uma relação terapêutica comigo, apresentando uma certa transferência positiva. Aprofundou a história entre ele e o próprio pai, passando a vir semanalmente ao seu tratamento. Contou que, quando criança, gostava de acompanhar o pai em suas viagens. Aos poucos, melhorou a relação com o filho e o convidou para acompanhá-lo, durante as férias, em suas viagens, como fazia com o próprio pai. Essa experiência terapêutica (com escuta analítica) teve boa evolução, evolução esta que repercutiu no filho. Parecia-me que, à medida que se sentia mais confiante na relação comigo, melhor se ocupava do filho. Voltou a se aproximar dele, inclusive o ajudando nos deveres escolares. Nesse exemplo, foi possível observar que com esse homem, nossos primeiros encontros, nossas primeiras entrevistas, tiveram como *setting* o balcão de uma lanchonete que continuou no ambulatório de uma instituição. Claramente não se tratava de uma análise clássica, mas de um atendimento tendo como referência a escuta analítica, a qual tinha como base o inconsciente e a transferência.

Como bem sugere Birman, "seria importante se começar a teorizar sobre o fato de que a experiência psicanalítica, quando acontece, seja no ambulatório da Previdência Social, seja num consultório de luxo, é uma experiência de produção de acontecimentos: "O inconsciente não é alguma coisa que está dada e o analista vai, como Sherlock Holmes, decifrar qual foi o crime que se cometeu ou sofreu" (Sister et al., 2002).

A título de exemplo de outras razões de busca das clínicas sociais de psicanálise, lembro-me da clínica social da Sociedade Psicanalítica de Paris, no momento em que eu participava de seminários de formação. Na época à qual me refiro, estava se discutindo, entre outros temas, o das "entrevistas preliminares". Nessa clínica, o interesse pela pesquisa era marcante, e uma dessas pesquisas buscava desenhar e compreender o perfil dos demandantes. Foi curioso identificar que alguns analisantes, apesar de possuírem as condições financeiras necessárias para uma análise em consultório, escolhiam a clínica social. Essa escolha se dava não por motivos financeiros, por razões psíquicas: necessitavam sentir-se assegurados por uma instância superior ao analista, no caso, a instituição.

Essa busca de uma "instância superior" me fez lembrar também que algumas vezes, quando coordenava a clínica social da SBPRJ, fui procurado por um analisante que estava em tratamento com um colega da clínica, que queria queixar-se de seu analista, revelando assim que, em alguns casos, existe uma transferência marcada pela desconfiança.

Se existem pessoas que procuram a clínica social em busca de uma instância superior, a maioria procura por limitações financeiras: são pessoas que só podem se beneficiar da psicanálise se for por intermédio de uma clínica social.

Podemos até ousar dizer que a clínica social oferece a possibilidade de a psicanálise realizar de forma abrangente o que Sergio Rodrigues e Manoel Berlinck, no livro *Psicanálise de sintomas sociais* (1988), consideram como a "peculiar democracia" da psicanálise.

Para esses autores, essa peculiar democracia pretendida pela psicanálise asseguraria, em cada um, a liberdade da palavra que lhe falta, mas que está presente como sintoma. Essa democracia consistiria em assegurar o caminho da palavra recalcada. Palavra intimamente vinculada à violência e à dor e que, quando silenciada, se expressaria como sintoma. Lembram ainda esses autores que uma das importantes condições para que haja essa liberdade da palavra é a existência do psicanalista. Este proporcionaria um dispositivo favorável à palavra que falta e que estaria presente como sintoma. Nesse sentido, sendo o psicanalista uma das peças-chave para que o processo de "democratização psíquica" seja deflagrado, a clínica social passa a ser de grande valor para aqueles que estariam excluídos dessa vivência por impossibilidades financeiras.

Além disso, não podemos esquecer que as características da clínica social exigem instigantes reflexões a respeito da triagem feita nessas clínicas. O que significa a realização de uma primeira entrevista, cujo entrevistador não será o analista daquele entrevistando? O precioso relato de Danielle Quinodoz (2007), no qual é assinalada a importância da primeira entrevista, pois nela estaria contido, em germe, tudo aquilo que se constituirá como a problemática central do tratamento, nos lança para importantes reflexões. Uma delas é, justamente, quando o entrevistador – objeto propício a ser alvo desta repetição –, não será o analista daquele demandante.

Mesmo quando o entrevistador (que não será o analista do entrevistando) evita uma postura estimulante de uma relação transferencial, me pergunto se será possível evitar a transferência, uma vez que não é possível definir o que é acionado para que ela ocorra. São situações a serem objeto de reflexão a respeito do delicado momento inaugural de uma análise.

Pela importância das clínicas sociais das instituições de psicanálise, devemos nelas valorizar as melhores condições para que a transmissão da psicanálise possa ocorrer, de modo a propiciar autênticas trocas entre pares, preservando o respeito pelas diferenças e singularidades, abrindo espaços para que todos os seus membros permaneçam expostos à experiência do inconsciente. Uma clínica que cuide para que a burocratização da formação não sufoque a criatividade.

Referências

Argument. (1985). *Nouvelle Revue de Psychanalyse – Les Actes, 31*, 5-7.

Aulagnier, P. (1973). Temps de parole et temps de l'écoute: remarques cliniques. *Topiques, 11-12*, 41-69.

Bauman, Z. (1997). *O mal-estar na pós-modernidade*. Rio de Janeiro: Jorge Zahar.

Donnet, J. L. (1975). *Le divan bien temperé*. Paris: PUF.

Gantheret. F. (1986). La haine en son príncipe. *Nouvelle Revue de Psychanalyse, 33*, 63-74.

Kristeva, J. (2002). *As novas doenças da alma*. Rio de Janeiro: Rocco.

Mora, J. F. (1982). *Dicionário de filosofia*. Madrid: Alianza Editorial.

Pontalis, J.-B. (1974). Bornes er confins. *Nouvelle Revue de Psychanalyse – Aux limites de l'analysable, 10*.

Quinodoz, D. (2007). As entrevistas preliminares: ou como despertar o desejo de fazer análise em um paciente que não sabe em que isso consiste. *Sociedade Brasileira de Psicanálise de Porto Alegre*. (Cópia de material digitado).

Rodrigues, S. A., & Berlink, M. (Org.). (1988). *Psicanálise de sintomas sociais*. São Paulo: Escuta. 1968.

Sister, B. M., Sammarone, C., Selaibe, M., Getlinger, P. V., & Cromberg, R. U. (2002). Os jogos de verdade da psicanálise. Entrevista com Joel Birman. *Percurso, 29*, 103-120. Recuperado de http://revistapercurso.uol.com.br/pdfs/p29_entrevista.pdf

Janela 2

Psicanálise e clínica

5. Trauma narcísico e resiliência numa experiência analítica: a transferência como tutor da resiliência[1]

> *O sentido se constrói em nós com o que está antes de nós e depois de nós, com a história e a imaginação, a origem e a descendência. Mas, se nossa cultura ou as circunstâncias não dispõem, à nossa volta, de alguns laços afetivos para nos comover e constituir lembranças, então, a privação de afetos e a perda de sentido farão de nós homens-instantes. Saberemos gozar rapidamente, mas, diante de uma desgraça, estaremos privados dos principais fatores de resiliência. (Cyrulnik, 2006, p. 23)*

Originado da física, como indicativo da capacidade de um material voltar à sua forma ou posição original, o termo resiliência foi incorporado às ciências humanas e, quando incluído no campo da psicologia, foi definido como maior ou menor capacidade de

---

[1] Trabalho apresentado em painel no 30º Congresso Psicanalítico Latinoamericano da Fepal. Setembro, 2014, Buenos Aires.

resistência e flexibilidade do indivíduo frente a uma situação considerada ameaçadora, sendo por ela transformado ao superá-la.

Para Boris Cyrulnik, a resiliência pode ser definida como "a arte de navegar nas torrentes, . . . aos trambolhões de golpe em golpe, até o momento em que uma mão estendida lhe ofereça um recurso externo, uma relação afetiva, uma instituição social ou cultural que lhe permita a superação" (Cyrulnik, 2001, citado por Haudenschild, 2005, p. 2).

As considerações desse autor lembram o que poderia representar o papel do analista na transferência, quando este, ocupando o lugar de objeto de transferência, desempenha o papel de "tutor de resiliência".[2] Na transferência, o analisante, por meio do movimento de repetição resiliente, tentaria elaborar, encontrar palavras para dizer das situações traumáticas. Na hipótese de a resiliência ocorrer no contexto de relações transferenciais, a relação analítica seria dela propiciadora. Assim, é também na experiência da transferência que poderia se desenvolver um processo de resiliência do trauma.

Freud (1930 citado por Cyrulnik, 2006, p. 8) nos diz que, "considerando a extraordinária atividade de síntese do Eu, não se pode falar de trauma sem tratar ao mesmo tempo da cicatrização reativa". Assim, toda situação analítica colocaria a dupla analisante-analista numa posição propícia à experiência de resiliência, devido à capacidade de o indivíduo reviver um evento traumático, podendo, a partir de então, modificar-se, readaptar-se e aprender – indício do grau de resiliência.

---

2 Termo cunhado por Cyrulnik (2006) para designar alguém ou um meio favorável que serve de apoio, ajudando uma pessoa a seguir em frente ou a buscar novos caminhos.

Cabe lembrar que a vivência de uma perda provoca um processo psíquico que se apoia não só no significado real do objeto perdido, mas daquilo que ele simboliza. A resiliência guardaria, então, a possibilidade de elaboração da perda, em que o processo de luto se apresentaria como um possível marcador de resiliência, enquanto o melancólico seria o não resiliente (Sordi, Manfro, & Hauck, 2011).

A tristeza provocada pela constatação das perdas pode gerar um estado de fragilidade ou demarcar uma fronteira na qual é vislumbrado um novo horizonte. A renúncia do que foi perdido seria o caminho de resolução do luto, momento no qual a libido teria a possibilidade de se liberar, ligando-se a novos objetos ou ideais (Edler, 2008).

Pensando a relação entre perda, luto e resiliência, ocorre-me a situação, já apresentada em trabalho anterior, que se presta como exemplo de um processo resiliente particular ocorrido numa experiência analítica. Tal situação foi trazida por uma analisante a que chamei Françoise.

Em sua primeira entrevista, ela protegeu-se vestindo um casaco, apesar de ser verão. Com expressão arrogante e tom de voz no limite da rispidez, não esboçou qualquer demanda explícita de ajuda nem tampouco de análise. Com uma atitude defendida, disse ter vindo por indicação do analista "X", e naquele primeiro encontro limitou-se a falar sobre suas atividades como professora estagiária de P., eminente professor, em uma universidade.

Com aproximadamente trinta anos, Françoise disse possuir o mesmo nome (no feminino) que o falecido pai, a quem descreve como pleno de qualidades, "tendo sido sempre a ela dedicado", enquanto a mãe estava mais voltada para a irmã, seis anos mais jovem do que ela. Entre queixas e críticas à mãe, Françoise relatou que, certa vez, ouviu uma conversa entre a mãe e uma irmã, sua tia, na qual a mãe dizia que logo que Françoise nascera, *temendo que o bebê viesse a morrer, o impedia, de forma ansiosa, que fechasse os olhos para dormir*. Considerei que a conduta da mãe perturbou os processos identificatórios da criança, provocando o trauma precoce – distúrbios de seu narcisismo.[3]

A atitude ríspida e de reserva por parte da analisante, quando do nosso primeiro encontro, poderia estar expressando o temor da repetição, na transferência, do que se passara entre ela e a mãe quando Françoise ainda era bebê. Supus que as ansiedades da mãe, ao impedir que o bebê dormisse, *por temer que este viesse a morrer*, poderiam indicar o contrainvestimento de desejos de morte da criança.

Segundo Laplanche e Pontalis (1983, p. 145), Freud teria invocado a noção de contrainvestimento (*Gegenbesetzung*) situando-a no âmbito de sua teoria econômica do recalcamento, em que as "representações a recalcar, na medida em que são investidas constantemente pela pulsão, tendem incessantemente a irromper na consciência, só se mantendo no inconsciente graças a uma força igualmente constante exercida em sentido contrário".

Assim, no *après-coup* do primeiro encontro, Françoise poderia estar temendo a repetição dessa primeira vivência traumática.

Com postura aparentemente arrogante e reativa – sua armadura defensiva –, ao ir embora, deixara-me a impressão de lutar contra uma depressão. Fui acolhedor, e tive o cuidado de não ser intrusivo. Quando ela se foi, dei-me conta de haver sentido por ela, naquela primeira entrevista, certa antipatia.

---

3 Laplanche e Pontalis (1983) designam o narcisismo primário como um "estado precoce em que a criança investe toda a sua libido em si mesma". Já o narcisismo secundário é definido pelos autores como um "retorno ao ego da libido retirada dos seus investimentos objetais".

Pensei que na ocupação de seu lugar no *setting*, o analista, na evidência de um sentimento em si próprio, deve submetê-lo a uma suspensão de atribuição e de propriedade, o que adquire uma dimensão outra, um distanciamento que pode permitir melhor compreensão da dinâmica do jogo simbólico. Nessa posição, perguntei-me o que poderia estar acontecendo na dupla. Diante da antipatia, decidi aguardar o sentido do que estava ocorrendo no campo transferencial-contratransferencial naquele primeiro encontro. Afinal, o que o analista sente deve sofrer um trabalho de elaboração específica que o desvie de um uso pessoal. Assim, várias ideias me surgiram, além de reflexões autoanalíticas, enquanto colocava a antipatia sentida "em suspensão".

Lembrei-me de que Françoise havia feito referência, em tom de queixa, à imaturidade da mãe durante a gravidez e frente ao nascimento da analisante, e que talvez o sentimento de antipatia pudesse estar relacionado a isso. Estaria ela repetindo no *a posteriori* transferencial da primeira entrevista experiências precoces vivenciadas com o objeto materno, já que parecia não ter sido objeto de "simpatia" por parte dele?

Em seu artigo *Après-coup, l'archaique*, André Green (1982) ressalta que Freud já havia afirmado que nada das primeiras experiências de vida psíquica desapareceria, e que o inconsciente, conservando suas marcas, tenderia a reatualizá-las. Para Freud, lembra ainda Green, os acontecimentos passados são modificados ao longo do tempo pelo indivíduo, conferindo não apenas sentido, mas também indicação do que teria originado a patologia.

Os estudos atuais de alguns analistas franceses, sobretudo os de Jacques André (2009), têm chamado atenção para a ideia de que as vivências na primeira entrevista dispõem das condições de um fenômeno *a posteriori*[4] – *après-coup* –, sob o duplo registro do trauma na abertura de uma experiência analítica. Assim, na transferência, seria repetido o trauma da infância. O *après-coup* – *Nachtraglichkeit* – comporta a ideia de que num segundo tempo – na transferência – seria repetido um primeiro tempo do trauma infantil.[5]

Uma semana depois, em nossa segunda entrevista, Françoise apresentou-se malcuidada, triste, frágil. Mostrou-se desamparada e contou-me, entre soluços, viver uma paixão amorosa por P., que, segundo ela, havia sido seu amante. Queixou-se de que ele não atendia aos seus chamados. Manifestou que o idealizava e sentia profunda dependência dele. Explicou-me que, se por um lado, conseguia ser autônoma, desempenhando bem as suas funções profissionais, vivia períodos de quase completa prostração, sobretudo quando P. não lhe respondia, quando então se trancava em casa e ficava, muitas vezes, *"largada no chão, em posição fetal, num canto do apartamento"*. Sem alimentar-se e descuidando-se da higiene,

---

4 O conceito de *après-coup* ficou durante certo tempo esquecido, tendo sido revalorizado por Lacan. Segundo Jacques André (2009), Freud, alguns meses depois de haver escrito *Luto e melancolia*, insiste sobre o caráter de enigma que o luto conserva aos seus olhos: "por que a libido tornada livre, graças à morte-desaparecimento do objeto, leva tanto tempo, e a dor a dela se destacar? Isto nós não compreendemos". Apesar de dizer que o conceito de *aprés-coup* não é nomeado na escola inglesa de psicanálise, Jacques Lacan afirma que Melanie Klein escreve que "a perda de uma pessoa querida, qualquer que seja a idade na qual tenha ocorrido, é sempre um segundo tempo, um segundo trauma, a reviviscência de uma experiência precoce. Nós já perdemos sempre o objeto de amor, o que sinaliza a generalidade da posição depressiva" (citado por André, 2009, pp. 1288-1290).

5 Laplanche e Pontalis (1983, p. 678) definem trauma como "acontecimento da vida do indivíduo que se define pela sua intensidade, pela incapacidade em que se acha o indivíduo de lhe responder de forma adequada, pelo transtorno e pelos efeitos patogênicos duradouros que provoca na organização psíquica. Em termos econômicos, o traumatismo caracteriza-se por um afluxo de excitações que é excessivo, relativamente à tolerância do indivíduo e à sua capacidade de dominar e de elaborar psiquicamente essas excitações".

respirava com dificuldade, num estado de desamparo, *"como se a vida estivesse me escapando"*. Para que voltasse a "funcionar", disse ainda que se fazia imperioso vê-lo, *"ele é o meu oxigênio"*, concluiu.

Desse modo, por falhas em sua narcisação de parte do objeto significativo, ela parecia repetir com P. vivências infantis, solicitando deste o que parecia ter-lhe faltado: ser objeto do ideal narcísico da mãe. Perguntei-me se essa falta seria o motor do movimento resiliente de Françoise, tanto em relação a P. como na experiência analítica, já que as suas vivências precoces com o objeto materno haviam sido supostamente traumáticas.

Enquanto uma forma determinada de funcionamento psíquico, o narcisismo tem como referência a relação dual. Sabemos que nos começos da vida a criança só pode viver experiências anárquicas e parciais, e que o investimento narcísico da mãe, vivendo a criança como unidade corporal e psíquica, é fundamental na estruturação desse narcisismo que desempenha sua função protetora desde o nascimento e durante toda a existência. Ele é o "cimento", força de coesão que faz o humano acreditar na unidade do seu corpo e aderir à vida.

Em uma sessão, um sonho recorrente foi trazido pela analisante. Nele, ela cuidava de uma "criança incompleta", às escondidas da mãe. Segundo ela, *"o sonho ocorria onde a gente morava quando eu era pequena. Eu estava zangada com a minha mãe. Meu pai também aparecia, mas como espectador. Na casa havia um canto que me pertencia e era onde estava a criança anormal, incompleta, feia, que urinava nas fraldas, mas que, ao mesmo tempo, era grande e falava como adulto. Ela morava comigo e com minha mãe, que não queria que se ocupassem da criança. No entanto, eu cuidava muito bem dela. Às vezes, a criança era guardada na geladeira, em outras, eu ficava com ela na toalete, o que provocava brigas enormes com minha mãe"*.

Seria Françoise esse bebê que queria ser olhado como não o fora, bebê que ela quer tanto cuidar, mas na condição de ser às escondidas do olhar da mãe? Mas o que oculta o olhar materno? Talvez a vivência de um bebê incestuoso, para o qual a mãe não pode olhar? A angústia escópica da mãe poderia ser uma expressão sintomática de suas fantasias incestuosas e consequente desejo de morte do bebê? Eram ideias que me ocorriam ao escutá-la.

Pensei na grande importância que teve para Françoise o olhar de P. e a experiência de sentir-se olhada-escutada pelo analista. Seria essa vivência do olhar-escuta, que a mãe não lhe dera, que Françoise buscava viver? Vivência que a assegurou e que ela perdia no momento em que P. desaparecia? Penso que a perda desse olhar a fez entrar em crise depressiva.

Assim, sua relação com P. teve um aspecto positivo, assegurando-a de não se perder, já que o "olhar incestuoso" da mãe não pôde autenticar a imagem da filha. Esse amálgama bebê/adulto que aparece no sonho poderia ser uma representação de uma criança em Françoise, expressando uma pulsão amorosa sem respostas, que insiste.

Podemos imaginar que a elaboração do luto do objeto primordial fora perturbada, para Françoise, pelas ansiedades e temores da mãe que, receando que o *bebê morresse*, o impedia de *fechar os olhos*, dificultando os movimentos introjetivos precoces.

Freud (1915, p. 275-276) descreve o luto como a "reação à perda de um ente querido a partir de alguma abstração que ocupou o lugar de um ente querido, como os pais, a liberdade ou o ideal, e assim por diante". No entanto, Freud (1915) observa que as mesmas situações podem produzir melancolia em vez de luto. O luto é um trabalho de elaboração que, como tal, pode ser bem ou malsucedido. Quando bem elaborado, o luto culmina com o resgate da libido: a volta à disponibilidade para amar e investir no mundo.

Zeferino Rocha (2005) nos lembra que, para Freud, no trabalho do luto, "o mundo se esvazia, porque quem chora a perda de alguém concentra toda sua libido na lembrança do que está sendo pranteado". Segundo esse autor, Freud teria resumido o essencial do trabalho do luto em duas palavras: *Lösung* e *Ablösung*. Esclarecendo o sentido dos termos, Zeferino Rocha (2005) nos diz que o vocábulo *Lösung* significa solução, embora em se tratando do contexto do luto ela poderia ser traduzida pela expressão "soltar laços", "desfazer nós", enquanto *Ablösung* diz uma "substituição, precisamente a substituição do objeto, cuja perda se chora no trabalho do luto" (p. 19). Essa substituição, esclarece ainda o autor, só poderia se realizar quando todos os "laços tiverem sido soltos e os fios estiverem novamente em condição de poderem ser usados para fazer novos laços e para dar novos nós" (p. 19).

O trabalho do luto abre a possibilidade de novos e inesperados encontros, evocando então a pulsão de vida. Já na melancolia predomina a pulsão de morte, uma vez que há uma identificação narcísica com o objeto ausente, perdendo-se o amor pela vida.

No entanto, embora haja indicação de ter ocorrido dificuldades identificatórias do objeto narcísico, o que poderia ser indício de uma estruturação melancólica – identificação do eu com o objeto perdido –, o desenrolar da experiência analítica revelou ter havido um complexo trabalho de luto.

Por meio do sonho narrado, foi possível melhor compreender as vivências transferenciais de Françoise em relação a P. Este parecia representar para ela um ideal narcísico de completude – espécie de duplo – que, numa relação em espelho, deveria refletir uma imagem ideal, evitando, assim, a falha narcísica.

Esse momento lembra o olhar da criança quando, vendo a própria imagem no espelho, imagina estar vendo um outro. É esse olhar que parece acender a paixão de Françoise, perdendo-se no outro que se *faz respiração, oxigênio*.

Numa vivência de regressão, Françoise entregou-se ao sofrimento de um amor impossível, "perdendo-se" no outro: quando o seu olhar perdeu de vista o objeto, surgiu a dor. Como lembra Pontalis (1988), "a vista nós podemos perdê-la, mesmo quando dela dispomos. Nós a perdemos quando estamos fascinados, meduzados, quando a morte, e não a vida, está nos nossos olhos" (p. 276). Françoise cresceu de "olhos abertos", mas apresentando dificuldades para se ver, para se discriminar.

A constituição do campo transferencial foi se configurando de uma maneira particular: Françoise investia maciçamente no professor P., sem fazer qualquer referência ao analista, embora comparecesse pontualmente a todas as suas sessões, demonstrando que tanto o analista quanto a moldura psicanalítica pareciam desempenhar uma função vital para a analisante.

Se, enquanto objeto de paixão, P. refletia para Françoise a sua identidade, fazia-se necessário acalmar a angústia que suscitava a sua ausência, assegurando-a de que ele estava inteiramente à vista. Assim, "perder de vista" sendo o mais insuportável da perda, anunciava a sua incapacidade de amar o não visível.

Num discurso em que predominava a paixão, repentinamente surgiu em Françoise uma vivência da qual emergiu o ódio, quando P. publicou um livro e, em seguida, foi entrevistado na televisão. Nesse momento, mostrando-se muito raivosa, ela fechou-se em casa e telefonou para P., que não respondeu aos seus chamados. Desesperada, disse: "*não vou me suicidar, mas tenho ímpeto de ir embora, de partir para o hemisfério sul. Sinto uma enorme não existência, sinto-me enlouquecer! Quando ele aparece na televisão, ele existe para os outros, não quero que ele exista para os outros. Ele se comporta como uma puta intelectual!*". E acrescentou, como em estado de hemorragia narcísica: "*após este programa na televisão, eu não me mexia. Era como se tivessem me suicidado cortando-me as veias. Quanto mais o percebia forte, mais me sentia fraca, morta*".

E assim, ela saiu em busca de P., como um adicto parte em busca de sua droga. Sentou-se no terraço de um bar, por onde P. deveria passar a caminho da universidade. Ao vê-lo, seguiu-o, caminhando a poucos metros de distância, sem que ele a percebesse. E, dirigindo-se ao analista, disse: "*Ce n'est pas la prémière fois que je le suis comme ça*" (Não é a primeira vez que eu o sigo assim, ou: que "sou ele assim").[6] O analista: "*Je le suis. . . . Vous êtes lui!*" (*Eu sou ele, ou seja, você é ele!*). Penso que por meio dessas palavras do analista a função paterna se torna evidente.

O sonho resiliente

Após essa minha fala, Françoise, pela primeira vez, me colocou mais diretamente em relação a ela. Até então, quase não se referia à minha pessoa durante a análise. Como parte de um movimento resiliente, teve um sonho que disse se passar num jardim público – o Jardin de Luxembourg –, em que ela é um bebê com o qual eu passeio, conduzindo-o dentro de um carrinho de criança. Entendo que a minha intervenção "*Vous êtes lui*" provocou uma vivência na qual ela pôde experienciar uma separação da imagem de P. que ela havia construído.

Penso, com Cyrulnik, que não há atividade mais íntima do que o trabalho de atribuir sentido. Se minha intervenção propiciou a retomada da relação primordial com a mãe – numa situação protegida, "dentro do carrinho" –, ela também introduziu,

---

6 O analista escuta o significante sonoro "*je le suis*" – "eu o sigo" (do verbo *suivre*: seguir) como "eu sou ele" (do verbo *être*: ser).

simbolicamente, a figura paterna. Analista atrás do carrinho, como atrás do divã. Foi também a figura do pai que propiciou uma sustentação materna. Imagino que, graças às vivências com o pai, Françoise não se estruturou psicoticamente. Nesse sentido, esse momento de sua análise é ilustrativo de sua capacidade de processar ressignificações com o significante *"vous êtes lui"*, ao invés de aderir concretamente às minhas palavras.

Green (1974, p. 243) afirma que "quando o analista comunica a experiência pela verbalização, além de elucidá-la, reintroduz pela palavra a presença potencial do pai, não por uma referência explícita a ele, mas pela introdução de um elemento terceiro nessa dualidade comunicativa".

Entendo que, ajudado pela situação analítica, o bebê Françoise, o bebê incompleto, aquele que não elaborou bem o luto, vivenciou em sua tumultuada experiência com P. um movimento resiliente. Até então, Françoise parecia não ter desenvolvido uma capacidade de exercer a resiliência, já que, na ausência de algo que funcionasse para ela como "tutor de resiliência", só se sentia bem aprisionando o objeto de seu amor.

Ela comentou em uma sessão: *"eu dizia sempre que era preciso que me suicidasse para que P. pudesse existir. Eu e ele éramos inconciliáveis! Mas, agora, sinto-me mais longe do suicídio e talvez a análise tenha a ver com isto.... Se eu o mato um dia, não o farei de frente, acho que não vou fazer isto.... Eu serei capaz de matá-lo em companhia da mulher"*.

Se ela o matasse de frente – ele representando sua própria imagem refletida –, ela correria o risco de também morrer. Poderíamos pensar que eliminá-lo em companhia da mulher seria matar a identificação narcísica, conservando uma identidade própria.

Paralelamente a essa vivência de ódio – morte de P. –, eu percebia Françoise tentando movimentos oscilantes de separação. Após haver escutado uma entrevista do professor em uma rádio, comentou: *"ele falava de coisas do domínio dele e não do meu, se é que se pode distinguir! Todas as perguntas que lhe fizeram, eu as responderia como ele. Sou capaz de ser entrevistada em seu nome e dizer as palavras dele. A ideia da fusão é uma ideia calmante. Em resumo, posso viver na fusão total e não na liberdade"*. Minhas intervenções, nesse período, foram no sentido de mostrar-lhe seus movimentos de indiferenciação, de confusão, e suas tentativas e temores de se discriminar de P.

Essa imagem especular – o duplo – precisava ser eliminada para que ela pudesse existir sem estar amalgamada – existir independente de P. Na análise, ela constatou que esse duplo revelou-lhe a própria incompletude, levando-a a concluir que já podia viver *"sem o olhar de P."*.

A partir da interpretação *"Vous êtes lui"* como tutor de resiliência, Françoise pôde dizer não à vivência narcísica e se diferenciar, pois disse já não querer mais se suicidar. Estaria Françoise efetuando um movimento de reconstrução narcísica com P.? Seria esse um movimento resiliente?

Tomada de grande ódio por P., Françoise decidiu enviar uma carta à universidade, acusando-o gravemente (questões de política internacional), o que provocaria consequências muito sérias para ambos. Senti-me embaraçado diante do que ela me disse. Pensei que, se por um lado não devia intervir diretamente na realidade, por outro, não poderia, em nome de uma ortodoxia, permanecer "neutro" diante de um risco grave, comparável ao de suicídio ou homicídio, pois enviar a carta seria um ato de grande destrutividade. Decidi dizer-lhe que seria uma perda para a sua análise ela tomar decisões de tamanho porte sem antes compreendê-las.

Após vivências de ódio e de morte do duplo, percebi-a mais autônoma, o que a levou a dizer "*já posso viver sem ele*". Numa sessão desse período, disse: "*sinto algo mudado em mim, como se agora eu pudesse observar sentimentos mais verdadeiros. Escrevi um trabalho para o jornal e o fiz muito tranquila; de maneira muito diferente de quando escrevi a minha tese. Sinto-me em boa forma*". (Eu: com uma boa imagem). "*Talvez eu nunca tenha me sentido assim antes*". E relatou um sonho: "*nele, eu talvez tivesse matado P. Eu fazia parte de um grupo de jornalistas investigadores que estudavam o crime. Eu sabia de tudo. Eu fazia pacotes do corpo dele, cortado em pedaços*".

Após o "assassinato", Françoise, em suas tentativas de separação-diferenciação, retomou para si aspectos idealizados colocados em P., ao mesmo tempo que lutava contra um sentimento de desagregação, por meio de pensamentos nos quais buscava a reconstrução de uma imagem própria. Ela tentava, por meio da sublimação, se recriar, falando *das origens, do começo e do fim*.

Podendo confrontar-se com a falha, ela pôde escrever um trabalho, mostrando que a saída de sua depressão foi por meio da sublimação.

Françoise parecia repetir com P. a experiência com o objeto materno, na tentativa de obter o olhar que ela não teve. Como ouvi de Pontalis, certa vez: "o que se repete é o que não aconteceu – pulsão amorosa que ficou sem resposta".

Até então, ela não havia encontrado nem desenvolvido sua capacidade de resiliência, já que se mostrava fixada e dependente da imagem da relação especular vivenciada com P. A concretização da separação de P., apoiada na transferência como tutor de resiliência, pareceu ter favorecido a elaboração do luto pela perda do que fora depositado em P. Nesse movimento, Françoise teve a possibilidade de escrever, iniciando um processo sublimatório.

Após haver sido entrevistada pela rádio e televisão, ela falou: *"pensei na análise e me saí bem. Durante o programa, a minha sensação era a de ter tomado uma droga pela primeira vez; eu gostei, e quero fazer logo um segundo programa. Senti uma emoção comparável a um voo. Quando a luz vermelha se iluminou no estúdio, tive a sensação de decolar do solo. O jornalista que organizou o programa me atraía, e nós rimos, fazendo algumas brincadeiras. Fiquei impressionada com o aspecto técnico, que transforma minhas palavras banais em outra coisa. Sentindo a rádio e a televisão ao meu alcance, a ideia de meu suicídio fica distante. Penso no que falamos aqui, nesta coisa de ser o mesmo que ele. O tema da minha entrevista foi o mesmo que o dele (P.). Depois do programa, telefonei para minha irmã e disse-lhe que P. poderia morrer e eu ser entrevistada em nome dele. É o tema da osmose e da personalidade de cada um".* Parece-me que Françoise mudou de lugar. Deixando a posição de duplo, pôde falar em seu próprio nome, e sentir-se tão importante quanto P.

E Françoise prosseguiu: *"não tenho necessidade de estar com ele para viver com ele. Não o verei jamais, mas ele é a pessoa que determina a minha vida. Sei que é loucura, que não é assim que as pessoas vivem, ou então, é normal, é o amor, e as pessoas não sabem o que é o amor. Hoje eu pus a água de colônia de P., mas coloquei só um pouquinho, não ousei".*

Referindo-se a uma reunião na universidade, à qual o professor não compareceu: *"diante de uma ausência como essa, sentiria um grande buraco. Ser vista, ou vê-lo, era o mais importante. Eu só existia se ele me olhasse".* Faz uma pequena pausa e diz: *"Eu não gosto de fotos".*

Nesse momento, lembrei-me de um de seus sonhos, no qual apareciam fotos dela criança em companhia do pai. *"Se o meu pai não pôde me olhar, só existe o olhar do espelho."* Disse-lhe que na posição na qual me situava na sessão, ela também não podia me olhar, eu não podia refletir a sua imagem. Ela respondeu: "*meu pai não me olha, e você também não. P. não me olha mais; somente P. me olhou muito. Mas lembro-me bem do olhar do meu pai, do olhar de P. e do olhar do meu avô. Eu não tenho lembrança do olhar da minha mãe. Falta o olhar da minha mãe!*".

À medida que se descobria, minha impressão era de que Françoise também me descobria, e, para lutar contra a escravidão da relação narcísica para conseguir a sua liberdade-individuação, ela precisou colocar-se numa situação de proteção-*holding*, necessitando ser vista, como no sonho do carrinho de bebê.

Durante nossa segunda separação, devido às grandes férias de verão, Françoise reagiu diferentemente das férias precedentes. Na última sessão, antes de nos perdermos de vista temporariamente, ela disse: "*sonhei que estava dentro de um trem no Brasil, sozinha dentro de um vagão, as outras cabines estavam cheias de pessoas. No corredor do trem havia uma brasileira com um bebê nos braços, segurando carinhosamente a criança e que escrevia algo sobre a vidraça que eu compreendia, apesar de não saber o português. Eu compreendia o funcionamento das letras que se seguiam*".

Surpreso com o sonho, porque se tratava do Brasil, para onde eu vinha passar as férias, e porque nunca tinha sido feita qualquer referência à minha nacionalidade, indaguei: "*o Brasil?*". Françoise respondeu: "*é o único lugar do mundo que eu tenho vontade de conhecer. P. havia sido convidado para ir ao Brasil, mas o seu visto fora recusado porque ele era de esquerda. O Brasil. . . . um pouco grande demais para mim; mas é o que mais me atrai na América do Sul*".

Disse-lhe que em seu sonho a mãe se comunicava com ela na mesma língua com a qual se comunicava com o bebê. Disse-lhe também que ela falava da América do Sul, do Brasil, e talvez estivesse se indagando sobre minha nacionalidade, sobre minhas origens. Ao que respondeu, rapidamente: "*Nunca pensei nisso. Então você fala o português? Então no sonho você é a pessoa que vejo me levando nos braços? O meu pai me carregava, quando eu era criança*". Naquele momento, inferi que a figura do pai, revivida na relação transferencial, havia funcionado como tutor de resiliência.

A partir de seu discurso, o tempo da história de Françoise foi sendo remodelado e reconstituído e, paralelamente, a escuta do analista tecia e recriava o tempo da análise. Assim, duas histórias se entrecruzavam, e se desenrolavam, remetidas uma à outra: a história que narrava os acontecimentos de uma vida e a que narrava as aventuras da transferência. A transferência ocupando o lugar de tutor de resiliência.

Na história da analisante, o processo de luto do primeiro objeto parecia ter sido perturbado pelo fato de a mãe, em decorrência de seus conflitos, haver dificultado tal processo, provocando uma carência de narcisação, em lugar de desempenhar um papel de ajuda na evolução do processo de constituição do eu. Pergunto-me se o que poderíamos chamar de resiliência, nesse caso, não seria o repetir-ressignificar desse movimento inaugural do eu.

Como nos lembra Hugo Bleichmar (1987),[7] nas chamadas condições habituais, as crianças devem ser objeto de admiração

---

7 Hugo Bleichmar (1985, p. 91-93), alerta para o fato de que, segundo o conceito freudiano de experiência de satisfação, responsável pelo despertar do desejo de repetição, "tem plena validade na fixação de um modo predominante de prazer narcisista: o sujeito seleciona aquilo que, por possuí-lo ou sê-lo, o converterá em alguém admirado. Resulta, assim, que nesse interjogo complexo entre o sujeito e o outro, uma das possibilidades é que o primeiro identifique-se com o olhar do segundo, ficando o aspecto parcial, sobre o qual recai a atenção, carregado com o estado de ânimo que experimenta quando o outro repara nele: o prazer ou a raiva despertados impregnam a atividade em questão e se convertem em parte dela. A partir desse momento, já nunca mais a atividade valerá pelo que puder ser em si mesma, e sua significação prevalecente constituir-se-á da aprovação ou rejeição que desperte no outro significativo".

por parte do "outro significativo", admiração esta que recai sobre o todo do seu ser, causando-lhe entusiasmo e permitindo-lhe alcançar o reconhecimento desejado.

Se, para Cyrulnik, a capacidade resiliente ocorre normalmente com aquelas crianças que desenvolveram um esquema de apego seguro na primeira infância, tendo assim adquirido mais condições de se tornarem grandes resilientes ao sofrer o acidente traumático, como entender a resiliência no caso de Françoise?

O fato de ela parecer não ter vivido uma primeira infância que lhe fornecesse as condições descritas por Cyrulnik, uma vez que supostamente não houve a segurança com a mãe, leva a supor que o trauma ocorreu precocemente em plena vigência da constituição do eu narcísico. No entanto, Françoise não pareceu ter-se estruturado como uma melancólica, como deu mostras no desenrolar do processo analítico.

Apesar das falhas de narcisação, que poderiam tê-la levado a uma estrutura melancólica, creio que a figura paterna, como aparece na transferência, no último sonho relatado e aqui narrado, nos faz pensar no valor que teve a imago paterna, como propiciadora, por meio da transferência, de tutor de resiliência.

A resiliência, nesse caso, seria repetir o movimento de inauguração do eu prejudicado pela angústia materna de não poder ver o bebê fechar os olhos para dormir, o que provocou um suposto trauma precoce.

Em princípio, a resiliência guarda a possibilidade de elaboração da perda, em que o processo de luto se apresenta como um possível marcador de resiliência, enquanto a melancolia seria a marca de não resiliência.

O caso Françoise apresenta uma situação bem particular, já que o suposto trauma aconteceu precocemente, no momento mesmo de construção do eu narcísico. O processo de resiliência de Françoise indica a possibilidade de resgate de um processo supostamente interrompido pela experiência traumática: experiência diretamente ligada à figura materna.

Ao que tudo indica, Françoise estruturou sua psique ajudada pelo suporte oferecido pelo pai, que ocupou, também, uma função materna, ocupação esta que talvez tenha salvo Françoise da psicose.

Pelos elementos trazidos pela analisante, podemos dizer que o pai ocupou tanto um lugar de suplência materna como um lugar simbólico de interdição, uma vez que a mãe não conseguiu ocupar um lugar propriamente materno. Talvez não seja anódino o fato de Françoise ter o mesmo prenome do pai no feminino, o que pode ter colaborado em sua estruturação psíquica.

Essa experiência analítica parece ter demonstrado a importância da escuta e da ideia de diagnóstico flutuante, já que, como escreveu Cyrulnik (2006, p. 20), "é preciso esperar o fim da frase e aguardar o fim da vida para que o sentido apareça. Enquanto o ponto final da frase ou da vida não tiver sido posto, o sentido está em constante remanejamento possível".

Referências

André, J. (2009). L'événement de la temporalité. L'après-coup dans la cure. *Revue Française de Psychanalyse, 5*(73), 1285-1352.

Bleichmar, H. (1987). *O narcisismo: estudo sobre a enunciação e a gramática*. Porto Alegre: Artes Médicas.

Cyrulnik, B. (2006). *Falar de amor à beira do abismo*. São Paulo: Martins Fontes.

Edler, S. (2008). *Luto e melancolia: à sombra do espetáculo*. Rio de Janeiro: Civilização Brasileira.

Freud, S. (1968). Deuil et mélancolie. In S. Freud, *Métapssycologie*. Paris: Gallimard. (Obra original publicada em 1915).

Green, A. (1974). L'analyste, la symbolisation et l'absence. *Nouvelle Revue de Psychanalyse, 10*, 225-258.

Green, A. (1982). Après-coup, l'archaïque. *Nouvelle Revue de Psychanalyse, 26*, 195-215.

Haudenschild, T. R. (2005, julho). Resistência e resiliência. In *44º Congresso da IPA*, Rio de Janeiro.

Laplanche, J., & Pontalis, J.-B. (1983). *Vocabulário da psicanálise*. São Paulo: Martins Fontes.

Pontalis, J.-B. (1988). *Perdre de vue*. Paris : Gallimard.

Rocha, Z. (2005). Esperança não é esperar, é caminhar: reflexões sobre a esperança e suas ressonâncias na teoria e clínica psicanalíticas. *Revista Latinoamericana de Psicopatologia Fundamental, 10*(2), 255- 273.

Castro, R. E. F., Melo, M. H. S., & Silvares, E. F. M. (2001). Avaliação da percepção dos pares de crianças com dificuldades de interação. In *Resumos do 5o Congresso Interno do Instituto de Psicologia da Universidade de São Paulo* (p. 49). São Paulo.

Sordi, A. O., Manfro, G. G., & Hauck, S. (2011). O conceito de resiliência: diferentes olhares. *Revista Brasileira de Psicoterapia da UFRGS, 13*(2), 115-132.

6. Sobre o trabalho de retificação subjetiva na entrada em análise: as primeiras entrevistas com Marcel e o jogo do *cache-cache*[1]

> *A primeira entrevista quase sempre não passa de uma preparação, de uma ordenação de peças de um jogo de xadrez. Tudo fica para se fazer mais tarde, mas os personagens puderam ser postos em campo.* (Mannoni, 1981, p. 103)

A primeira entrevista

Na primeira entrevista dessa análise, que durou sete anos, Marcel chegou ao meu consultório dizendo-se estar desanimado, e que ficavam esperando dele que realizasse determinadas tarefas que lhe permitiriam galgar um degrau a mais em sua carreira. Apesar de estudioso e de desempenhar sem dificuldades suas atividades de ensino, falou sobre sua falta de entusiasmo quando se tratava

---
1 O material clínico deste trabalho foi originalmente apresentado por mim em Paris no Colóquio Franco-Brasileiro na Sociedade Psicanalítica de Paris, em 8 de março de 2013. *Cache-cache*, do francês, esconde-esconde.

de preparar-se para o concurso que o levaria a galgar à função de professor-titular na faculdade onde era assistente, e assim ocupar o lugar do ex-chefe, recentemente aposentado. Apesar de se dizer "deprimido", observei que, ao fazer essa afirmação, não parecia sentir-se subjetivamente implicado, pois falava de depressão como se fosse algo exterior à sua subjetividade.

Marcel era um profissional competente na sua área de atividade, casado e pai de adolescente. Ao primo analisado que lhe aconselhou a fazer uma análise em lugar de tomar antidepressivos, ele havia dito que seria indispensável que o analista que lhe fosse indicado falasse francês, podendo assim compreendê-lo caso precisasse falar naquele idioma. Professor experiente, bastante querido por seus alunos, revelou não se sentir motivado para assumir um cargo de chefia – *"Não sinto necessidade disso"*.

Nascido em Portugal, informou, de saída, que não conhecera o pai, que tinha nacionalidade francesa e que havia falecido quando ele tinha apenas 1 ano e meio de idade. Após a morte do pai, foi com a mãe viver em casa dos avós maternos. Sua mãe, também professora, não tinha muitos recursos, mas, apesar disso, o educou com zelo. Ela foi descrita por Marcel como muito exigente, sobretudo em suas tentativas de fazer do filho alguém brilhante. Mais tarde, no decurso da análise, Marcel disse haver compreendido que ela desejava que ele se tornasse uma réplica do seu pai, que era por ela idealizado, o que o colocava, a meu ver, em situação difícil e conflituosa, já que era obrigado a alcançar posições que simbolicamente significavam uma ultrapassagem do pai. Queixava-se também da forma invasora da mãe o educar, impondo-lhe sempre que fosse o primeiro em tudo, exibindo-o aos amigos como se fosse um "troféu". Escutando sua fala, pensei que, para sua mãe, a singularidade do filho era menos importante do que a imagem dos ideais dela nele projetados.

Em nosso primeiro encontro, Marcel não parecia ter consciência de conflito psíquico, no que concerne o que ele chamava de *"minha depressão"*. A rigor, sabemos que o sintoma analisável só se dá quando o analisante se questiona a respeito daquilo de que se queixa. O fato de Marcel se dizer satisfeito por haver encontrado um "profissional que fala a língua paterna", me fez supor que isso já fazia parte de uma pré-transferência. Quanto a mim, senti-me motivado a ocupar o lugar de analista com ele. No final daquela primeira entrevista, percebida por mim como um bom encontro, disse-lhe que iríamos nos encontrar para a entrevista seguinte uma semana depois, devido aos feriados da Páscoa. Chamou-me atenção a expressão de satisfação de Marcel, o que me fez pensar no encontro do filho com o pai perdido, por meio do "analista que fala francês".

A segunda entrevista

Ao voltar para a segunda entrevista, Marcel me pareceu entusiasmado. Disse haver conversado com o primo acerca do nosso primeiro encontro, dizendo-lhe que havia gostado, mas que não compreendia como a psicanálise poderia curá-lo de sua depressão. O primo explicou-lhe que em análise a regra consiste em se falar tudo o que nos passe pela cabeça, inclusive nossos sonhos e pensamentos. Marcel disse não compreender bem o porquê dessa regra esquisita, mas começou a narrar um pensamento que teve no intervalo de nossos dois encontros, pensamento relacionado a uma brincadeira de sua infância.

— *Tive um pensamento no qual me via em casa dos meus avós, quando era criança. Atrás da casa, havia um quintal, com uma lavanderia coberta por um telhado sustentado por pilares. Eu me escondia atrás de um pilar, eu devia ter entre 4 e 5 anos. Escondido ali, me imaginei brincando de* cache-cache.

Percebendo que ele falara em francês, e imaginando que algo irrompera do inconsciente, intervi:

— *Você disse* cache-cache?

— *Não sei o que me levou a dizer cache-cache no lugar de esconde-esconde. Eu não falava francês quando criança, embora minha mãe tivesse me contado que meu pai costumava falar francês em casa. Mas aqui saiu cache-cache e você logo notou.*

— *E isso lhe fez pensar que seu pai falava francês em casa.*

— *Imaginei-me, criança, propondo ao meu pai brincar de cache-cache comigo, e ele se escondia e desaparecia.*

Silêncio.

— *E não mais voltava? Na sua imaginação você fez seu pai desaparecer.*

— *É por isso então que me sinto culpado pela morte dele!* – diz ele parecendo admirado.

— *É uma ideia interessante para a gente prosseguir na análise.*

Naquele momento, dei-me conta de que Marcel havia feito um deslocamento da razão de sua demanda: de queixas de depressão, sem implicação de sua subjetividade, ele passara a um questionamento que tinha incidências subjetivas. Pensei que uma porta se abria ao seu inconsciente, clareando diferentemente sua maneira de apresentar sua depressão. Considerei que aquilo indicava uma possibilidade para Marcel empreender uma análise, já que o reconhecimento por ele de um saber estranho poderia dar início à transferência analítica, à busca analítica que, para se instaurar, necessita de sofrimento e de questionamento. Analisar, pois, é um fazer saber, e não um saber fazer.

O *cache-cache* fez-me pensar na observação de Freud acerca das brincadeiras do seu neto, por ele apresentada em *Além do princípio do Prazer* (1920/1976) – o jogo do carretel – e que se tornou uma ilustração exemplar da estruturação elementar do processo de simbolização.

O jogo repetitivo da criança que apresenta sua primeira brincadeira inventada consiste em lançar para longe de si todos os pequenos objetos à sua disposição, proferindo um *O* prolongado, reconhecido como um *fort* ("longe, partiu"). Um dia, Freud assiste a uma brincadeira semelhante, que consiste em lançar um carretel de madeira preso a um barbante por cima da beirada do berço da criança, cercado por uma cortina, em seguida pegando-o de volta. Essa brincadeira de desaparecimento-reaparecimento é efetuada com dois gestos alternativos e opostos, acompanhados do vocábulo *O* para o lançamento e de um alegre *Da!* ("aqui está") para o retorno. Freud enfatiza o lançamento do carretel, interpretando essa brincadeira como uma representação da partida e da ausência da mãe, equivalente a um "vá embora!" (*fort!*), ou então como o prazer de controlar ativamente no cenário lúdico o evento doloroso sofrido passivamente.

André Green (1982), em seu artigo *Après-coup, l'archaïque*, nos lembra que Freud já havia afirmado que nada das primeiras experiências da vida psíquica desapareceria, e que o inconsciente, conservando suas marcas, tenderia a reatualizá-las.

Além disso, os atuais estudos de Jacques André (2009) e outros, na França, têm chamado a atenção para a ideia de que as vivências na primeira entrevista dispõem das condições de um fenômeno *a posteriori* – *après-coup*, em francês –, sob o duplo registro do trauma na abertura de uma experiência analítica.

Assim, o *après-coup* condensaria dois movimentos: o de um passado/presente e de um presente/passado, em que, na transferência, seria repetido o trauma da infância.

Com Marcel, no intervalo das entrevistas teria sido acionada a vivência do trauma em seus dois tempos. Imagino que o *fort* tenta ser reelaborado por Marcel na fantasia – narrativa – do *cache-cache*, em que, no a posteriori (*après-coup*) do primeiro encontro, repetiu-se o trauma do desaparecimento do pai, origem da fantasia construída a partir do *cache-cache*. Assim, após haver construído uma narrativa na qual ele teria feito o pai desaparecer e não mais voltar, Marcel se implicara na causa de seu sofrimento, questionando-se sobre sua responsabilidade nessa vivência. A prova do poder da narrativa é o fato de que Marcel se viu na fantasia do *cache-cache*, com a idade de quatro ou cinco anos, enquanto de fato seu pai havia morrido quando ele tinha apenas um ano e meio.

Então, pensei: agora Marcel entrou em análise. Não apenas porque o primo lhe indicou. Estava em análise em seu próprio nome. Isso me fez ainda pensar que, para ele, dizer *cache-cache* no lugar de esconde-esconde fora uma maneira de deixar falar o inconsciente.

É sob essa ótica que hoje compreendemos a formulação proposta por Piera Aulagnier (1973) quanto à adesão à hipótese fundamental da existência do inconsciente como imprescindível para uma demanda de análise em nome próprio.

Entendemos o deslocamento do motivo da demanda como uma retificação subjetiva, expressão que traduz a necessidade de o entrevistado modificar a sua relação com a demanda.[2]

---

2 Nasio (1999, p. 162) chama a atenção para o fato de que, embora a expressão "retificação subjetiva" não tenha sido empregada por Freud, este teve a "intuição do seu significado". Nasio lembra que Lacan extraiu essa expressão de Ida Malcapine (1972). Lacan, segundo Nasio, encontrou em um dos textos de

Encontramos em Freud o significado dessa retificação no momento em que ele conduz sua analisanda Dora a constatar que ela fazia mais do que simplesmente participar da grande desordem do mundo de seu pai, da qual ela se queixava. Freud indaga, então, a Dora, qual teria sido a participação dela na desordem da qual ela se queixava. Essa pergunta, que se tornou emblemática, sem dúvida pode ser dirigida a todo analisante nas primeiras entrevistas. Assim, Freud inaugura a *retificação subjetiva*.

Essa mudança de registro de alguma forma já vinha se anunciando quando Marcel exigiu do primo que o analista indicado falasse o idioma francês.

Sabemos que a palavra, em psicanálise, é uma atividade que ocorre por meio da formação de cadeias associativas de diferentes impressões. A expressão francesa *cache-cache* se apresenta na fala de Marcel como um meio de transporte – transferência – que carrega a sua vivência – infantil de culpa pela morte do pai.

Na perspectiva da psicanálise, a fala de Marcel revela que uma ação consciente do seu discurso foi perfurada, permitindo que emergisse do inconsciente o que lá se mantinha silente, como não dito. Como uma espécie de lapso – ato falho –, a expressão *cache-cache* abriu uma passagem que se ofereceu ao entrevistando como criação de um novo sentido, ou mesmo para a formação de sentido, possibilitando que uma nova cadeia associativa se estabelecesse.

Dessa forma, semelhante ao lapso ou ato falho, a expressão deixa de ser uma "falha" para tornar-se uma possibilidade de se criar

---

Freud sobre a transferência a ideia de "retificação", à qual acrescentou "subjetiva". Eis o que escreve Freud (1890), citado por Nasio (1999): "a partir do momento que os médicos reconheceram claramente a importância do estado psíquico na cura, tiveram a idéia de não deixar mais ao doente o cuidado de decidir o grau da sua disponibilidade psíquica, mas pelo contrário, arrancar-lhe deliberadamente o estado psíquico favorável, graças a meios apropriados".

um nexo de importância e valor que será conferido, fundamentalmente, pelo próprio falante.

Aí aparece toda a pertinência da regra fundamental de Freud, que, em seu texto *Sobre o início do tratamento* (1913/1970), aconselha seus analisantes a expressar tudo que lhes passe pelo espírito:

> *conduza-se como se fosse um viajante que, sentado perto da janela de seu compartimento, descrevesse a paisagem por ele percebida a uma pessoa sentada atrás dele. Enfim, jamais esqueça vossa promessa de ser inteiramente franco, não omita nada daquilo que por uma razão qualquer lhe pareça desagradável de falar . . . . (Freud, 1913/1970, pp. 94-95)*[3]

Ao delimitar o campo do saber que constitui a psicanálise, nele ressaltando sua dimensão indagadora, Freud (1922) define o tratamento psicanalítico como um saber em movimento. O que aparece, então, como específico é o indissociável laço entre o ato de investigar e um saber que se oferece à transformação. Saber que é construído entre analisante e analista. Já não mais se acredita numa verdade secreta, escondida nas profundezas das palavras à espera do analista decifrador. Mas as interpretações são construídas na relação analítica, no exercício da regra fundamental de associação livre. O trabalho psicanalítico de interpretação se apoia numa escuta que se abre aos vários sentidos, cujo vigor surge a partir de outras vivências das quais são recolhidos os seus significados.

O momento das entrevistas preliminares possibilita ao analista situar-se diante do tipo de demanda que lhe faz o entrevistando-analisante em potencial. Nos casos em que o método psicanalítico

---

3 Tradução livre.

é constatado como pertinente, ao analista cabe a tarefa de transformar o pedido de ajuda em demanda de análise. O trabalho das entrevistas preliminares pode fazer com que o sofrimento do entrevistando transforme-se numa demanda de análise. Ao mesmo tempo, representa o momento no qual o analista deverá interrogar-se sobre suas possibilidades de empreender o trabalho com aquele entrevistando singular.

Assim, as entrevistas preliminares devem considerar tanto a dimensão que situa a indicação de uma análise como a que se volta para a motivação do analista no empreendimento da análise com aquele analisante específico. É fundamental, pois, que o analista seja um homem do seu tempo, que considere a cultura e o contexto histórico onde está inserido (Montovani, 2013).

Cabe lembrar que a pertinência do método analítico lança questões quanto aos procedimentos a serem adotados nos casos das novas manifestações clínicas que apresentam o sujeito na cultura contemporânea, que exigem da psicanálise uma constante reinvenção teórica e prática. Para essas novas formas clínicas, que se caracterizam por um esvaziamento do simbólico e que se expressam, sobretudo, por meio de comportamentos sintomáticos que ocupam o lugar da elaboração psíquica, é inquestionável a necessidade de se operar adaptações, a fim de fazer face a essas situações que exigem do analista novas construções, inclusive acerca das entrevistas preliminares.

Numa das sessões iniciais, Marcel repete a mesma experiência do *cache-cache*, quando diz:

— *Lembrei-me agora da história do gavetão onde estavam guardados os objetos que tinham sido do meu pai: caderno de notas, um mata-borrão de madeira (que levei para o meu escritório e está lá até hoje), aparelho de barbear Wilson, onde se colocava uma gilete e fechava, afiador para giletes, cigarreira de prata, coleção de cachimbos (um deles com o cabo curvo). O caderno de anotações era de couro preto. Lembro da letra dele e do papel já meio amarelado. Ah, sim, e havia uma caixinha com abotoaduras de madrepérola. Lembro-me também de mexer nas abotoaduras douradas.*

Longo silêncio.

— *O gavetão é uma espécie de* cache-cache, *no qual você brincava com os objetos do seu pai.*

— *Minha mãe me contou que resolveu certo dia não mais abrir o gavetão para mim, porque eu ficava lhe pedindo a toda hora para abri-lo e ela ficou preocupada daquilo me trazer problemas. Fui inclusive levado a um terapeuta de crianças naquela época. Daquela terapia não lembro de nada.*

Silêncio.

— *Será que abrir e fechar o gavetão era tentar reencontrar o pai?*

— *Eu pensava assim enquanto pegava cada objeto: isso era do meu pai. Abria e fechava o gavetão. Pegava a máquina de amolar giletes e dizia: isso era do meu pai, mas meu pai sem rosto. E assim por diante. Era a gaveta das coisas do meu pai e aquilo tinha uma importância muito especial para mim. Eram dois gavetões que ficavam embaixo de um sofá. Não sei mais onde esses objetos foram parar.*

Em sua lembrança, Marcel lembra que sua mãe pegava aquelas coisas da gaveta e falava sobre o seu pai com admiração.

— *Talvez a minha frustração, culpa, era por perceber que, abrindo e fechando o gavetão, ele não se materializava.*

— *A lembrança do gavetão apareceu aqui no momento de sua volta do final de semana – e pensei, mas sem falar para ele, que buscava reencontrar o pai no analista.*

Sobre um sonho com um gatinho de sua casa, e que com frequência, vinha para o seu colo:

— *Todos os dias eu abro a porta do jardim para ele passear. No sonho ele foge e* je le ratrappe *– diz em francês. – Gato me faz pensar em desejo de liberdade.*

— *Mas* ratrapper *significa também recuperar – e pensei, sem lhe dizer, que ele buscava recuperar o pai e também ser recuperado por ele na transferência, já que também se identificava ao gatinho.*

Marcel, parecendo surpreendido, se calou, pensativo. Naquele momento, pensei, novamente, que a separação do analista aciona o jogo do esconde-esconde com a figura paterna, nas várias ocasiões de separação.

Enquanto escutava Marcel, pensei se as experiências traumáticas foram aquelas que não chegaram a ser representadas – simbolizadas; no caso de Marcel, uma delas, que se repetia, era a experiência do desaparecimento do pai, e que ele tentava, na experiência do *a posteriori* do primeiro encontro – da primeira entrevista –, simbolizar por meio da construção de uma narrativa na qual era repetida a brincadeira do *cache-cache*.

Na entrevista seguinte:

— *Imagino que me sinto mais culpado por não ter conseguido fazer o pai voltar do que por tê-lo feito sumir; seria uma culpa mais ampla, culpa por não ter pai. Hoje, ao vê-lo abrir a porta para mim, me veio na figura do analista de pé a figura do pai. E pensei que sob a ótica da psicanálise, trago o meu pai de volta. É como se a culpa existisse por eu não haver tomado uma atitude adequada para que ele voltasse. Imagino agora a brincadeira de* cache-cache: *coloco as mãos sobre os olhos e ele não aparece. A culpa vem de não o ter chamado direito; deveria ter anunciado a volta com veemência; por isso sinto-me culpado.*

Naquele momento, a expressão "veemência", empregada por Marcel, fez-me pensar que a culpabilidade que teria podido conduzir a um desinvestimento da imagem do pai, com o levantamento do recalque, provocara um reinvestimento "veemente" dessa imagem, na transferência.

— *Quando entrei e lhe vi à porta, veio-me à cabeça alguma coisa como: o pai! A imagem que fiz foi a de um anzol. Por meio do anzol, consigo descer, fisgar e recuperar o que está no fundo, o que representa resgatar esse pai que desapareceu, por minha culpa.*

Depois de um instante em silêncio:

— *O anzol, eu tenho que jogá-lo no mar. Imagino agora, jogando o anzol do meu barco.*

E ele passa a falar sobre os barcos que alugava e diz que estava fazendo economias para poder, um dia, comprar um barco que fosse de sua propriedade.

— *O barco, instrumento que permite me aventurar no mar. Com o anzol faço o resgate dele, meu pai. Quando procurei o primo, não tinha ideia do que pudesse ocorrer numa análise. Hoje, penso que senti culpa, não por ter matado o pai, mas por não ter sido capaz de tê-lo feito voltar.*

— *Então, pensando no* cache-cache, *é a criança que existe em você que se sente muito culpada? Ao mesmo tempo, hoje você diz que vem recuperando o pai. . . .*

— *O analista e o anzol são a mesma coisa. É o instrumento capaz de resgatar o meu pai –* silêncio. *Está me vindo à memória a imagem de uma criança na minha escola que me perguntou um dia se eu não tinha pai.*

Faz um silêncio e diz, emocionado:

— *Lembro-me da festa dos pais e das reuniões de pais, quando eu sempre ficava triste, porque, contrariamente aos outros, eu não tinha pai.*

Em seguida, Marcel narra um sonho no qual aparecem "vestimentas do Nordeste", em referência a certas roupas desta região da qual sou originário. No sonho, as vestes e o chapéu de couro encontravam-se expostas sobre as paredes, no interior de sua casa. De minha poltrona, associo isso a possíveis novas vestimentas identificatórias e a conflitos, já que essas vestes descritas correspondiam àquelas que vestiam os "cangaceiros de Lampião". Ele associa com a árvore genealógica da família desenhada por um primo francês, sobre uma grande folha de papel quadriculada. Nessa árvore, diz ele: "*Havia pedreiros, talhadores de pedra, pintores, tapeceiros, marceneiros etc., e tive vontade de dizer em alta voz: 'estão vendo? Eu consegui ter uma profissão! Tenho belas coisas para mostrar!'. Eu era o único a ter feito estudos universitários*".

— *Como seu pai.*

— *Sim, eu fui mais longe do que todo aquele pessoal, do ponto de vista estudos.*

Considero, em silêncio, que, para ele, o mais difícil era perceber que podia ir mais além que seu pai nos estudos.

— *Certamente os meus pensamentos de sentir vergonha, de culpa, vêm de quando eu era pequeno. Naquela época eu era incapaz de ir até o final do que havia começado – (e lembra das aulas de violão, piano etc.).*[4] *O que eu verdadeiramente consegui fazer até o fim, foi o que meu pai fez: ser professor. O resto, eu parava, interrompia, freava, para não chegar ao final.*

---

4 Observo que são atividades ligadas à profissão da mãe, que era professora de música.

— *Você já havia usado a expressão "roda presa" e agora fala de interrupção para não ultrapassar. Será que freia o desejo de ultrapassagem do pai e o desejo de brilhar como desejava a mãe?*

Silencia, parecendo reflexivo e, em seguida, associa com uma lembrança de sua infância:

— *Eu tinha entre cinco e seis anos e estava na escola participando de uma apresentação musical. No centro da cena, eu dirigia uma orquestra ou tocava, em solo marimba, e outros colegas tocavam instrumentos de percussão. Eu estava colocado num lugar mais alto que os demais. No final, eu havia feito xixi nas calças.*

Passo agora a uma sessão dos últimos meses de análise na qual Marcel traz um sonho num barco veleiro, que, velas abertas, chegava numa marina que entrava por um canal.

No sonho, ele falava:

— *"O veleiro não pode entrar aí, pode encalhar!" E foi o que aconteceu! O barco foi indo, indo, e terminou numa vaga de garagem. E, depois, era como se fosse uma piscina. Encaixava só o barco, mais nada. Aí, eu já estava de fora, e comigo estava aquele meu tio que convidei, quando era criança, para ser meu pai. Eu dizia para ele que talvez o barco não pudesse sair. O tio-pai dizia que a única maneira de desencalhar o barco era dar uma marcha à ré.*

— *A marcha à ré faz pensar num retorno ao passado.*

— *O encalhe, talvez tenha a ver com a morte do meu pai.*

Nesse trabalho analítico identifiquei a ideia de Danielle Quinodoz (2007), quando ela diz que há um fenômeno precioso, importante de se conhecer, embora não saibamos bem explicá-lo: "a primeira entrevista com um paciente contém, em germe, tudo o que será a problemática central do tratamento".

A despedida

Em sua última sessão de análise, Marcel se despede:

— Au revoir, Monsieur. *E muito obrigado! Você me transformou num novo homem.*

— *Você está se referindo ao nosso trabalho em comum.* Au revoir, Monsieur.

E nos separamos com um caloroso aperto de mãos.

Já na soleira da porta, risonho, Marcel diz:

— *Despedir-me com um "au revoir, Monsieur" é significativo. Foi o que me trouxe no começo. Um dia irei convidá-lo para conhecer a nova casa.*

A nova casa, pensei, seria Marcel com seus novos arranjos psíquicos, ressignificações de sua história, provocados por sua experiência analítica. Ao expressar que dizer *"Au revoir, Monsieur"* na língua paterna fora o que o trouxera à análise, poderia significar despedir-se do pai – dele fazer o luto –, e que talvez tenha sido sobretudo isso o que a análise tenha lhe propiciado.

Nessa análise a trama começa, se tece e termina, em torno da busca do pai.

Três meses após a nossa última sessão

Marcel me envia fotos de um veleiro e um escrito.

"Olá Fernando, como está? Aqui vamos todos bem, desfrutando do nosso novo apartamento, finalmente. Escrevo hoje por uma razão muito especial. Nesta semana nosso barco chegou, depois de um certo atraso, na travessia. Lembra-se? Ele precisou vir de la Rochelle. As

fotos em anexo são do nosso primeiro passeio. O plano agora é passar o Natal a bordo. Partiremos no dia 21 e voltaremos dia 26. Nós conversamos tanto sobre este veleiro nas nossas sessões que eu quis contar primeiro a você da sua chegada. Este barco simboliza novos rumos, rumos sem a precisão dos caminhos obrigatórios traçados pelas estradas, mas com a liberdade de poder flutuar ao sabor do vento. Eu estou muito feliz com a conquista, a qual devo em grande parte a você e à análise. A decisão de comprar este barco foi tomada tendo as sessões como pano de fundo. De uma certa forma, as sessões eram o porto seguro, onde eu atracava o barco da vida três vezes por semana para manutenção. Espero que um dia aceite um convite para um passeio conosco. Muito obrigado por tudo o que fez por mim. Tenha um ótimo Natal, repleto de saúde e alegria. Um forte abraço, Marcel."

Gostaria de concluir esta minha apresentação citando a tradução livre que fiz de uma passagem de um texto de Joyce McDougall (1989) que me veio ao pensamento durante a escuta desse material analítico: "Você chegou à sua sessão trazendo uma criancinha pela mão. Talvez tenhamos, eu e você muito a escutá-la, pois com ela temos muito a aprender para dela cuidar".[5]

Referências

André, J. (2009). L'événement et la temporalité. L'après-coup dans la cure. *Revue Française de Psychanalyse, 73*(5), 1285-1352.

Aulagnier, P. (1973). Temps de parole et temps de l'écoute: remarques cliniques. *Topique, 11-12*, 41-69.

---

5 Trecho original: "Vous êtes venu à votre séance un petit enfant à la main: peut-être avons-nous vous et moi à l'écouter, car nous avons beaucoup à en apprendre, et a en prendre soin".

Freud, S. (1970). Le début du traitement. In S. Freud, *La technique psychanalytique* (pp. 80-104). Paris: PUF. (Obra original publicada em 1913).

Freud, S. (1976). Além do princípio do prazer. In J. Strachey (Ed.), *Edição standard brasileira das obras psicológicas completas de Sigmund Freud* (vol. XVIII, pp. 17-85). Rio de Janeiro: Imago. (Obra original publicada em 1920).

Green, A. (1982). Après-coup, l'archaïque. *Nouvelle Revue de Psychanalyse, 26*, 195-215.

Malcapine, I. L'évolution du transfert. *Revue Française de Psychanalyse, 36*(3), 445-73, 1972.

Mannoni, M. (1981). *A primeira entrevista em psicanálise*. São Paulo: Campus.

McDougall, J. (1989). *Théâtres du corps*. Paris: Gallimard.

Nasio, J. D. (1999). *Como trabalha um psicanalista*. Rio de Janeiro: Jorge Zahar.

Quinodoz, D. (2007). As entrevistas preliminares: ou como despertar o desejo de fazer uma análise em um paciente que não sabe em que isso consiste.

Rocha, F. J. B. (2011). Entrevistas preliminares em psicanálise. In F. C. Ferraz (dir.), *Incursões clínico-teóricas* (coleção Clínica Psicanalítica). São Paulo: Casa do Psicólogo.

7. Comentários ao trabalho, por Margaret Waddington Binder[1]

Maturidade psicanalítica

Em primeiro lugar, gostaria de dizer o quanto me sinto honrada e alegre de estar aqui, ao lado de Fernando – um analista que admiro, um ser humano que admiro ainda mais.

Há muitos anos, durante a minha formação, fiz uma sequência de seminários clínicos, e também alguns seminários teóricos com o Fernando, e a percepção da sua forma de trabalhar, de se referir ao analisante, de supervisionar o material trazido pelos alunos, sua forma natural de agir enquanto na função de analista me encantaram, e jamais esqueci.

Em Paris, quando Fernando apresentou esse material, isto ficou muito claro, a reação da plateia ao escutar um material clínico sensível, sereno, paciente, sem caricaturas, e ao mesmo tempo extremamente profundo, ético, analítico. Ele havia feito sua formação

---

1 Membro Efetivo da Sociedade Brasileira de Psicanálise do Rio de Janeiro.

ali, na França, estava entre os seus pares, mas trazia um jeito que de certa forma encantava a plateia. O que era isso?

Em todo o material apresentado, fica evidente sua preocupação ética/técnica/teórica, mas isso não é explicitado. Percebemos que em seu texto estão em jogo questões analíticas bastante sofisticadas, atuais, sobre as quais muitos analistas se debruçam sem parar, mas tais questões só se apresentam *a posteriori*, provavelmente quando da escrita do texto. Toda a questão técnica e teórica, com a ética analítica sempre presente, está digerida, está em segundo plano, não atrapalha. Para ele, nada é mais importante do que o encontro, o encontro entre analista e analisante.

A clínica é imprevisível. Sempre cheia de surpresas, nunca se repete. A reflexão teórica vem depois e não pode vir antes do que apresenta o analisante, atrapalhando a escuta clínica. Cada processo analítico é único e não se repetirá jamais. Eu diria mesmo que com cada analisante a teoria é vivenciada de modo singular, é renovada e reconstruída segundo a dupla. É uma teoria que, tendo presente os pilares fundantes da psicanálise, é reconstruída com cada analisante. É uma teoria viva, em movimento. Nessa teoria particular, referente à dupla, nos é permitido utilizar conceitos de diferentes abordagens teóricas, sem que isso seja conflitante. Acho que a maneira singular como Fernando lida com a teoria, embutida na clínica, a forma como ele compõe um estilo singular à teoria psicanalítica, como ele conjuga as tendências teóricas, é uma das muitas coisas que nos encanta nesse trabalho.

Ainda hoje fico de certa forma fascinada com a tarefa do analista durante as primeiras entrevistas. Frequentemente, quem busca uma análise não tem muita ideia de que processo é este, não sabe bem o que está buscando. Muitas vezes vem até nós porque sofre, mas, muitas vezes, nem mesmo sabe que sofre! Não sabe bem o que foi buscar ali, foi mandado ali, levado ali. Foi o que aconteceu com Marcel.

Que magia é essa que faz com que nesses primeiros encontros – em que o analista não está autorizado a interpretar, deve cuidar desse lugar das transferências, ou pelo menos não pode utilizar o que se evidencia nesse lugar naquele momento – desperte no analisante interesse por uma nova possibilidade de entender seu discurso? O analista precisa fazer acontecer ali naquele encontro provas da existência do inconsciente. Fernando cita Piera Aulagnier em seu trabalho quando ela diz que "só haverá um processo de análise se o analisante aderir, aceder à hipótese fundamental da existência do inconsciente". O que faz com que alguém se disponha a uma viagem inicialmente sem destino e certamente sem retorno? E o que é isso que faz com que um analista acredite que a análise é a abordagem ideal para ajudar aquela pessoa em particular? Psicanalisar seria também um ato de fé?

Fernando fala de várias entrevistas preliminares, não tem qualquer pressa em concluir qualquer coisa sobre aquele analisante. Alguns autores criticam muitas entrevistas: há que se fazer logo o contrato, número de sessões, indicação do divã e tantas regras do tratamento. Para Fernando, parece que o contato é muito mais importante que o contrato.

Fernando espera, não há pressa para compreender, não há urgência em interpretar, fica nesse difícil lugar de quem espera e suporta esperar sem "saber".

Em seu trabalho, menciona a procura da análise por mandato. Não haverá jamais uma análise por mandato. Precisamos implicar o analisante nas suas questões para que haja um verdadeiro processo analítico. Fala da importância de fazermos uma retificação subjetiva, para que haja demanda de análise.

A análise é basicamente um tratamento de retificação subjetiva, de descobertas. O processo analítico é uma mudança de perspectiva em relação a si próprio e a tudo o que cerca aquele indivíduo. É fazer com que o analisante escute esse outro que está dentro de si.

A análise é também um processo de responsabilização. O outro deixa de ser o culpado pelas suas dores. Também o destino e a vida já não servem mais como explicações. Aquilo que conscientemente faz o analisante sofrer, num outro nível, inconsciente, o satisfaz.

Marcel vem ao consultório buscar o seu pai, um pai idealizado, imaginário, delegando a Fernando esse lugar. Traz como sintoma uma depressão, mas a apresentação deste sintoma ainda não autoriza Fernando a iniciar a análise. Além do sofrimento e da dor, Marcel precisa desconfiar de um sentido oculto naquilo que traz como um sintoma. Um sentido que ele desconhece. Ele precisa admitir a existência do inconsciente.

Marcel traz um só pedido: é indispensável que o analista fale francês, caso precise falar naquele idioma. Em seguida, conta que perdeu seu pai com um ano e meio, um pai francês, que ele não conheceu.

Numa segunda entrevista, ele conta pensamentos que passaram pela sua cabeça no intervalo daqueles dois encontros. E fala da brincadeira do *cache-cache*. Talvez, ali, Marcel estivesse dizendo que havia mordido a isca, o inconsciente existe. É soberano e vai se apresentar.

Patrick Casement, em seu livro *Aprendendo ainda mais com o paciente*, fala de uma "esperança inconsciente" que os analisantes trazem quando vêm buscar ajuda. Ele fala que

> *pode haver uma busca inconsciente, ao que ele dá o nome de esperança, daquilo que é necessário para*

atender às necessidades não satisfeitas, e que assim como as crianças dão estas dicas aos pais, os pacientes as dão aos analistas. Estamos falando de uma comunicação intencional, mesmo que inconsciente, que tem por objetivo ativo alcançar a outra pessoa. (Casement, 1992, p. 153)

Casement diz ainda que "necessitar e querer são sinônimos durante a maior parte do tempo no primeiro ano de vida, mas há diferenças entre eles". E segue dizendo que quando um bebê está dando claras indicações de estar com fome, nem sempre o peito é aceito imediatamente quando é oferecido. Ele tem fome, quer comer, mas tem necessidade de outra coisa. Como Winnicott sugeriu, o bebê precisa redescobrir o peito, agora investido de outras qualidades. Talvez esse peito tenha antes sido investido de outras qualidades, talvez persecutórias, devido a uma demora prolongada em estar disponível, ou talvez esse peito tenha sido apresentado rapidamente demais. Haverá uma relutância em mamar, e a mãe precisa ser paciente enquanto o bebê descobre esse outro seio, agora bom e que já não precisa ser evitado. A mãe não pode estar ansiosa demais para se ver como um objeto bom para aquele bebê faminto.

Isso também se dá na dupla analítica. O analisante, muitas vezes, inicialmente, pode usar o analista como um objeto mau; nesse caso de Marcel, como aquele pai que foi capaz de abandonar um bebê tão pequeno e necessitado. São muitos os sentimentos difíceis e não resolvidos que fazem parte dessas primeiras relações e que estão no aqui e agora se apresentando na transferência. Marcel tem uma esperança inconsciente de que Fernando possa tolerar ser usado na transferência, mais do que o objeto originário, seu pai, pôde tolerar, e por isso desapareceu. Aí essas experiências tão traumáticas do passado passam a poder ser recuperadas. Marcel trouxe o seu medo de voltar a deitar na esteira do chão do maternalzinho e sentir de novo que estava sozinho, não tinha pai, talvez falando da esperança de agora, ao deitar-se no divã, poder estar acompanhado do pai-analista e não mais sentir-se tão só.

Talvez saber falar o francês seja poder estar dessa vez como um objeto bom que poderá repelir toda aquela experiência tão dolorosa ali revivida na transferência, nesse encontro com o analista-pai.

Certa vez, visitando o Museu de Picasso, em Paris, deparei com uma frase na parede que dizia "Eu não procuro, eu acho". Aquilo me encantou, fotografei, chamei as pessoas que estavam comigo para ver aquela frase genial. Para mim, aquela era uma definição perfeita para o que é fazer psicanálise. Não é procurar, mas achar. E Fernando o faz durante esse caso. Ele não procura, ele acha. Não tem qualquer pressa em concluir qualquer coisa acerca do analisante, suporta ficar nesse lugar de quem espera, acolhe, escuta, não força, não apressa, não deduz, não classifica. Ele mantém-se no lugar onde não lhe escapa a função para a qual foi procurado. Ele é "neutro". Ele mostra o que para mim é o verdadeiro significado da neutralidade do analista.

Acho que muitas vezes não entendemos bem o significado dessa neutralidade. Muitas vezes, alguns analistas acham que ser neutro é não ter memória, não ter desejo, não ter alma, não ter história. Ser neutro é ter disposição para encontrar aquilo que ainda não se conhece, É poder receber serenamente o que quer que surja na sessão, seja vindo do analisante, seja vindo do analista. Inclusive, muitas vezes, é do analista que vem uma fala inesperada, inteligente, oportuna ou absurda, tola, desnecessária.

Fernando fala do artigo de Green sobre o *après-coup,* que as primeiras experiências conservam suas marcas e tendem a reatualizá-las. Fala também do artigo do Jaques André sobre essas vivências da primeira entrevista, em que é repetido na transferência o trauma da infância.

O falar francês, o *cache-cache*, como se marcassem aquele lugar, tal qual uma recordação encobridora marca um tempo. Um tempo difícil, um lugar onde as simbolizações não puderam acontecer.

Freud, em seu texto *Análise terminável e interminável* (1937/1975), fala desse fenômeno do *après-coup*. "A correção *après-coup* do processo de recalcamento originário seria, portanto, a operação propriamente dita da terapia analítica". O fato de podermos, por meio da experiência emocional da sessão, perceber como toda a história do indivíduo acaba se sintetizando na transferência, que a cada momento é diferente e atual, mesmo que com padrões repetitivos.

Para Winnicott, "somente a atualização na transferência dá acesso às formações primitivas". No seu texto *O medo do desmoronamento* (*La craintre de l'efrondemente*, em francês*)*, fala sobre o fenômeno do *après-coup*, dizendo que o desmoronamento pode ter acontecido no início da vida: "o paciente deve se lembrar, mas não é possível se lembrar de alguma coisa do passado que ainda não aconteceu, e essa coisa do passado ainda não aconteceu porque o paciente não estava lá para que isto tenha ocorrido nele" (Winnicott, 2000, pp. 211-212). Nesses casos, a única forma de se lembrar é a que o analisante faça pela primeira vez no presente, ou seja, na transferência, a prova dessa coisa passada. Essa coisa passada e a vir a ser torna-se, então, uma questão do aqui e agora, vivida pela primeira vez. O *après-coup* não é lógico: como se lembrar do que não aconteceu? Como viver no presente pela primeira vez a coisa passada, como repetir aquilo que não houve? O que faltou foi um lugar psíquico. Estamos sempre no presente mesmo quando temos lembranças de coisas que nos parecem passadas.

Fernando, em determinado momento, fala que não existe uma significação unívoca para a vivência transferencial, uma verdade única. Mas algo que vai se construindo, já que a memória não reproduz a lembrança, mas sim cria a lembrança. Daí a necessidade de que o analista não tenha pressa contratransferencial, pois pode induzir o analisante a vivenciar um sentido que pertence muito mais à história do analista do que à história daquela dupla.

Ferenczi, em 1924, escreve um trabalho chamado *Fantasias provocadas*. Nesse texto, para defender-se das críticas feitas à sua ideia de forçar a produção de fantasias naquelas situações de empobrecimento psíquico, ele questiona se quando interpretamos não estamos mudando o curso das associações, interrompendo um fluxo associativo e abrindo caminho para um novo encaminhamento de ideias. Se quando interpretamos não estamos ativamente provocando fantasias.

As fantasias funcionam como uma elaboração secundária, uma forma de contornarmos toda a incoerência de nossos sonhos e devaneios. Com elas, tapamos os buracos, preenchemos as lacunas da nossa história. Acho que, nesse caso de Marcel, a figura de Fernando, toda a possibilidade transferencial que ele possibilitou, abriu caminho para que Marcel pudesse, nas sessões, por meio de seus devaneios, das suas fantasias, das suas lembranças ali criadas, reescrever ou talvez mesmo escrever pela primeira vez pedaços que faltavam na sua história.

Fernando termina o seu texto com uma citação de Joyce McDougall (1989): "Você chegou à sua sessão trazendo uma criancinha pela mão. Talvez tenhamos, eu e você muito a escutá-la, pois com ela temos muito a aprender para dela cuidar".

Há muitos anos atrás, eu conversava sobre psicanálise com um amigo muito querido e um experiente analista. Perguntei-lhe qual era a sua linha. E ele me disse que essa era uma pergunta frequente dos analisantes quando vinham para uma entrevista. Jucá me respondeu que quando era perguntado, lhes respondia: a minha linha é a sua, e não falava mais nada. Acho que Fernando deixa claro que precisamos é pensar neste ou naquele analisante, nesta ou naquela história. É evidente a disponibilidade mental necessária para que de fato haja um encontro de duas mentes. Sempre é mais fácil escutar um analisante tentando encaixá-lo num modelo, num referencial teórico. Quanto mais dogmático for esse referencial, ainda melhor. É mais fácil pensar que já sabemos o caminho. Sentimo-nos mais tranquilos, seguros; mas não. Algumas vezes, formamos duplas que vão a lugar algum. O ato psicanalítico não pode ficar fechado, enclausurado num lugar sem tensão, na calmaria. Não é assim que se dá a clínica. Nela, estamos sempre tentando dar conta de uma angústia imensa, que é a de estar nesse lugar do não saber, nesse lugar da teoria que está por ser inscrita. E Fernando topa dar a mão ao analisante e juntos tentarem decifrar o seu enigma.

No fim do seu texto, Fernando nos brinda com um e-mail de seu analisante, decorridos três meses do fim da análise. Um e-mail em que Marcel conta do veleiro tão sonhado e falado ali nas sessões. E o convida para um passeio. Lá em Paris, terra de Marcel, os colegas ficaram curiosos se ele havia ou não respondido ao e-mail, ao que Fernando diz não ter respondido de imediato, que preferiu esperar.

Acho que Fernando não respondeu porque não havia o que responder. Eles já haviam feito aquela viagem juntos, entraram no veleiro e rumaram para o desconhecido, sonharam, encalharam, deram à ré, jogaram o anzol, fisgaram o pai desaparecido, fisgaram um ao outro, pescaram histórias, sonhos, abriram e fecharam gavetas, encontraram o Lampião que, dessa vez, ali naquele consultório, talvez tivesse ido vingar a morte do pai que Marcel não pôde conhecer, desvendaram o seu pai e outras tantas pessoas. E acharam um porto seguro. Duas mentes que se dispuseram a uma viagem rumo ao desconhecido. Uma dessas mentes, a de Fernando, esteve disponível, sem amarras, flutuante, capaz de acompanhar a mente de Marcel ao sabor das ondas, até que de repente, de forma inesperada, atracaram em algum lugar, atracaram em muitos lugares, uma praia, um porto, e deram nome a este lugar, ou descobriram que Marcel já havia estado ali antes mas não o sabia, até aquele momento não tinha tido um lugar psíquico para o saber. E novamente soltaram as amarras e seguiram viagem.... Viagem esta que Marcel empreende agora sozinho, sabendo fazer a manutenção do seu veleiro.

Fernando, achei o seu trabalho bonito e comovente!

Referências

Casement, P. (1992). *Aprendendo ainda mais com o paciente*. Rio de Janeiro: Imago.

Ferenczi, S. (2011). *Fantasias provocadas*. São Paulo: WMF Martins Fontes. (Obra original publicada em 1924).

Freud, S. (1975). Análise terminável e interminável. In J. Strachey (Ed.), *Edição standard brasileira das obras psicológicas completas de Sigmund Freud*. Rio de Janeiro: Imago. (Obra original publicada em 1937).

McDougall, J. (1989). *Théâtres du corps*. Paris: Gallimard.

Winnicott, D. W. (2000). *La criante de l'effondremente*. Paris: Gallimard.

8. Sobre impasses e mistérios do corpo na clínica psicanalítica[1]

A passagem do estado de infans para o de criança se acompanha de uma primeira diferenciação: a troca de mensagens entre a psique e o soma não se faz mais em círculo fechado: um destinatário externo passa a tomar parte dele. (Piera Aulagnier, 1979)

Começo abordando o tema por meio de uma vinheta clínica referente a Marianne, que foi minha analisante em Paris, nos anos de 1970.

— Estive pensando na última sessão. Última sessão nos dois sentidos. Fiquei me perguntando o que quer dizer essa autorização, essa garantia que estou lhe pedindo para poder terminar a minha análise.

---

1 Este ensaio teve origem em um grupo de estudos sobre psicossomática psicanalítica em Paris, com colegas analistas, sob a coordenação de Denise Braunschweig – psicanalista da Sociedade Psicanalítica de Paris, em meados dos anos 1970. Aqui no Brasil, ele foi publicado em Volich, R. M., de Ferraz, F. C., & Arantes, M. A. de A. C. (Org.). (1998). *Psicossoma II: psicossomática psicanalítica*. São Paulo: Casa do Psicólogo.

Marianne faz uma pausa, e depois começa a falar sobre a situação de sua empregada:

— *Eu não tinha lhe falado ainda que a Maria está muito doente. Está com uma suspeita de tumor. Ela apresenta sintomas iguais aos meus quando tive tumores. Eu gosto muito dela. Ela foi babá de meu filho. Vai embora. Vamos nos separar.*

— *Você fala de sua separação daqui e em seguida se refere a alguém que adoece de tumores e que vai embora. . . . E também fala do seu corpo, que no passado produzia tumores.*

— *Falar em separar-me dela, então, tem a ver com a separação daqui. Com a experiência da análise passei a vivenciar as separações de uma outra maneira, sob uma outra dimensão, sem adoecer. Separação para mim sempre significou morte, morte do outro e minha – pausa. - Ela me acompanhou quando estive doente com um tumor. Ela sempre foi muito discreta e dedicada. . . . Gozado, esses adjetivos também poderiam lhe caber, você vem me acompanhando esses anos todos... Gosto muito da Maria. Ela vai fazer exames no hospital e parece que vão operá-la. Ela tem o nosso afeto. Ontem ela me abraçou e nos emocionamos.*

— *Por que será que somente hoje você trouxe para análise esta situação de Maria?*

— *É, tem a ver com o que venho falando sobre separar-me de você, da análise. Eu nunca tive com ela uma relação patroa-empregada tradicional. Ele me chama pelo meu apelido. Ela tem todos os lados de uma boa mãe. Mas estou achando que será uma separação definitiva, pois sua filha me falou que, ao sair do hospital, Maria retornará com ela para a Espanha. Do meu lado, estou com uma sensação de que já posso abrir mão dela. No lugar de mãe ela me foi muito útil. Quando eu estava deprimida, ela me dizia: "você tem que levantar para ir trabalhar, levanta! Já liguei o chuveiro. Tome esse café que vai te animar". E ela trazia também o meu cigarro. Quantas vezes ela me tirou da cama e me botou no banho! Eu sinto uma gratidão enorme pela Maria. Ela cuidou de minha casa e do meu filho, mas também de mim. Mas agora já posso me separar dela e ficar com as coisas boas dela dentro de mim. Quando minha mãe se matou, aquilo me rasgou! Tenho uma amiga que me disse: "se eu fosse você, sem a Maria, eu dava um tiro na cabeça". Mas não é isso que estou sentindo. Não vou dar tiro nenhum, nem na cabeça nem em outras partes do meu corpo.*

— *Antigamente, em face de separações, você sentia-se rasgada e seu corpo era alvo de "tiros" – (referindo-me aos tumores) – que colocavam em risco a sua vida.*

— *Eu tive um tumor exatamente alguns meses depois que a minha mãe morreu – pausa. – No sábado, encontrei com Isabela que disse se lembrar de mim no passado como durona e que agora eu era uma pessoa doce. Ela sisse que antes eu era dura, agressiva. Eu perdi muito da minha dureza. Aquilo era uma casca. Agora pode fluir, não precisa endurecer e virar tumor.*

— *O que é que agora pode fluir?*

— *Os afetos – pausa. - Por mais que cuidasse de minha mãe, eu não tinha como salvá-la. Mas a família dizia que somente eu podia cuidar dela. E aceitei esse lugar de salvadora. Eu tinha de controlá-la noite e dia para que não se matasse – pausa. – Se eu ainda estivesse funcionando nesse lugar, se não fosse o que compreendi aqui, eu iria ficar cuidando da Maria. Vou ajudá-la sim, mas do meu lugar. Não mais como a salvadora.*

— *A salvadora, função que lhe deram e que você abraçou...*

— *É, não tem como salvar a humanidade... Meu filho chorou hoje quando a abraçou. Como a Maria está doente, meu filho fez a cama dele. Ele tem autonomia dentro dele.*

— *E você está encontrando autonomia em você, sem precisar adoecer. Inclusive, matriculou-se num curso de Belas Artes.*

— *Mas será que é por isso que eu te pedi confirmação: posso ir embora?*

— *O que é que você gostaria de escutar?*

Marianne responde, sorrindo:

— *Gostaria de escutar: "sim, você resolveu isso e aquilo", como se sua palavra me assegurasse.*

— *Mas é a minha palavra... Você vem descobrindo a importância de usar a sua palavra.*

— *Mas só foi possível na sua presença – pausa. – Estou acreditando nessa possibilidade de caminhar... No próximo dia quinze será meu aniversário. Vou reunir os amigos para comemorar e fico satisfeita. Acho que achei um caminho.*

— *Vamos continuar falando sobre isto? Sobre esse novo caminho?*

Nesse período, a analisante apresentava um desfecho favorável da análise, não só no que se refere ao desaparecimento de seus sintomas corporais (fenômeno psicossomático), como também de sua autonomia, passando a assumir os próprios desejos, em vez de alienar-se no desejo dos outros. No entanto, como muitas vezes em uma análise, a suspensão dos sintomas pode constituir um momento crítico, pois, melhorando, o analisante tende a ir embora ("fuga na melhora"), e eu quis ter uma maior certeza de sua melhora.

Nas sessões que se seguiram, até a última, o tema analisado foi o laço transferencial: reconhecimento da figura do analista enquanto "ponte" entre ela e o vazio deixado pela morte da mãe, propiciando-lhe uma maior autonomia simbólica, com a destituição do analista de um lugar idealizado.

A sessão anteriormente relatada ocorreu nos últimos meses da análise de Marianne que, há anos, procurou-me para tratamento analítico, quando eu morava em Paris. Naquela época, logo nas entrevistas preliminares, ela relatou sentir-se deprimida e que, por vezes, quando acometida por intensa angústia, temia suicidar-se.

Maria era uma antiga empregada de sua mãe, que, após a morte desta, viajara para ficar em sua companhia.

O pai havia falecido quando Marianne tinha dezoito anos. A mãe, em permanente estado melancólico, foi descrita como impossibilitada de exercer com ela a função materna. No entanto, Marianne se refere à avó como pessoa presente em sua infância, muitas vezes surprindo o que a mãe não lhe podia dar. A analisante cresceu em companhia da mãe, a ela se dedicando: dava-lhe os medicamentos, a alimentava, prestando-lhe todos os cuidados necessários, que incluíam, sobretudo, zelar para que a mãe não se matasse, já que, por vezes, havia tentado o suicídio. Até a morte da mãe, Marianne não havia ainda apresentado doenças corporais como sintoma. No entanto, por vezes ela apresentava episódios de desmaios. Conta que várias vezes, após haver socorrido a mãe de tentativas de suicídio, quando finalmente conseguia entregá-la aos cuidados médicos, desmaiava. A esse respeito disse: "*ter que salvar minha mãe era horrível*".

Aos trinta anos ela viaja com uma bolsa de estudos para o Canadá, recebendo, alguns meses depois, a notícia do suicídio da mãe. No Canadá, Marianne casa e tem um filho. Quatro anos depois retorna à França, já separada, quando busca análise.

Logo que inicia a análise, enquanto falava sobre o suicídio da mãe, Marianne apaixona-se por um homem com características de grande dependência. Ela se questiona por que apaixonar-se por uma pessoa que ela tanto desvaloriza. Tempos depois, na análise, foi ficando mais claro que esse namorado dependente representava sua relação com a imago materna.

Passados alguns meses do início da análise, a analisante relata episódios sucessivos de crises de asma, em face da separação desse namorado. Inicia a falar sobre outras situações similares, como a que viveu à época da separação do marido, quando fora atingida por um tumor benigno no seio, que a levou a uma cirurgia.

A elaboração da ruptura com aquele namorado propiciou à analisante fazer o trabalho de luto da mãe, que até então parecia não ter sido elaborado. A esse respeito, a capacidade associativa e elaborativa da analisante parecia travada, assemelhando-se a um funcionamento psíquico de tipo "operatório" e "alexitímico".[2]

Por essa razão, pensei que o desempenho da função analítica com Marianne requeriria certos cuidados específicos. Sobre o tema do luto, Marianne apresentava uma espécie de aridez associativa e abafatento de seus afetos. Diante disso, de nada adiantaria ao analista manter a postura de simplesmente esperar o material associativo – significativo, usando sua atenção flutuante e, por outro lado, fazer interpretações do conteúdo manifesto poderia provocar possíveis abusos agressivos da qual já fora vítima a analisante na infância e adolescência.

---

2 A respeito desses conceitos, Joyce Mc Dougall (1989) nos lembra que as pesquisas realizadas durante vários anos pelos psicossomaticistas de orientação psicanalítica de Paris os levaram à criação do conceito de "pensamento operatório". Esse termo se refere a uma "forma de pensamento deslibidinizador e pragmático ao extremo, em relação aos outros e a si próprio" (p. 38). A partir daí, segundo McDougall, os psicossomaticistas de Boston (Sifneos e Nemiah) criaram o conceito de "Alexitimia", "termo de origem grega (a = sem, *lexis* = palavra, *thumos* = coração ou afetividade) que designa o fato de que ao sujeito faltam palavras para nomear seus estados afetivos" (pp. 39-40).

De modo geral, a analisante mantinha um discurso com características simbólicas e somente parecia apresentar um funcionamento "operatório" quando se referia ao tema da separação.

O que me pareceu é que a analisante, até então, diante da dor psíquica referente ao luto e à separação, poupava seu psiquismo do sofrimento, deixando "sofrer outros órgãos". Essa situação faz-nos repensar a famosa frase de H. Maudslay: "quando o sofrimento não consegue se expressar pelo pranto, ele faz chorar outros órgãos".[3] O que seria expressar-se pelo pranto? Penso que seria o encontro entre o *quantum* de afeto e uma imagem-representação que, acolhendo a excitação, promove, além da descarga, cadeias significativas.

O encontro entre o afeto e a imagem-representação constitui uma experiência emocional marcada pela subjetividade, ou seja, uma forma de ser específica àquele sujeito, ultrapassando a simples descarga. Então, a partir da cadeia significativa, tornam-se possíveis as diferentes expressões em que o pré-consciente, apresentando-se como ponto de encontro entre representação-coisa e representação-palavra, tornar-se-á o lugar em que o indizível se transformaria em dizível-analisável.[4] Já o "chorar dos órgãos" corresponderia ao fenômeno psicossomático – fracasso do "abraço" da excitação pela linguagem simbólica.

---

3 Tradução livre da célebre frase de Henry Maudsley (1872): "*The sorrow that has not vent in tears makes other organs weep*". Frase citada por Joyce McDougall (1989) em *Théâtres du corps*: "*Quand le chagrin ne trouve pas d'issue dans les larmes ce sont d'autres organs qui pleurent*" (p. 177). Essa frase também se encontra citada por Montagna (1966) em *Algumas reflexões sobre mente-corpo em psicanálise e função do analista* (p. 469).
4 A ideia segundo a qual o pré-consciente apresenta a função de pólo mediador entre *representação-coisa* e *representação-palavra* é sugerida por Marty (1990) no seu livro *La psychosomatique de l'adulte*.

A fala de Marianne nas sessões de fim de análise testemunha a possibilidade de vivenciar a separação de uma maneira simbólica, podendo fazê-la sem adoecer como uma "separação de vida" e não "separação de morte".

Separação e perda passam então a ser vividas pela analisante como vicissitudes inevitáveis. Assim ela pôde vivenciar o luto e permitir que o trabalho de elaboração enriquecesse o seu aparelho psíquico. Agora, com muito menos entraves, as vivências podiam ser simbolizadas, tornando-se "escrita" do psiquismo, propiciando ao *quantum* de afeto manter a psique como lócus de sua morada. É esse *quantum* de afeto que, quando desalojado da psique, se dirige ao soma e, lesando-o, geraria o sofrimento.

Nesse sentido, as possibilidades de criação de vias de simbolização constituem-se num poderoso instrumento de luta contra o fenômeno psicossomático. Luta que visa salvaguardar o corpo biológico da dor, do sofrimento e, algumas vezes, da morte.

O fato de Marianne passar a simbolizar as separações, dando-lhes expressão, indica um processo de simbolização no qual a vivência do luto, tornando-se possível, permitiria ao soma ser poupado, e ao psiquismo, ser enriquecido.

O desafio imposto à análise de Marianne foi o de como fazer a analisante desviar a violência dirigida ao corpo biológico para o psiquismo, em que a reação ao conflito poderia se dar por meio de mecanismos simbólicos. Portanto, a questão era a de como trazer para a lógica do psiquismo a dor que, no caso de Marianne, mantinha-se na lógica do soma.

O que foi possível constatar, por meio da fala da analisante, é que, até o suicídio da mãe, ela vivenciava sua dor e seus conflitos sob o modo histérico – por meio de mecanismos simbólicos – incluindo sintomas conversivos. Com a perda da mãe, Marianne passa a apresentar fenômenos psicossomáticos (asma, urticárias, tumores etc.). Nos últimos dois anos de experiência analítica, esta permitiu novas vias de simbolização, tornando possível "negociar" histericamente com a perda e a falta.

Talvez a experiência psicanalítica de Manianne reforce a pergunta feita por Joyce McDougall (1994): "como o corpo bio-lógico se torna um corpo psico-lógico?". Segundo a autora, os sintomas psicossomáticos constituem uma forma primitiva de comunicação, uma linguagem arcaica, decodificada primeiramente pela mãe. Desse modo, quando as comunicações do corpo e suas mensagens afetivas são retidas ou cortadas do registro psíquico, a vulnerabilidade psicossomática ficaria aumentada.

Sabemos que é instrínseco ao organismo humano nascer prematuro. Essa característica sobressai quando comparada com outros animais cujo grau de maturação já lhes permite maior autonomia desde o nascimento. A prematuração é, pois, própria ao ser humano, cujo estado de dependência exige por um longo tempo a presença de um outro que possa lhe fornecer a garantia, tanto de vida biológica como de vida psíquica. É esse corpo prematuro que carregará as marcas dos seus começos, as marcas do movimento que surge desde o nascimento, passando pelo controle da motricidade, até a aquisição da linguagem. Portanto, é esse corpo que, mesmo nascendo da sua naturalidade, irá inevitável e lentamente imergir na cultura, realizando um percurso que será o palmilhar de sua história – de suas vivências psíquicas.

Dessa maneira, a história singular de cada homem dependerá da existência de um outro humano, ao qual Freud (1895/1973a), no *Projeto para uma psicologia científica*, nomeia de "semelhante". Ao mesmo tempo, define esse semelhante como sendo um humano já submetido à cultura, submetido às leis da interdição do incesto. Portanto, referir-se a um humano é admití-lo como efeito da relação com um "semelhante".

Embora o mundo da cultura pré-exista ao humano, este é a expressão da tensão entre o natural e o cultural, pois, se o nascer é margeado por uma naturalidade, não tarda e logo a cultura arrebata o homem, recobrindo-o com o seu véu, para que este finalmente possa – por meio da relação com o "semelhante" – reconhecer as leis da cultura, definindo para aquele homem o estatuto da sua organização psíquica.

Na obra citada, Freud (1895/1973a) nos pemite depreender que o alicerce de uma organização psíquica dependerá de como se deu a experiência de satisfação do *infans* com o semelhante.[5] É a partir da experiência de satisfação que dizemos ter havido um "a mais" de prazer – ativação de zonas erógenas – em que o *infans* deixaria de ser marcado somente pela necessidade, para tornar-se um ser desejante. Esse desejo passaria a expressar a falta estruturante e constituinte do sujeito. A partir de então é que se torna possível o surgimento de um corpo simbólico.

Inicialmente, a criança não vivencia o seu corpo como uma totalidade unificada. Segundo Lacan (1966), o estágio do espelho é o momento em que a criança, ainda em estado de impotência e descoordenação motora, antecipa imaginariamente a apreensão e o domínio de sua unidade corporal por meio de uma identificação com a imagem do semelhante como forma total.

Uma certa capacidade de alienar-se no corpo do outro é própria ao ser humano e é o que se produz no momento do estágio do espelho. Essa identificação imaginária é a forma mais primitiva

---

5 Não é propósito deste trabalho aprofundar a discussão sobre a relação entre experiência de satisfação e as organizações psíquicas neurótica, psicótica e perversa.

de ligação a um outro, sendo anterior à organização do aparelho psíquico em instâncias. Essa identificação imaginária supõe um aparelho psíquico para dois, uma vez que ainda não se instaurou a separação entre o psiquismo da mãe e o do bebê.[6] Caso a mãe persista em querer ser o objeto que satisfaz as necessidades e os desejos do filho, ou permaneça numa posição de sedução, não haverá a constituição de um espaço de interdição para que possam ser discriminadas as diferenças entre os dois psiquismos.[7] Nesse momento, a função paterna assume seu valor: função de descolagem, de metaforização, isto é, de substituição da coisa pela palavra.

A "censura da amante"

No desempenho de sua função materna, a mãe deverá introduzir o pai e submeter-se ao que Denise Braunschweig e Michel Fain (1975) denominaram de "censura da amante": o investimento erótico da mãe no bebê deverá, em certo momento, ser "contrainvestido" e censurado. A mãe desviará o olhar do seu bebê para dirigir-se a outra direção, em que se encontra o objeto de seu desejo: o pai da criança – um terceiro termo. Esse "desvio" estruturante possibilitará à criança – por meio da falta – inaugurar o seu movimento desejante. A "censura da amante", pois, operará, fazendo com que a

---

6 Aquilo que o *infans* tem devolvido pelo espelho, pela mãe ou pelo outro, é uma *Gestalt* cuja função é ser estruturante do sujeito, embora no nível imaginário. Cabe lembrar que a alteridade encontra-se no nível do imaginário, sem que, contudo, haja o reconhecimento de uma diferença. Já no nível simbólico, o outro é notado na sua radical diferença.

7 Temos que considerar a existência de dois tipos de sedução: a que conduz à vida e a que conduz à morte do psiquismo. Ou seja, há uma sedução entre mãe e filho, inicialmente instaurando uma unidade, para em seguida proporcionar ao filho o ingresso na vida simbólica. Na sedução que conduz à morte do psiquismo, a mãe não seria apenas a mãe sedutora ou a mãe fálica, mas a mulher fálica.

mãe efetue o recalque do seu erotismo com o bebê e volte a investir o seu desejo no marido-amante. Para esses autores, o "bebê da noite" (*bebé de la nuit*) representaria para a mãe o bebê do sonho, fruto do desejo incestuoso de um filho com o seu próprio pai. Já o "bebê do dia" (*bebé du jour*) seria aquele concebido com um homem, pai da criança. Pelos cuidados dispensados ao "bebê do dia", a mãe "contrainvestiria" o "bebê da noite".

Para Nasio (1991), uma mãe que deseja é uma mãe que tem a criança nos braços e pode olhar para outro lado, desincumbindo a criança de ser o único objeto de seu desejo. Daí a importância para a estruturação psíquica da criança ser traída pela mãe com o pai – um terceiro.

Na sua impotência, o corpo do recém-nascido recebe as marcas dos estímulos internos e externos que o assaltam e é o lugar onde vêm se inscrever a harmonia e a desarmonia dos ritmos entre o *infans* e sua mãe, as frustrações e as satisfações das necessidades fundamentais, como ocorre na já mencionada experiência de satisfação.

O corpo psíquico é memória: memória das fantasias da mãe, do inconsciente materno. Sejam de origem interna ou externa, os estímulos deixam marcas no corpo. Por ocasião de um traumatismo, o indivíduo pode se encontrar transbordado por uma quantidade de excitação que ele não consegue metabolizar; se há insuficiência do sistema para-excitação protetor, formado pelo "semelhante", o indivíduo pode encontrar-se na incapacidade de pensar e de dizer, mas o corpo psíquico não esquece.

O corpo psíquico é também lócus de escritura: ali onde a palavra se furta, o pensamento e o dizer se desvanecem, uma postura, um movimento, um timbre de voz, podem estar no lugar de uma representação que falta.

Em análise, estamos sempre diante do desafio de como reativar a representação-coisa, permitindo que haja uma vinculação com a representação-palavra.

Freud (1891/1983), em *Contribuição à concepção das afasias*, vincula a representação-coisa à representação-palavra por meio das "terminações sensoriais", afirmando que "o ponto central de toda função da linguagem consiste na atividade associativa do elemento acústico".[8]

Segundo Marty (1990), as representações consistem em uma evocação de percepções primeiras que foram inscritas e que deixam traços mnêmicos. Ao lado disso, acrescenta que o pré-consciente seria o lócus das representações e das ligações entre elas. À guisa de esclarecimento, para Marty, a representação-coisa seriam memórias de realidades vivenciadas de ordem sensório-perceptivas. Já as representações-palavra se produziriam a partir da percepção da linguagem dos outros, desde a mais elementar até a mais complicada. Para ele, inicialmente de ordem sensorial, as representações-palavra são ainda representações-coisa.

Essas ideias se sustentam em Freud (1933), quando ele nos diz que a função da linguagem se encontra na atividade associativa promovia pelo elemento acústico. Dessa maneira, o elemento acústico – a energia, a matéria – faz do ato da fala um ato de dispêndio de energia, de descarga. Essa ideia é retomada por Marty ao afirmar ter inicialmente a representação-palavra um mesmo estatuto de representação-coisa. Podemos depreender, assim, que antes de ser a verbalização de signos, a fala é, *de per si*, um ato de descarga, uma vez que podemos observar a existência das dimensões quantitativas e qualitativas nas representações.[9]

---

8 O elemento acústico ao que se refere Freud pode ser aproximado ao que a linguística chama significante.
9 Freud (1895), ao escolher como cerne de seu método terapêutico a palavra

Nesse sentido, podemos dizer que a linguagem simbólica – codificada – pode ser perfurada pela linguagem assimbólica, por meio de atos falhos, lapsos etc.[10] Por sua vez, a aceitação do mundo dos símbolos significa poder discriminar o objeto da imagem que o representa.

Se a palavra é a extremidade mais depurada da existência pulsional, ela se mostra, muitas vezes, impossibilitada de expressar-se, principalmente se considerarmos que o corpo psíquico não é somente meio de expressão, mas também receptáculo: lugar de inscrições primitivas que se efetuam desde a aurora da vida, até mesmo antes, quando o aparelho de pensar do sujeito ainda não se encontra constituído.

Uma vez construído esse corpo psíquico, por meio inclusive de um mundo representacional, passamos a ter um corpo que não se restringe nem ao corpo biológico, nem ao corpo das pesquisas fisiológicas, mas ao corpo designado por Freud como corpo erógeno, dinamizado pelo jogo das moções pulsionais e fantasias de desejos inconscientes.

Dessa maneira, quando chamamos a atenção para as duas acepções diferentes do corpo – corpo biológico e corpo erógeno –, estamos assinalando uma passagem do mundo das necessidades biológicas para o mundo do desejo. É justamente nessa passagem

---

oral, reforça a importância que confere ao aspecto quantitativo da representação, afirmando, inclusive, nos seus *Estudos sobre a histeria*, que "quiçá fosse mais exato dizer que não se trata de processos de natureza psíquica, senão processos físicos, cuja consequência psíquica manifesta-se como se o que foi expressado com os termos separação da representação do seu afeto e falso enlace deste último houvesse acontecido realmente".

10 Os termos linguagem simbólica e linguagem assimbólica são utilizados por Freud no texto *A interpretação das afasias*. Nele, Freud também denomina a relação entre palavra e representação-coisa, utiliza a expressão linguagem assimbólica.

das necessidades biológicas para o mundo do desejo que se encontra o corte epistemológico que, por sua vez, funda e caracteriza a especificidade da psicanálise.[11]

É considerando esse corte epistemológico que, desde os primórdios da psicanálise, Freud assinala a diferenciação entre as psiconeuroses (histeria e neurose obsessiva) e a neurose de angústia e neurastenia. As últimas foram denominadas por ele, em 1898, de neuroses atuais, "as quais não exigem as mesmas medidas terapêuticas". Se, para Freud, as neuroses atuais estão na origem dos distúrbios somáticos diversos, é porque a excitação sexual somática não consegue passar no seu trajeto em direção à descarga do "grupo sexual". Ou seja, a excitação somática não consegue ser simbolizada, como no caso das psiconeuroses.

Smadja (1990) esboçou um interessante paralelo entre as oposições referentes a neuroses atuais/neuroses de defesa e a oposição que funda a mais recente classificação psicossomática em "neuroses mentais", "neuroses bem mentalizadas", "neuroses mal mentalizadas" e "neuroses com mentalização incerta". O trabalho desse autor lembra a diferenciação, cedo assinalada por Freud, entre psiconeuroses (histeria e neurose obsessiva) e as neuroses de angústia e a neurastenia (qualificadas em 1898 de neuroses atuais).

Num instigante comentário a esse artigo, Braunschweig (1993) lembra que as neuroses atuais estão na origem da descoberta inaugural da psicanálise e que permanece para Freud o fundamento indispensável: a neurose, seja lá qual for a sua forma, e, por extensão, toda atividade mental (humana), é sinônimo de psicossexual. A autora se interroga, muito apropriadamente, sobre o desaparecimento do "sexual" em psicossomática.

---

11 Ver Zeferino Rocha (1993).

Braunschweig (1993) lembra que essa aproximação operada por Freud do ponto de vista econômico, entre histeria (de conversão) e neurose de angústia, poderia ser aplicada à descrição de Marty de neuroses insuficientemente mentalizadas, cujo sintoma mais constante é a angústia difusa, sinal de uma incapacidade de elaborar as excitações de todas as ordens, e que tendem a desorganizar o funcionamento mental, tendo como consequência o desencadeamento de uma patologia somática.

Fazendo uma leitura crítica do livro de Marty, Braunschweig se pergunta se "não é a partir desta convergência clínica dos dois autores que se manifesta de maneira mais sensível a divergência das duas formulações". Teoria psicossexual de um lado, teoria psicossomática de outro. Para Freud, "psíquico" qualifica o tratamento psicossexual da excitação, eficiente na psiconeurose, qualquer que seja sua expressão sintomática, e falha nas neuroses atuais. Ela conclui dizendo que, para Freud (1895/1973b), os distúrbios somáticos da neurastenia dependiam de um trajeto falho da excitação sexual somática em direção ao "grupo sexual", o que atualmente chamaríamos de representações sexuais dos objetos.

O fenômeno psicossomático é, pois, a expressão da excitação, quando esta, não conseguindo uma saída simbólica por meio de uma ligação entre afeto e representação, tende a desorganizar o funcionamento mental do sujeito, com consequente desencadeamento de descargas diretas no soma. Nesses casos, angústias difusas precedem, com frequência, a chamada "depressão essencial", depressão que traduz o desamparo profundo do indivíduo, provocado pelo afluxo de movimentos instintuais mal controlados (Marty, 1990). Ou seja, por não haver um tratamento psíquico da excitação, como é o caso nas psiconeuroses, ocorre um esvaziamento que provoca a depressão ou a descarga direta no soma, produzindo o chamdo fenômeno psicossomático.

Nas *Conferências introdutórias* de 1916, Freud (citado por Zeferino Rocha, 1993) diz explicitamente que "o sintoma de uma neurose atual pode ser frequentemente o núcleo (*Kern*) e a primeira fase (*Vorstufe*) do sintoma psiconeurótico", e dá o seguinte exemplo: "suponhamos um caso de dor de cabeça ou de dor lombar histérica: a análise mostra que, pela condensação e pelo deslocamento, o sintoma torna-se a satisfação substitutiva de toda uma série de fantasias ou de lembranças libidinosas". Mas essa dor, em determinada época, era também uma dor real e era então "um sintoma sexual tóxico direto – uma expressão somática de uma excitação libidinal". E Freud, segundo Rocha (1993), termina com esta bonita analogia: "acontece com o sintoma da neurose atual o que acontece com o grão de areia que um molusco cobre com camadas de madrepérola" (pp. 49-50).

Zeferino Rocha (1993) nos lembra de que há, nas neuroses atuais, um acúmulo de excitação que o sujeito é incapaz de suportar. Segundo o princípio da função primária do aparelho psíquico, em que Freud (1895/1973a) nos mostra a incessante busca de prazer pelo homem, o excesso de estímulo deve ser descarregado a fim de evitar o desprazer; este se manifesta sob a forma de um

> *quantum de angústia livremente flutuante, capaz de alimentar um estado de ansiedade permanente, no qual se constata a angústia sem, no entanto, saber a que ela se deve; portanto, uma angústia capaz de poder fixar-se em qualquer objeto.... Esta angústia que assim se manifesta, prestes a se ligar a qualquer conteúdo representativo, pode associar-se, às vezes, aos distúrbios de algumas funções corpóreas, como a respiratória e cardíaca, ou à função vasomotora. (p. 18)*

Eis aí o que Freud (1895/1973b) nomeou de sintomas das neuroses atuais, em que os sintomas não teriam qualquer significação psíquica.

Dessa maneira, nas neuroses atuais, haveria uma ausência de sentido psíquico dos sintomas, indicando não ter ocorrido uma elaboração psíquica resultante das tensões sexuais.

Faz-se necessário, portanto, distinguir o fenômeno psicossomático das somatizações histéricas conversivas e das somatizações passageiras que qualquer pessoa pode apresentar no curso da vida.

Em face à dor psíquica, várias são as possibilidades de busca de solução. Uma dessas "soluções" é encontrada por meio do fenômeno psicossomático: fazer adoecer o órgão, evitanto o sofrer psíquico. Se essa saída pode ser um recurso eventual, para alguns indivíduos torna-se o recurso privilegiado. Esses indivíduos são denominados pelo psicossomaticistas de "somatizantes graves" que, com frequência, apresentam o chamdo "pensamento operatório" e a "alexitimia". Uma vez privilegiada a via do fenômeno psicossomático, tornam-se necessárias modificações no dispositivo analítico, já que não se trata mais de interpretar conteúdos, mas, ao contrário, de efetuar um trabalho de organização do aparelho psíquico.

Para esses analisantes, os psicossomaticistas que seguem a orientação de Pierre Marty indicam uma psicoterapia na qual se faz um trabalho definido como da função materna à psicanálise. Para esse autor, o sucesso do terapeuta vai depender da sua aptidão, de sua qualidade de empatia, empatia em fazer uma identificação renovada ao analisante – no face a face; isto possibilitará assegurar as primeiras bases de uma proximidade bilateral identificatória.

Dessa descrição técnica, Marty (1993) espera que haja reanimação libidinal, melhora das qualidades do pré-consciente e, portanto, um tratamento da excitação mais bem assegurado psiquicamente.

Fazendo um comentário crítico das recomendações de Marty, Brausnchweig (1993) diz, primeiramente, estar de acordo com ele, no sentido de que a possibilidade das representações (sua riqueza, maleabilidade e associabilidade) define o valor funcional do pré-consciente. Mas, além disso, afirma a autora, esse valor só será assegurado se os processos primários do inconsciente puderem previamente construir esta riqueza e esta disponibilidade. Braunschweig chama ainda a atenção para o que seria de fato a função materna dos pais, e da mãe em particular, revelando que, em função de sua proximidade corporal, essa função consiste em prestar cuidados à criança e assegurar um recalque primário do investimento incestuoso. Para ela, a função materna impõe àquele que deve assumi-la, qualquer que seja o seu sexo, transmitir, de uma maneira ou de outra, a mensagem de ameaça de castração pelo pai – o mestre do desejo da mãe. Resumindo, a função materna, como lembra a autora, obedece a uma dupla injunção que de fato é apenas uma: assegurar a conservação da espécie – transmissão e sobrevivência – e a melhor qualidade possível do psiquismo individual. Portanto, será sempre objeto de questionamento a possibilidade de o analista desempenhar uma função materna. Se uma das características da função materna é abrir o caminho para a castração, consideramos inviável a possibilidade de o analista fazê-lo, já que o contato inaugural com o "semelhante" é que será o responsável pela introdução da criança na ordem simbólica.

Sem dúvida, o fenômeno psicossomático obrigará o analista a refletir sobre o manejo da técnica, embora esse questionamento não deva afetar o lugar do simbólico por ele ocupado.

Cabe lembrar que esse artigo privilegia a situação daqueles analisantes que eventualmente apresentam o fenômeno psicossomático, além de apresentarem a saída pela via psíquica; portanto, de analisantes que, embora possuam possibilidades de simbolização, apresentam também áreas não simbolizadas, denotando uma quantidade de energia desligada e que tomam o caminho do soma. Se o fato de existirem essas áreas não simbolizadas não impede de ter havido uma interdição-castração, podemos afirmar não haver uma relação direta entre o tipo de estrutura psíquica e o fenômeno psicossomático. Se a estrutura é definitiva, ainda que passível de modificações no seu interior, o fenômeno, enquanto "coisa que aparece", pode desaparecer.

Todavia, o fato de o fenômeno poder aparecer e desaparecer não o coloca numa condição menos misteriosa do que as vicissitudes da psique. Ao contrário, esse jogo de aparecer e desaparecer, que define o fenômeno, nos lança, sem dúvida, para o confronto com os mistérios do corpo.

No caso de Marianne, há uma série de elementos que permitem formular a hipótese de ter havido uma relação entre o aparecimento das doenças do corpo e as situações de perda e separação, entendendo essas doenças do corpo como da ordem do fenômeno psicossomático.

No entanto, não há uma garantia absoluta de que todas as doenças apresentadas fizessem parte desse fenômeno. Além disso, é importante lembrar que, no caso de Marianne, os tumores, concomitantes à morte da mãe e à separação do marido, somente desapareceram após intervenções cirúrgicas, indicando que não foi a partir de um processo de simbolização que se deu o desaparecimento da doença. Todavia, foi notável como a criação de vias de simbolização influenciou na mudança da via de solução, para evitar a dor psíquica.

A experiência analítica pareceu ter mobilizado na analisante representações de vivências infantis, que teriam ficado "congeladas" pela morte da mãe, perda vivenciada como um trauma. O movimento transferencial teria atingido tais vivências, como a que se referia às suas identificações femininas com a figura da avó – substituta da figura materna. Em uma de suas sessões do final da análise, Marianne chega com um novo penteado – os cabelos elegantemente levantados e presos em coque no centro da cabeça. Logo ao deitar, relata um sonho no qual aparece um cartaz de autoria de Toulouse Lautrec representanto uma mulher. Tal cartaz estava "dentro de um *freezer*", disse. Convidada por mim a associar, ela conclui que a figura do afiche no *freezer* assemelhava-se muito a sua avó, sobretudo pelo penteado que ela descreve. Marianne pôs-se a rir quando apontei para ela que era exatamente o mesmo tipo de penteado com o qual ela viera à sessão. Esse sonho talvez seja ilustrativo de uma espécie de desobstrução de vias identificatórias, propiciando uma retomada simbólica, em lugar de descargas mudas no soma.

Assim, o que o processo analítico propiciou a Marianne foi uma mudança na maneira de lidar com as situações de perda e separação, permitindo-lhe a criação de vias de simbolização que passaram a proteger o seu corpo biológico, direcionando o conflito a ser vivido no psiquismo. No caso de outros fenômenos psicossomáticos, como a asma e a urticária, podemos dizer ter havido uma vinculação mais evidente entre o desaparecimento desses sintomas e o tratamento analítico.

E, mais uma vez, diante dos mistérios do corpo, cabe ao poeta a última palavra:

> *Meu corpo não é meu corpo,*
>
> *é ilusão de outro ser.*
>
> *Sabe a arte de esconder-se*

E é de tal modo sagaz

que a mim de mim ele oculta

Drummond de Andrade (1984, pp. 7-9)

Referências

Aulagnier, P. (1975). *La violence de l'interprétation*. Paris: PUF.

Aulagnier, P. (1979). O direito ao segredo: requisito para poder pensar. *Boletim interno do Círculo Psicanalítico do Rio de Janeiro, 1*(1), 37-45.

Braunschweig, D., & Fain, M. (1975). *La nuit, le jour: essai psychanalytique sur le fonctionnement mental*. Paris: PUF.

Braunschweig, D. (1993). Implications techniques de la théorie en psycosomatique. *Revue française de psychosomatique, 3*(1), 21-32.

Drummond de Andrade, C. (1984). As contradições do corpo. In C. Drummond de Andrade, *Corpo: novos poemas* (pp. 7-9). Rio de Janeiro: Record.

Freud, S. (1936). *Nouvelles conférences sur la psychanalyse*. Paris: Gallimard. (Obra original publicada em 1933).

Freud, S. (1970). *Totem et tabou*. Paris: Payot. (Obra original publicada em 1912).

Freud, S. (1973a). Esquisse d'une psychologie scentifique. In S. Freud, *La naissance de la psychanalyse* (pp. 313-396). Paris: PUF. (Obra original publicada em 1895).

Freud, S. (1973b). Qu'il est justifié de séparer de la neurasthénie un certainu complexe symptomatique sous le non de "nevrose d'angoisse". In S. Freud, *Névrose, psychose et perversion* (pp. 15-38). Paris: PUF. (Obra original publicada em 1895).

Freud, S. (1983). *Contribution à la conception des aphasie*. Paris: PUF. (Obra original publicada em 1891).

Lacan, J. (1998). O estádio do espelho como formador da função do eu tal como nos é revelada na experiência psicanalítica. In J. Lacan, *Escritos* (pp. 96-103). Rio de Janeiro: Zahar. (Obra original publicada em 1966).

Marty, P. (1990). *La psychosomatique de l'adulte*. Paris: PUF.

Marty, P. (1993). *A psicossomática do adulto*. Porto Alegre: Artes Médicas.

McDougall, J. (1989). *Théâtres du corps*. Paris: Gallimard.

Rocha, Z. (1993). *Freud: aproximações*. Recife: UFPE.

Smadja, C. (1990). La notion de mentalisation et l'opposition névroses actuelles/nécroses de defense. *Revue Française de Psychanalyse, 54*(3), 787-797.

9. Vicissitudes das sementes de Narciso e clínica psicanalítica[1]

> *Só na foz do rio é que se ouvem os murmúrios de todas as fontes.* (Guimarães Rosa, 1985)

Para Freud (1914/1974a),

> *uma unidade comparável ao eu não pode existir no indivíduo desde o começo: tem que ser desenvolvido. Contudo, os impulsos auto-eróticos ali se encontram desde o início, sendo, portanto, necessário que algo seja adicionado ao auto-erotismo – uma nova ação psíquica – a fim de provocar o narcisismo.* (p. 94)

O narcisismo, portanto, é condição para a unidade e a estrutura do eu.

---

[1] Trabalho apresentado nas "Reflexões psicanalíticas", no XXI Congresso Brasileiro de Psicanálise, de 9 a 12 de maio de 2007, em Porto Alegre, RS, no Centro de Eventos do Hotel Plaza São Rafael.

Em *Sobre o narcisismo: uma introdução*,[2] Freud (1914/1974a) o aborda como complemento libidinal da pulsão de autoconservação que está presente em todo indivíduo humano.

A semeadura do narcisismo dos pais é essencial para o florescimento do sujeito do desejo – florescimento do Édipo. Em 1914, no mesmo texto, Freud diz que "o narcisismo primário das crianças é uma revivência e reprodução do narcisismo dos próprios pais" (Freud, 1914/1974a, p. 107). Dessa forma, "o narcisismo, tendo origem no desejo parental, é um investimento e uma posição do desejo dos pais relativo ao filho, que assinala o lugar que o filho deve ocupar" (Barros, 1991, p. 4): "a criança concretizará os sonhos que os pais jamais realizaram" (Freud, 1914/1974a, p. 107). Assim, o narcisismo é um lugar predeterminado, prévio ao próprio sujeito, já que é anterior ao nascimento do filho e coloca para o sujeito um legado, uma herança, em que o eu surge do buraco narcísico dos pais (Barros, 1991). O narcisismo primário seria, então, constituinte do sujeito portador de uma história que lhe foi legada.

A analisante que denominei Flore,[3] de origem francesa, chegou pela primeira vez ao meu consultório caminhando e gesticulando com movimentos lentos, e com olhar que expressava uma certa amargura. Fala vagarosa, hesitante, tom de voz baixo, suas frases eram entrecortadas por longos silêncios. Os traços bem desenhados de seu rosto evocavam fragilidade e delicadeza.

Em sua primeira entrevista, queixou-se de dificuldades de concentração e da sensação de distanciamento. Contou, quase em tom de queixa, que os pais haviam se separado quando ela era uma

---

2 "Este título sugere uma reflexão sobre uma introdução ao Narcisismo. Começa com sobre, uma preposição – pré-posição. É este o lugar do Narcisismo, é um pré-lugar." (Barros, 1991)

3 Flore, segundo o Petit Larousse Ilustre: "Flora, deusa das Flores. Conjunto de plantas que crescem em uma região" (tradução livre).

pequena criança. Embora morando com a mãe, continuou mantendo estreito contato com o pai, com quem se encontrava com frequência, ficando na casa dele sempre que ambos desejavam. Participando ativamente do cotidiano da filha, o pai foi apresentado por Flore como interessado e participante em sua vida.

Relatou também que os pais reclamavam de seu "fechamento". Durante as primeiras entrevistas, pude observar que Flore parecia ter querido muito chegar até ali ao consultório. Indaguei-me acerca das razões de ela haver insistido tanto com os pais para vir à análise naquele momento de sua vida. Para mim, essas primeiras entrevistas lançavam Flore para uma experiência que a fazia mergulhar em uma nova modalidade de fala e escuta que parecia interessá-la e, ao mesmo tempo, amedrontá-la. Diante de seus silêncios, hesitações, "fechamento", senti um certo desconforto. Todavia, ao mesmo tempo que experimentava um mal-estar, o desejo de analista estava sendo mantido. Flore me despertava curiosidade e interesse.

Nesse período, recordei-me de algo que escrevera Pontalis (1974) sobre analisabilidade. Em *Bornes et confins*, ele indagava se o progresso de uma análise não dependia essencialmente do que pudesse advir no espaço analítico da dupla analisante-analista e se os limites do analisável não estariam na dependência dos limites do analista.

Flore guardava algo a ser revelado, mas ela não sabia o quê. Compreendi, *a posteriori*, que ela sabia de algo, sem saber que sabia. A oferta de um espaço para a palavra e para a escuta em que a iniciativa é deixada ao analisante, a ausência de reações habituais e o estímulo associativo ou interpretativo pareceram lhe possibilitar utilizar a situação de análise.

Ao longo dos dois primeiros meses de análise, ela deteve-se principalmente em suas dificuldades no contato com o outro.

Difilculdades em falar e em expressar suas opiniões e anseios, e de pensar.

No fim desse segundo mês, uma revelação explodiu/implodiu como uma bomba em Flore, vindo perturbar intensamente a sua vida. Ela chegou para uma sessão, angustiada e inquieta, movimentando-se muito na poltrona. Em seguida, comunicou-me a revelação que desencadeou sua grande perturbação: ela não era filha biológica do pai. Contou-me que seus pais haviam tomado a decisão de revelar-lhe este segredo familiar: o casal desejava muito ter um filho, mas, devido à infertilidade do pai, a mãe faz uma inseminação *in vitro* com espermatozoide de laboratório, de doador desconhecido.

Compreendi a urgência de sua solicitação para tratar-se e por que a mãe tentava dissuadi-la, segundo informou-me Flore nas entrevistas preliminares. Então, a vinda dela para a análise estava ligada à questão do saber: ela não sabia o que sabia. Veio à análise para suportar ouvir a revelação (memória ocultada).

A revelação do segredo/verdade, de efeito traumático, num primeiro momento a paralisou, para, em seguida, torná-la intensamente angustiada, agitada e insone. Flore não conseguia dominar nem elaborar psiquicamente o excesso causado pela revelação que provocara uma desorganização em seu equilíbrio psíquico. Daí o pensamento expressar-se desagregadamente. Algum tempo depois, ao falar sobre como vivenciara o próprio pensamento naquela época, ela disse: "*o que eu pensava chegava muito rápido e misturado com imagens ou com sensações, ficava difícil verbalizar*".

A experiência traumática de Flore confirma que a questão do trauma é sempre *a posteriori*, como afirma Freud. Na revelação do segredo, atualiza-se o que é da ordem do trauma. Ou seja, os traumatismos agem "só depois", como experiências novas. O "só depois" – *après-coup* – golpeia a realidade objetiva. Freud

(1918/1974b) nos diz que é devido a um segundo acontecimento (que no caso de minha analisante é a revelação do segredo) que a lembrança infantil adquire valor patogênico: provoca sintoma.

Os pais de Flore me procuraram angustiados, dizendo que teriam sido aconselhados a hospitalizá-la em uma clínica psiquiátrica. Ponderei que deveriam tentar um tratamento em consultório, com psiquiatra, antes de tomar a medida da internação, que me parecia radical e precipitada. Indiquei um psiquiatra de minha confiança, que a medicou e que continuou acompanhando-a do ponto de vista psiquiátrico. Esse psiquiatra teve uma atuação muito positiva em todo o decurso da fase mais aguda da descompensação de Flore, demonstrando bom senso, competência, tanto no auxílio medicamentoso como no que concerne ao apoio aos pais. A aposta no inconsciente antecipava em mim a certeza de que um processo analítico poderia se desenvolver.

Em entrevista, a mãe relatou que ela e o marido haviam passado os primeiros anos do casamento tentando, sem êxito, uma gravidez. No primeiro ano, achavam que o problema era dela. Depois, ficou esclarecido que o marido tinha diminuição da velocidade dos espermatozoides. Por isso, submeteu-se a vários tratamentos, sem resultados positivos. Após várias consultas médicas sem encontrar solução, o casal teve a ideia inicial de adoção. Depois, a conselho do seu médico clínico, consultaram um centro sobre fertilidade. Nesse local, consideraram o problema do marido como insolúvel e sugeriram inseminação *in vitro*. Primeiramente, foi tentada a inseminação com espermatozoides do marido; mas não deu certo. A mãe ficou muito feliz na gravidez, e o parto transcorreu bem (*sic*). Ela fez questão de afirmar que Flore tinha sido um "bebê normal e calminho" e que ela a amamentara ao seio durante muitos meses. Relatou ainda que o ex-marido fora companheiro, mas que se sentira inferiorizado e com ciúmes do espermatozoide que resultou na gravidez.

Alguns meses depois do nascimento do bebê, o casal começou a se desentender, e poucos anos depois, o pai deixou a casa. Com a separação, ficou estabelecido que Flore ficaria morando na casa da mãe e teria a companhia do pai uma vez por semana, além de um fim de semana a cada quinze dias. Segundo a mãe, no momento da saída do pai, ela ficou deprimida, tendo, inclusive, negligenciado os cuidados maternos com a criança, que ficava mais em companhia de uma babá, à qual Flore se sentia ligada até então. Acrescentou, ainda, que muitas vezes tinha preocupações com as possíveis implicações genéticas da filha, devido à inseminação anônima. Explicou que tais preocupações se referiam a eventuais doenças físicas e mentais que poderiam ter sido transmitidas. Os pais temiam que alguém comentasse com Flore sobre suas origens e que ela ficasse sabendo por outrem. E acrescentou: "*aconselhada, resolvi, em comum acordo com meu marido, dizer a verdade para minha filha*".

Na época, considerei a hipótese de que talvez o desejo insistente de Flore de estar em análise fosse uma medida de proteção para poder escutar a verdade que talvez ela já soubesse, sem saber.

Contou-me ainda a mãe que, certo dia, após "a revelação", estando com a filha, entraram em uma igreja no momento em que o padre estava celebrando uma missa. Flore caminhou em direção ao altar e, chegando até o padre, pediu-lhe, em voz alta, para que ele casasse novamente os seus pais. Daí por diante, acentuou um comportamento cada vez mais bizarro. Nesse período, interessou-se pelo livro *Le monde de Sophie*,[4] que narra a história de um pai que escrevia cartas anônimas para a filha. Ela não largava esse livro, e isso parecia ser uma maneira de pesquisar e de tentar encontrar

---

4 Gaarder, J. (1991). *Le monde de Sophie*. Paris: Seuil.

explicações para o enigma de suas origens. Em seguida, Flore iniciou seus estudos universitários em área de pesquisa.

Durante o curso, ausentou-se por vários meses das aulas e abandonou várias de suas atividades, como curso de inglês, aula de violão, natação etc. Períodos de calmaria eram alternados com outros nos quais parecia estar invadida pelos processos primários do inconsciente. A intensidade de sua angústia era tal que, por vezes, temi que ela pudesse tentar suicídio para ver-se livre do sofrimento causado pela angústia. Os pais tinham de vigiá-la de perto. Certa vez, disse que tinha uma sensação súbita de estar saindo do seu corpo, o que causava grande preocupação em todos.

A verdade revelada a Flore – ainda que ela já dela "soubesse" – provocara-lhe uma espécie de "*tsunami* psíquico". É possível imaginar que algo no olhar de seu pai deixava emanar suas inseguranças e hesitações em relação ao lugar paterno. Todavia, para esse pai, Flore era a sua filha. Foi ele quem sustentou para ela a imagem de um pai simbólico. Podemos aventar que o investimento libidinal do casal parental no bebê Flore funcionou como semente simbólica. Semente jogada pelos pais naquela carne-*infans*. As vicissitudes das sementes de Narciso. Como já dito, Freud nos indica que o narcisismo é fruto da projeção do narcisismo dos pais. É, assim, um lugar predeterminado, prévio ao próprio sujeito.

Barros (1990) nos lembra que toda essa posição, determinada no ideal narcísico dos pais, configura o olhar que dirige e aponta o lugar que o bebê deverá ocupar, e constitui a função materna como aquela que captura o filho – ele existe como ela o vê.

> *Se o Narcisismo alude necessariamente ao olhar, ao espaço ótico constituído por um intercâmbio de fascinação recíproca entre a mãe e o bebê, o olhar da mãe é, desde o início do encontro com o filho, o veículo pri-*

> vilegiado para expressar e exprimir toda a realidade do desejo materno. O olhar do bebê que olha esse olhar vai construir uma dialética sempre presente na esfera humana, um ilusório que é objetivável: O Eu é um objeto, é o que se percebe, o imediato da sensação e a imagem do eu está na imagem antecipada do Outro. Nesse espaço ótico, constitui-se o intercâmbio libidinal. O olhar é, então, um herdeiro do cordão umbilical, é um conector que, já não sendo contínuo como o cordão umbilical, é de uma materialidade não perceptível a olho nu. (Barros, 1990)

O cordão umbilical representa a vida biológica, enquanto o olhar é o responsável pela vida psíquica.

O olhar enigmático do pai

Quando Flore recebeu a notícia de que o pai não era seu pai biológico, a imagem de pai foi estilhaçada, o que provocou um grande abalo na estrutura do seu narcisismo. Como se ela tivesse ficado sem pai. Contudo, trata-se da imagem do pai, ou do pai imaginário. Supomos que, para Flore, algo ficava sinalizado no olhar do pai, algo enigmático (algo ocultado, ou clandestino). Olhar que talvez revelasse a infertilidade, vivenciada como impotência. Talvez Flore tenha captado no olhar do pai o que ela significava, em parte, para ele: uma extensão de sua infertilidade, uma ferida narcísica.

> *Pois, é na relação com o desejo que o olhar está comprometido, aquilo que vai marcar o início do percurso de uma subjetividade, dentro da estrutura do narcisis-*

> mo. Os olhares nos *"foto-grafam"*, diz Lacan, inscrevem-se em nós, e é nessa grafia que, constituindo uma escrita, o sujeito tenta percorrer esse olhar desejo . . . vida e morte. (Barros, 1990)

Do cordão umbilical à maria-sem-vergonha

Por um longo período, no seu quinto ano de análise, Flore permanecia silente nas sessões. A saída do silêncio parecia-lhe muito difícil, e a passagem ao discurso, coisa muito arriscada. Por vezes, ela ficava me olhando fixamente. Eu intuía ser importante para ela ter a constância do meu olhar. Se, como Narciso, Flore parecia precisar da placidez e da constância de uma fonte para se assegurar, se reestruturar, eu percebia o seu olhar também como um olhar prescrutador. Diante de sua vulnerabilidade e da importância daquele período, procurei sustentar o olhar, o que nem sempre era fácil.

Certo dia, ela entrou no consultório quase se arrastando, carregando seu violão, que iria usar em uma aula, após a sessão. Depois de longo silêncio, decidi estimulá-la, perguntando qual música ela estava trabalhando em sua aula de violão. Ao me responder, notei que Flore se descontraiu um pouco. Perguntei se gostaria de tocá-la ali. Permaneceu em silêncio por um tempo. Depois, levantou a cabeça; olhou-me, pôs o violão sobre os joelhos, como se fosse iniciar a tocar. Mas parou, estática. Resolvi levantar-me e ir buscar o meu violão. Dedilhei algumas notas. Flore se interessou e começou a tocar, e, depois, a cantarolar baixinho, acompanhando-se. Resolvi cantarolar junto, fazendo o contracanto da música, como eco, acompanhando ao violão. Senti que houve um encontro. Encontro que a transferência suporta e revela: o pai desconhecido ou temporariamente perdido está em frente, na posição de contracanto, presente. Não num canto imaginário, mas na melodia que acompanha a voz – manifestação do falante. Não um espermatozoide, mas um pai que embora tenha sido impotente diante dela, restabelece-se e também restabelece uma identificação – traços simbólicos.

Acredito que a capacidade de enfrentar, de atravessar experiências regressivas por parte do analista no decurso da experiência analítica traz uma atitude singular para a reorganização psíquica do analisante.

Eu percebia que era importante sustentar o olhar prescrutador de Flore. O que buscava ela no meu olhar? Levantei a hipótese de que quando ela olhava o pai, tinha, por vezes, como resposta, algo como: "eu não estou seguro deste lugar de pai, eu sou o pai, mas não sou o pai". No campo transferencial, inicialmente, eu era para Flore como o lago para Narciso: um espelho. Como eco, o analista é, simbolicamente, o anteparo que, ao devolver a imagem, possibilita ao outro se ouvir, e, a partir de então, tomar consciência de si.

Então, estimulei Flore para que cantasse quando me levantei, trouxe o meu violão e dedilhei algumas notas. Além dos elementos da minha transferência, mostrei-me como ponto de identificação. E ela começou a cantar. Simbolicamente, a "boa sedução paterna" surtiu efeitos. Fiz um contracanto, e, enquanto eco, fui sendo suporte, ampliei, apoiei o corpo fragilizado, partido, esfacelado. Dei corpo por meio da ampliação do som. É inicialmente fazendo eco que aparece a questão da identificação com o pai. Ela já havia expressado algo como: *"puxa, em tantas coisas eu pensava que era igual ao meu pai, mas não sou, já que ele não é o meu pai biológico".* É como se ela tivesse perdido as identificações e, por meio da transferência, estivesse recuperando o pai simbólico.

Na sessão seguinte, de modo associativo, Flore lembrou de uma história que o pai lhe havia contado quando ela era criança.

Certo dia, o pai lhe disse que havia plantado o cordão umbilical dela – "as suas sementes" – num canteiro, bem em frente à casa de sua mãe, avó de Flore, e que das sementes haviam brotado florezinhas (e diz o nome das florezinhas em francês). Tais florezinhas por ela nomeadas, correspondem em português às nossas "marias-sem-vergonha", o que digo para ela, lhe provocando um grande sorriso. A partir do movimento transferencial, o nosso "encontro musical" propiciara uma associação, mobilizara uma lembrança infantil, com conteúdos edípicos.

Enquanto a semente do pai biológico nem sequer nome tem, é apenas um espermatozoide, a lembrança do pai cultural-simbólico contando a história da maria-sem-vergonha surge de uma lembrança associativa com a "sedução simbólica" do pai. Plantou o cordão e nasceu a florzinha, nasceu uma coisa viva. Transferencialmente, parece ter sido em consequência de uma lembrança, ligada a uma associação, que ela se mostrou sem vergonha. Ela perdeu a inibição e cantou. Assim, ela se mostrou sem vergonha; ou seja, houve uma vivência de sedução entre pai e filha na transferência, e as sementes plantadas na análise frutificaram como frutos edípicos. Fui eco só no contracanto, pois me adiantei quando fui buscar o violão e comecei a dedilhar a música que ela estava estudando.

Em outra sessão, parecendo apoiar-se no movimento transferencial, Flore questionou a figura paterna: "*eu não sei o que meu pai acha do fato de não ser o meu pai de sempre . . . . Eu gostaria que ele fosse o meu pai de sempre, que as fantasias que fiz com ele enquanto pai fossem de verdade*". Em seguida, ao pedir-lhe que falasse mais a respeito, ela disse: "*essa realidade quebrou a possibilidade da fantasia. Meu pai me disse que se perguntou se eu não teria curiosidade de conhecer o doador do espermatozoide, pois ele próprio não teria tal curiosidade. Quando eles me fizeram a revelação, meu pai me pediu para guardar segredo, que eu não contasse para ninguém.*

Eu não gostaria de ter relação com outra pessoa como pai". Indaguei: "*você acha que ele, além de ser seu pai, desejava muito ser seu pai biológico?*". Respondeu: "*tem o fato de ele não poder ter filhos. Não sei como ele se sente com isso. [Silêncio] Lembro-me deles me contando. Eu busquei análise por causa do lance do vestibular; tinha que escolher que vestibular fazer, mas era como se não soubesse o sentido do que escolhesse. Tinha também dificuldades para me concentrar*". Falei: "*você se queixava de um distanciamento, dificuldade para pensar, lembra? Talvez para distanciar-se do que lhe seria revelado?*". Flore: "*quando meus pais me contaram, foi o momento em que mais me senti fora de mim. Tenho uma lembrança daquele momento como uma visão de fora*". Digo-lhe: "*você vivenciou a versão contada por seus pais como se você tivesse ficado de fora*".

Habitualmente, Flore me pagava as sessões com cheque assinado por um dos pais. No fim dessa sessão, que era a última do mês, ela me pagou, pela primeira vez, com um cheque seu. E disse: "*eu agora tenho uma conta bancária, tenho uma conta conjunta com meu pai*". Penso: é esse pai com-junto, que ela recuperou na análise.

Embora a imagem do pai tenha sido estilhaçada com a revelação de uma verdade que não lhe coube, ela se reencontra com o pai simbólico por meio da transferência. Tudo indicava que a minha intervenção a ajudara a recuperar o pai simbólico.

Ainda nesse período, Flore chegou atrasada a uma sessão e disse: "*vou deitar hoje no divã. Tive um sonho estranho. Os talibãs invadiam a França para tomarem a identidade dos franceses. Eu estava na rua com o meu pai, e aí, eles (os talibans) me pegavam e pediam as nossas carteiras de identidade. Meu pai entregava a dele e devolvia a minha identidade. Eles notavam este movimento. Acordei! Eu dou a minha identidade para meu pai e ele me devolve. É como se ele fosse me lembrando quem eu sou*". Depois, disse, emocionada, que não queria mais continuar tomando medicamentos, e que falou isso para o pai. Ele lembrou-lhe do dia em que ela passara mais de uma hora para escolher as roupas para fazer uma mala para viajar.

Flore viveu toda a vida sob a pressão do segredo familiar, carregando uma *"interdição de pensar"* que, muitas vezes, a levava a vivenciar um vazio de pensamento, limitando e diminuindo as suas capacidades de uma maneira generalizada. A elaboração psíquica realizada no processo analítico propiciou-lhe a liberação desse interdito, abrindo-lhe novos horizontes para um viver mais criativo.

Um dia, Flore sentou-se, olhou-me, abriu vagarosamente a bolsa e dela retirou um papel. Entregou-o a mim, dizendo: *"eu fiz uma poesia"*.

Li sua poesia em silêncio, intimamente emocionado. Depois, pedi-lhe que a lesse.

Je ressens comme un manque

de ces yeux noirs qui ne sont pas miens

de ce sang chaud qui ne coule pas dans mes veines

mais qui sont là tout proches

tissés par les fils invisibles de l'affection.

Je ressens comme une faute fugace

ces instants d'éloignement que j'ai créés

instants pétrifiés et glacés

mais remplis d'émotion quand même.

Instants bleu pâles de langeur et de rouge colère

que d'être restée inerte
enfermant tout cela dans mon coeur.

Je ressens une nostalgie évanescente
de ce passage de la première enfance à l'âge mûr
peuplé de ces mystères revêtus des fantasmes paternels
comme une harmonie véritable
allant par des chemins surs et autant tortueux
en rêves limpides sous les draps.

Je ressens une peur fugitive
à l'ignorance de ce secret dans sa totalité
comme si, obscurément, je voulais le découvrir
sur les lignes de mon doigt
seulement pour savoir si j'existe.

Referências

Barros, E. (1990). A função do olhar como modeladora dos sistemas de significação. *Revista Tempo Psicanalítico, SPID, 24*.

Barros, E. (1991). *Eu, narcisismo-outro*. Rio de Janeiro: Relume Dumará.

Freud, S. (1974a). Sobre o narcisismo: uma introdução. In J. Strachey (Ed.), *Edição standard brasileira das obras psicológicas completas de S. Freud* (vol. XIV, pp. 84-119). Rio de Janeiro: Imago. (Obra original publicada em 1914).

Freud, S. (1974b). Uma neurose infantil. In J. Strachey (Ed.), *Edição standard brasileira das obras psicológicas completas de Sigmund Freud* (vol. XVII). Rio de Janeiro: Imago. (Obra original publicada em 1918).

Gaarder, J. (1991). *Le monde de Sophie*. Paris: Édition du Seuil.

Pontalis, J.-B. (1974). Bornes ou confins? *Nouvelle Revue de Psychanalyse – Limites de L'Anasysable, 10,* 5-16.

10. Sobre o relatório clínico: perdas e ganhos na escrita psicanalítica[1]

> *Eu tenho a impressão de que a gente escreve por dois motivos. Ou por excesso de ser [...] ou por falta de ser.*
> *(João Cabral de Melo Neto, citado por José Eduardo Agualusa, 2016)*

O relato escrito de uma experiência clínica psicanalítica pode ser entendido como um tipo de criação reveladora de uma tentativa de travessia de um caminho que, perpassando a experiência do inconsciente – expressa na cena analítica por intermédio da transferência/contratransferência –, chega ao escrito. Dizer que o relato clínico é uma "tarefa impossível" é dizer que nele tentamos comunicar algo que é da ordem do processo primário. Esse comunicar, no entanto, somente torna-se comunicável a partir de uma linguagem simbólica, cuja expressão exige o processo secundário.

---

[1] Mesa redonda no simpósio "O que é um relatório clínico?", organizado pelo Conselho Científico e Instituto da SBPRJ em 12 de abril de 2004.

Diferente do que se passa com algumas áreas do conhecimento, a psicanálise, em sua dimensão clínica, é a que mais dificilmente se deixa resumir. Em outras disciplinas, a aproximação que possibilita ir da teoria à prática e vice-versa pode permitir a esquematização entre teoria e prática. Tal aproximação, no entanto, não se faz alcançável na experiência psicanalítica, pois se nela há um objeto – o inconsciente –, essa experiência é da ordem da singularidade, constituindo-se em cada sujeito como uma "*viagem*" única e imprevisível. Viagem, que segundo Pontalis, seria comparável a navegar à bússola, quando somente *a posteriori* se estabelecem os mapas e os levantamentos, indispensáveis à elaboração de uma experiência, de outra maneira não governável (Pontalis, 1968).

Podemos dizer que o fazer analítico faz parte do acontecimento vivencial da cena analítica, vista como uma singularidade impossível de ser prevista, tanto pelo analisante como pelo analista. Talvez possamos comparar tal situação àquela vivida pelo navegador: este pode até conhecer tudo sobre um caminho que irá percorrer – todas as paradas, todas as paisagens que encontrará – porém, jamais poderá prever como ocorrerá cada viagem, à semelhança do psicanalista que embora conheça o caminho teórico que constitui o processo analítico, jamais poderá prever cada cena analítica. Em ambos os casos – do navegador e do psicanalista –, a singularidade consiste na própria realização do percurso que jamais poderá ser descrito antes de ser realizado. É do percorrer que o percurso se revela. Só podemos dizer sobre um acontecimento vivencial na cena analítica após sua realização, o que significa fazer um relato. Relato que, à maneira daquele feito pelo navegador sobre sua viagem, está marcado por um conhecer a arte de analisar. Por ter navegado na sua própria análise, o analista reúne as condições básicas que, somadas ao desejo de tornar-se analista, poderão lhe possibilitar ser um ocupante do lugar de analista (Rocha, 1995, p. 387).

Para D. Meltzer (1971), *"fazer"* o trabalho analítico e *"falar"* sobre este são funções muito diferentes. Para ele, o analista, em seu trabalho, deve estar *"perdido"* no processo analítico, assim como o músico com o seu instrumento, contando com a "virtuosidade de sua mente nas profundezas". Ele deve "emergir" dessa absorção nos momentos de intervalo entre um analisante e outro, repousando, conversando com colegas e escrevendo.

Discorrendo sobre o processo psicanalítico e formulando o aspecto construtor da análise, Serge Viderman (1970) salienta que uma interpretação não *reconstrói* a história do sujeito; ela não pode pretender *reconstituí-la* numa espécie de objetividade positiva e é melhor dizer que ela *constrói*.

Se considerarmos as várias regras elementares que foram organizando o campo psicanalítico, percebemos, como afirma Viderman (1970), que, numa primeira fase de sua elaboração, tinham como alvo possibilitar a emergência dos conteúdos inconscientes por meio da diminuição da vigilância do ego e o aumento da impulsão das representações inconscientes, responsáveis pelo traçar de vias de uma expressão cada vez mais deformada. Essa era uma maneira de possibilitar que a pulsão se fizesse presente por meio de representações que a exprimisse de maneira aproximada e alusiva, pelo desvio da associação livre inesperada ou da figuração simbólica, de modo que as defesas do ego se encontrassem desatentas e fossem surpreendidas.

Mais tarde, esse estratagema elementar da associação se apoiará sobre os fenômenos transferenciais que organizam em profundidade a dinâmica da situação analítica, de tal forma que os impulsos vindos do *id*, ou pelo menos seus derivados, possam aparecer de maneira próxima do seu caráter original. Sob essa ótica, a neutralidade dita benevolente do analista seria a possibilidade de ele assumir os diferentes papéis que o analisante necessite atribuir-lhe, sem que essa indispensável fantasmatização se depare com uma realidade que a contradiga completamente.

Podemos dizer que, segundo Viderman (1970), as regras que organizam o campo psicanalítico voltam-se para que o fenômeno da transferência e contratransferência possa se instaurar. Nesse caso, como relatar vivências que são da ordem do inconsciente? Somos obrigados a aceitar que a "transferência não se relata, não se escreve, nem se traduz; ela não é um texto: daí a insuficiência básica de qualquer resumo de análise, tome ele ou não a forma narrativa, seja história de caso ou disposição de fragmentos" (Marques, 2002, pp. 29-48).

Além disso, não podemos desconsiderar que a transferência é também uma resistência. Porém, se ela apresenta esse caráter obstinadamente repetitivo, isso não ocorre somente porque o analisante recusa defensivamente lembrar, mas porque o acesso à memória é impossível, uma vez que a experiência de um núcleo pulsional primitivo – o recalque originário – não permite que uma história se constitua e se enquadre numa estrutura da memória como no recalque secundário.

Assim, a transferência não é somente *acting out* defensivo, um entrave à rememoração pela repetição, pois ela permanece como a única via pela qual os impulsos – os mais arcaicos, presos no núcleo primário, o conjunto das relações primárias – encontram o caminho de uma realização relativa.

Viderman nos lembra, ainda, que se a técnica, visando cessar a ação do recalcamento secundário (considerado a pedra angular sobre a qual repousa o edifício teórico da psicanálise), permite o acesso às lembranças traumáticas, ligando a estas o afeto original, isso não acontece com o recalque originário, pois este jamais poderá fazer retorno à consciência, por meio dos mesmos disfarces defensivos do secundário. Isso somente aconteceria com as "construções" prováveis do analista, com um coeficiente elevado de incertezas. O autor nos lembra também que, se a *neurose é um tempo perdido*, a técnica analítica tem por função recuperar a história, mesmo permanecendo a questão sobre a possibilidade de recuperar as lembranças, de preencher as lacunas da memória, de restabelecer a continuidade: de reconstruir a história do sujeito. Por outro lado, sabemos que a recuperação da história nunca será completamente possível, já que o recalque primário impossibilita desde a origem a sua inscrição na memória.

Consideramos, pois, o processo analítico como uma possibilidade de inscrição pelo analisante de sua história, inscrição esta que implicaria não uma história contada (aquela que o analisante nos traz – seu romance familiar), mas uma história construída em sua análise.

Assim, não é o passado que o analisante vai evocar por meio de todos os meios de distorção que as defesas lhe impõem, mas seu próprio passado. E essa passagem do definido para o possessivo marca a passagem da história à construção mítica; de uma história objetiva irrecuperável à história imaginária. Seria pertinente, então, nomearmos relatório clínico aquilo que, dos aspectos da experiência analítica, tornaram-se conscientes, o que possibilita inferir que haja uma escolha do analista que o faz selecionar, entre os vários aspectos possíveis de serem relatados, apenas alguns e não outros. Portanto, o relatório clínico é o momento de revelação de uma escolha deliberada do que está escrito, traduzindo a possível implicação tanto teórica quanto subjetiva do analista.

Mesmo imaginando uma situação na qual se tenha um gravador registrando as sessões, haverá sempre um momento no qual alguns trechos ou passagens da clínica serão considerados mais relevantes para compor o relatório clínico. Mesmo que pudéssemos registrar todas as sessões, com falas ou silêncios do analista, qualquer que fosse a escolha, ela seria reveladora da singular implicação do analista.

Escrever a experiência clínica psicanalítica seria, assim, impossível, embora possamos escrever sobre uma experiência clínica. Podemos arriscar dizendo que tal escrita – por pressupor uma escolha – constitui também um momento de discriminação do analista, no qual ele, tomando distância da situação clínica, pode melhor elaborá-la. Momento de "descolamento", de recuperação de seu próprio nome, já que o analista esteve imerso nos movimentos transferenciais.

Nesse sentido, é a análise do analista que vai propiciar-lhe condições adequadas de sua escuta; possibilidade de operar identificações e desidentificações de forma transitória, permitindo-se ser objeto de transferência e motor de mudança psíquica.

Podemos dizer, então, que o lugar de analista pressupõe uma capacidade de identificação e de desidentificação constantes; capacidade de deixar-se invadir, habitar pela transferência do analisante, podendo dela discriminar-se. A impossibilidade de operar tal separação é reveladora de que cabe ao analista interrogar-se sobre seus impedimentos.

Metaforicamente, esse momento pode ser considerado como o de errância, no qual o analista vivencia um "perder-se na experiência analítica", embora se trate de um "perder-se" sem deixar de saber o rumo a ser seguido. O analista sabe de onde parte e para onde vai, embora desconheça o percurso: o caminhar, o caminho e o caminhante se fazem em cada momento. O analista não estaria, pois, "perdido", mas vivendo um processo de errância no percurso analítico, e, mesmo assim, a experiência analítica dificilmente deixará de marcá-lo no mais íntimo do seu ser:

> *As análises, escrevi muitas vezes, se passam nos dois sentidos. Uma análise que seria sem efeito sobre o analista, que não o sacudiria, que não lhe ensinaria nada, que eventualmente não o modificaria, que seria no final como era no começo... Neste caso, a meu ver, não houve análise; a eficácia, ou não, se joga dos dois lados. Logo, passar por isso completamente em silêncio é também uma forma de mentir, como se estivéssemos lá simplesmente a escutar... Se todos esses pacientes que recebemos, no fundo, não tivessem nenhum efeito sobre nós mesmos, sobre nossa vida psíquica, se não levantassem recalcamentos, incompreensões, desconhecimentos em você... A análise nos ensina também alguma coisa e não apenas teoricamente... Tudo o que me fez avançar pessoalmente em alguns de meus trabalhos, mais ou menos teóricos, vem de meus pacientes. Sempre, sempre, sempre. Não exclusivamente, mas, para mim é a fonte primeira. Há a inesgotável fonte freudiana, mas que não é jamais a primeira. (Marques, 2002, Entrevista com Pontalis, pp. 36-37)*

Assim, o fazer analítico, no seu desenrolar, nos remete à ordem da vivência que, como vivência pura, jamais se fará traduzível. Porém, se desejarmos torná-la traduzível, teremos que, forçosamente, ingressar no mundo da língua, no comunicável, e, portanto, numa codificação, o que nos coloca diante de uma nova escolha: ou vivemos o fazer analítico e sobre ele silenciamos, ou, se desejamos comunicá-lo, teremos que fazê-lo conformados com o fato de que, no momento da expressão, já não estamos mais no fazer analítico. Portanto, mesmo que tenhamos como tema da produção a comunicação de um caso clínico, esta guardará sempre uma distância inexorável entre o vivido e o comunicado. Negar-se a enfrentar a impossibilidade de tornar o comunicável de uma sessão, o mesmo do vivido na sessão, faz-nos ingressar na ilusão de que, quando escrevemos sobre o fazer analítico, o fazemos do seu interior, e que, portanto, não estaríamos teorizando.

Mesmo que no exercício clínico o analista mantenha o seu arcabouço teórico, este estará em suspensão, uma vez que, naquela circunstância, não há possibilidade do pleno ato de reflexão teórica. Dessa forma, não nos é possível fazer teoria e clínica simultaneamente, ainda que uma e outra não sejam antagônicas.

Há, portanto, uma diferença básica entre a clínica analítica e o momento da escrita, já que, o primeiro caso dá-se num movimento que admite identificação, contratransferência, repetição, enquanto o segundo, o da escrita, dá-se num movimento no qual deve predominar o exercício do pensar sobre o acontecido, em que o analista é lançado a pensar sobre si mesmo, a elaborar e, em alguns casos, a se reestruturar.

> *O ato de escrita é também considerado de imediato como um segundo tempo, um tempo de elaboração que sucede ao trabalho clínico e que participa e prolonga a 'elaboração associativa'. (Breuer, citado por Klebir, Lambertucci-Mann e Passone, 2010, p. 325)*[2]

Além disso, entre a produção escrita e a experiência clínica há uma tensão, já que é no momento da escrita que se instaura, necessariamente, o confronto entre a extensão das imagens que somos capazes de produzir psiquicamente e a impossibilidade de

---

[2] No original: "L'acte d'écriture est aussi consideré d'emblée comme un temps second, un temps d'élaboration qui succède au travail clinique et qui participe et prolonge l'élaboration associative."

encontrarmos na linguagem maneiras de "transcrever o pensamento". Trata-se, portanto, de uma inevitável tensão entre pensamento e linguagem, em que há uma distância inexorável entre o ato de pensar e o ato de expressar. Se a linguagem revela os limites da realidade, a língua, por estar conformada sob códigos, impõe-nos a necessidade de escolher e selecionar imagens do pensamento que possam expressar-se por meio delas.

Portanto, a produção escrita estará necessariamente submetida à língua, revelando-se esta insuficiente quando pretendemos expressar o oceano de ideias que em nós habita. O confronto com essa impossibilidade conduz a uma vivência de angústia que, se não for englobada como parte do processo de produção criativa, levará à paralisia do próprio ato de escrever. Se todo ato criativo produz tensão, na produção escrita essa tensão vincula-se, em parte, ao anseio de controlar o eventual leitor, na busca do impossível: fazê-lo ler exatamente o que supomos ter sido escrito. Toda produção escrita nos conduz ao confronto com os limites próprios dos códigos que permitem expressar uma ideia. Esses limites nos levam, necessariamente, a uma vivência na qual somos obrigados a fazer escolhas. Escolhas que implicam perdas.

Se não podemos esquecer das perdas, não podemos também negar que a escrita, além de propiciar a discriminação do analista, pode conduzir ao pensar sobre si mesmo e à reflexão teórica.

Todavia, não podemos olvidar que escrever é também um momento de exposição. Exposição que talvez explique o medo de escrever, já que fazê-lo seria correr o risco de não corresponder ao que supostamente seria aceito pelo outro. O receio talvez aumente por saber que, ao escrevermos, estamos deixando grifadas as entrelinhas, delatando que não estamos relatando apenas um caso clínico, do qual estaríamos isentos, mas um caso do qual somos partícipes de cada construção.

Por outro lado, no caso de um relatório clínico, este não ficará restrito ao seu escritor, mas será exposto, lido e examinado por outros que irão ou não legitimar o relato. Nesse caso, talvez seja oportuno não dissociar a elaboração de um relatório clínico do processo de avaliação ao qual este será submetido. Cabe, então, questionar até que ponto poderia existir uma avaliação isenta da subjetividade do avaliador.

Supondo que a subjetividade do avaliador também poderá estar presente no ato de avaliar, faz-se necessário estabelecer critérios norteadores da avaliação de um relatório clínico.

Do ponto de vista do analista que apresenta o relatório clínico, sugerimos a seguir algumas perguntas que possivelmente poderiam nortear a avaliação.

- Estaria o relatório clínico revelando se o analista, em seu trabalho clínico, leva em consideração o inconsciente, a pulsão, o recalque, a transferência, a resistência em seu trabalho psicanalítico?
- Tendo em vista a sensibilidade clínica, deixou-se vivenciar pelo analisante como objeto de transferência, ao mesmo tempo que não se deixou ser tomado pela contratransferência, pontos cegos?
- Como foi feita a articulação entre uma determinada maneira teórica de ler a psicanálise e a clínica? É uma articulação psicanalítica? Ou seja, como foi feita a articulação entre a experiência clínica e a compreensão teórica do caso?
- Como o material clínico foi sistematizado? Esse material está inserido em uma organização conceitual psicanalítica?

Já do ponto de vista do examinador, estamos partindo do princípio de que este deverá respeitar o referencial teórico utilizado no relatório clínico, quando este é diferente do seu. Assim, mais importante do que haver uma coincidência de sistemas teóricos, é saber se o relatório está levando em conta as vigas mestras da psicanálise, entre elas: o inconsciente, a transferência, o recalque, a resistência. Considerando que a avaliação é um momento delicado e pode estar impregnada de subjetividade do examinador, a fim de evitar o uso e exercício do poder, já que, só mediante a aprovação do relatório o analista obterá sua legitimidade institucional, é adequado refletir sobre aspectos que possibilitem criar alguns critérios que norteiem a avaliação: 1) respeito para com o referencial teórico do aluno (o mais importante é se o analista está trabalhando levando em conta as vigas mestras da clínica psicanalítica); 2) como avaliador, deve ser rigoroso nos casos em que o analista não esteja demonstrando saber ocupar o lugar ético de analista.

Afinal, o que está sendo avaliado quando se avalia um relatório clínico?

Quando quem avalia o faz a partir da própria subjetividade, e, portanto, de questões que há dentro de si, dificilmente o relatório clínico, que deveria ser objeto de avaliação, é levado em consideração. Com essa expectativa, os relatórios deveriam estar enquadrados na perspectiva teórica ou no modelo clínico do examinador.

Romper com a subjetividade como referência única, seja para escrever, seja para avaliar, exige, no mínimo, o estabelecimento de critérios que confiram tanto ao ato de avaliar quanto ao de escrever um relatório clínico outro exercício que não o "opinativo".

Qual a natureza de um relatório clínico? O que se espera de quem está sendo avaliado por meio do relatório clínico?

Como já foi dito, espera-se que o relatório clínico demonstre que o analista está trabalhando psicanaliticamente, ou seja, que na sua escuta, postura, silêncios e falas, leve em conta o inconsciente, a pulsão, a transferência, a mudança psíquica. E também que seja capaz de sustentar o lugar de analista, oferecendo-se como objeto de transferência, sem se deixar arrastar pela contratransferência, suscitada pelo material do analisante. Também, há que demonstrar uma certa humildade em relação ao próprio saber, já que o saber na clínica é aquele que vem veiculado na transferência, o saber inconsciente, que acontece sobretudo quando o analista não põe obstáculos à sua expressão. Por isso, certo não saber do analista é muito oportuno, para que o saber que verdadeiramente interesse se presentifique.

Nesse sentido, o receio de perda intrínseca à produção escrita permite-nos a perda vinculada ao ganho, dissipando-se, assim, a tensão no momento em que essa produção deixa de ser imagens para se tornar signos impressos no papel.

Mediante critérios estabelecidos, certamente o analista sentir-se-á mais livre para selecionar um ou outro material clínico como objeto de comunicação, mesmo sabendo que este é um ato que exige um posicionamento teórico.

> *Por detrás das atribuições de sua prática, na incompletude de sua teoria, cada analista, por meio da escrita, busca compreender a si mesmo. (Smirnoff, 1977, p. 202, tradução livre)*

Já que, em ambos os casos, avaliando e avaliador estariam se expondo, buscando a compreensão de si mesmos, seria este um dos motivos das dificuldades de se escrever um relatório clínico e de avaliá-lo?

Referências

Agualusa, J. E. (2016, 22 de fevereiro). Quando a literatura é imprescindível. *O Globo*. Recuperado de https://oglobo.globo.com/cultura/quando-literatura-imprescindivel-18719722

Klebir, A.-K., Lambertucci-Mann, S., & Passone, S.-M. (2010, abril). Argument: Écrire la psychanalyse. *Revue Française de Psychanalyse, 2010/2*(74), 325-328.

Marques, M. (2002). Entrevista com J.-B. Pontalis. *Jornal de Psicanálise*, Instituto de Psicanálise da SBPSP, *35*(64/65), 29-48.

Meltzer, D. (1971). *O processo psicanalítico* (tradução, notas e prefácio de Walderedo Ismael de Oliveira). Rio de Janeiro: Imago.

Pontalis, J.-B. (1968). *Après Freud* (Col. Idées). Paris: Gallimard.

Rocha, F. (1995). Mudança analítica e mudança psíquica: de Tebas a Colono. *Revista Brasileira de Psicanálise*, *29*(2).

Smirnoff, V. (1977). Épreuves. *Nouvelle Revue de Psychanalyse, 16*, 195-202.

Viderman, S. (1970). *La construction de l'espace analytique*. Paris: Denöel.

Janela 3

Psicanálise: paternidade e mitos

11. Notas sobre a paternidade: do mito à atualidade[1]

Certa vez, meu filho, aos cinco anos, me disse:

– Pai, hoje pensei numa coisa: quando eu crescer vou casar com a mamãe.

Surpreso, respondi:

– Mas você sabe que não pode?

– Não pode por quê?

– Porque se pudesse eu teria casado com a minha.

A busca pela compreensão das enigmáticas dimensões que permeiam a vida humana conduziu Freud a utilizar-se das narrativas míticas, por entendê-las como uma das maneiras de que dispõe o homem para vivenciar os seus enigmas. Prova disso reside no fato de Freud havê-lo feito com dois grandes mitos: o do pai da

---

1 Este texto teve como origem uma palestra realizada na Sociedade Brasileira de Psicanálise do Rio de Janeiro, por ocasião do lançamento da revista *Trieb*, sobre o tema paternidade, em 14 de novembro de 2014.

horda primitiva e o de Édipo, que revelariam a maneira pela qual, por um lado, ter-se-ia instaurado o processo de cultura, e, por outro, como o *infans* torna-se homem. Na teoria psicanalítica, o pai e sua função integram uma história mítica, uma suposição universal em que o pai aparece como um operador simbólico a-histórico (Dor, 1991).

O mito, enquanto expressão dos anseios e dos desejos do homem, se constrói por meio de uma descontínua narrativa do acontecimento. É sobre essa perspectiva, a partir do mito do pai da horda primitiva, que Freud ressalta que a existência de uma sociedade dependerá de uma lei que interdita, na qual se encontrem combinadas as figuras totêmicas e o tabu. O "pai da horda" seria, pois, uma das maneiras de o homem expressar, por meio do mito, o seu desejo atávico de um nascimento autóctone. Na antiguidade grega, raças como a de ouro, prata e bronze são apresentadas por Hesíodo (2006) como tendo nascido exclusivamente da mãe-Terra, e não de uma relação bissexual, e sucumbido quando desta se separavam, revelando o quão inadmissível seria a hipótese de viver fora de uma relação fusional. Em outra versão, como nos lembra Levi-Strauss (1985), Freud nos apresenta a mesma questão ao relacionar o desejo atávico daquelas raças de viverem fusionadas à mãe-Terra, com o mesmo propósito de um nascimento do qual a figura do pai ficaria excluída. Poder-se-ia, assim, supor que, desde a mais tenra infância, o homem ansiaria também por um estado fusional, o que poderia justificar a reação quanto à entrada de qualquer elemento ameaçador a tal estado.

Portanto, podemos, já no mito, constatar a tendência de o ser alijar qualquer terceiro capaz de ameaçar o encontro dual. Tal situação pode ser explicitada por meio daquele suposto pai da horda primitiva, que, possuindo o controle de todas as mulheres, suscitava a disputa entre os filhos, os quais, desejando a ele se igualar, acabavam por matá-lo. Quando reunidos para consumar o parricídio, possuíam todos o desejo de chegar a ser iguais ao pai, e o manifestavam absorvendo a comida totêmica. Mas nada podia alcançar a onipotência do pai, que era o desejo de todos (Freud, 1913/1970). Todavia, é por meio do pensamento que se torna possível a coexistência entre o horror e o desejo pelo objeto proibido. Numa das mais comoventes passagens da tragédia *Édipo Rei*, de Sófocles, Jocasta parece encontrar a harmonia entre o horror e o desejo, ao dizer a Édipo: "Não deve te amedrontar então o pensamento dessa união com tua mãe; muitos mortais em sonhos já subiram ao leito materno". (Sófocles, 2001, p. 67).

Desde Freud, a função simbólica atribuída ao sonho tem como uma de suas fontes o mito, que se apresenta, para os antigos, como um conjunto de regras ordenadoras do destino humano.

No capítulo cinco de *A interpretação dos sonhos*, sob o título "A morte de pessoas queridas", Freud retoma e desenvolve o conteúdo da carta de 15 de outubro de 1897, afirmando as vinculações entre mito, sonho e fantasia. Sem hesitar, Freud passa a oferecer análises que corroboram a ideia segundo a qual tanto o mito quanto os sonhos, bem como as fantasias, seriam "realização de desejo".

Enfatizando outro aspecto dessa mesma questão, Anzieu (1989) apresenta o sonho como figurando o corpo da mãe, lugar de realização originária dos anseios do infante. Compreender os sonhos se apresentaria como correspondência à possibilidade de possuir novamente aquele corpo perdido.

Já nessa primeira articulação, Freud apresenta a tragédia de Édipo como estando para além das histórias e das vivências individuais, afirmando assim a universalidade do complexo de Édipo. Sob essa perspectiva, Freud sustenta a eficácia do mito, vinculando-o a uma instância que interdita o incesto, sendo responsável pela limitação do acesso à satisfação naturalmente procurada.

Freud vincula, por um lado, o desejo à lei; e, por outro, o caráter estruturante do desejo. É nesse sentido que o mito de Édipo expressaria essa força presente em todos os homens, como nesta passagem ressaltada por Freud na carta a Fliess de 15 de outubro de 1897:

> *mas a lenda grega apreendeu uma compulsão que todos reconhecem porque a experienciaram. Cada um foi, um dia, em germe, em imaginação, um Édipo, e se horroriza diante da realização de seu sonho transposto para a realidade e treme segundo a medida do recalcamento que separa seu estado infantil de seu estado atual. (Freud, 1897/1973, p. 198, tradução livre)*

Como se percebe, Freud enfatiza um dos aspectos marcantes da trajetória de Édipo como o movimento que o leva, em vão, a fugir do que a ele se apresenta como inevitável. Movimento que o conduzirá ao ato de repetir. Repetição decorrente da busca de escapar daquela que será a sua trajetória, ainda que delineada antes do seu próprio nascimento. Trajetória que, singular a cada pessoa, tornar-se-á uma força coercitiva nela intrínseca.

Pensar o pai na perspectiva psicanalítica é pensar a instauração de uma ordem simbólica a partir da existência desse pai primitivo que foi necessário assassinar. O fundamento, então, da função paterna, e, portanto, da edificação desse pai simbólico, ergue-se a partir da ambivalência com relação ao pai primitivo. Pai que, apresentado como um homem que possuía sem limite todas as mulheres e o poder sobre elas, era o detentor do falo. Essa não interdição – castração – provocava nos outros homens um sentimento simultâneo de inveja e identificação com o tirano. A inveja desse homem que detinha o falo e a potência gerava o desejo de matá-lo para assumir o seu lugar. Porém, quando no ritual canibalesco ingerem a carne do tirano, são tomados pela vivência de identificação, na qual visam incorporar os seus atributos (Dor, 1991).

No relato feito por Freud, em 1913, ele nos narra que, diante do ódio ao pai tirânico, os irmãos se unem para matá-lo. Após sua morte, o devoram e passam a viver o sentimento de culpa, o que torna esse pai ainda mais forte, uma vez que este fica santificado. Visando anular o assassinato, o pai é alçado a uma figura simbólica, funcionando como um operador da organização social.

Nesse caso, a sociedade repousaria sobre um crime cometido em comum. Dessa necessidade de expiação do sentimento de culpa filial nascem os tabus de não matar e não se relacionar incestuosamente.

Segundo Freud (1925[1924]), essa ambiguidade de sentimentos se expressa no complexo de Édipo, momento em que o menino, simultaneamente, odeia e inveja o pai. Pois são esses sentimentos que, posteriormente, serão responsáveis pela culpa no menino, que, temendo a castração, passa a identificar-se com o pai, garantindo a transmissão da lei e da autoridade. A função simbólica do pai vai, então, além do pai concreto, sendo necessário que seja atribuído a ele um objeto imaginário fálico.

Se nas sociedades primitivas encontramos rituais que expressam de forma concreta a interdição, nas sociedades complexas, quando nos referimos à castração, estamos tratando de uma acepção interditora de caráter simbólico: a castração não é uma emasculação, mas um processo de interdição que, embora concreto – uma vez que é efetivamente proibido ter relações sexuais com a mãe –, conduz a uma vivência de perda. Quando dizemos angústia de castração, estamos nos referindo a um processo no qual a criança vivencia de forma inconsciente a ameaça de perda do pênis. Essa vivência, proveniente de um processo de castração, só ocorrerá se aquele que ocupar a função materna for, efetivamente, um semelhante, isto é, se além de um outro humano for também portador dessa lei que interdita.

Assim, podemos pensar que, ao não permitir ao filho a satisfação como único objeto de desejo da mãe, o pai é vivenciado como intruso, privador e interditor. Freud (1913/1970) destaca, em *Totem e tabu*, que a edificação do pai simbólico impõe a castração a todos.

Tomada a castração como ponto de referência, é somente na travessia do complexo de Édipo e na experiência da entrada na fase fálica que as organizações psíquicas se revelam. É na fase fálica que ocorre um deslocamento do investimento libidinal do pênis para o falo.[2] Ou seja, é no momento em que é introduzido o pai – pelo desejo da mãe – que a criança é desalojada de seu lugar fálico. Isso corresponde à passagem de uma posição em que reinam os "ideais do ego ideal" (em que a criança seria o falo) para uma posição em que prevalecem os *"ideais do ideal do ego"*. Tal deslocamento significa que houve a "aceitação" de um *"ideal de ego"* em lugar do *"ego ideal"*. Diante da ameaça de castração, o menino integra os ideais ou valores contidos por meio do símbolo falo (virilidade, potência, inteligência) como forma de substituir a perda narcísica sofrida (posição de ego ideal). É aí que se desenrola a questão do "ser o falo" ou "ter o falo" (Lacan, 1966). Nesse sentido, a aceitação do falo significa aceitar os ideais da cultura e, portanto, o ideal de ego. É essa possibilidade de "aceitação" que constitui a base primordial para que se dê a condição do recalque. Aceitar, portanto, um ideal de ego, é estar submetido às leis da cultura, "aceitando", assim, a castração.

Como podemos observar, o pai na teoria psicanalítica ocupou o lugar de "protetor", de "simbólico", que, responsável pela

---

2 Ver o termo *Phallus* no Vocabulaire de la Psychanalyse (Laplanche & Pontalis, 1967, pp. 311-312).

castração, possibilitou a vida em sociedade, instituindo um lugar de falha e falta.

Mas podemos nos perguntar como ocorrem os deslocamentos simbólicos na constituição da lei do pai, na constituição do complexo de Édipo e de castração nas famílias de casais homoparentais. No caso de crianças adotadas por essas novas famílias, imagino que haverá rearranjos simbólicos na ocupação dos lugares de pai, mãe e filho, acontecendo, assim, uma distribuição da função paterna e da função materna.

Para Junqueira (2014), "A homossexualidade, hoje em dia, foi retirada do rol das perversões nos manuais diagnósticos e, sendo assim, a intenção de curá-la não se apresenta mais como uma proposta terapêutica, a não ser em certos setores do congresso nacional" (pp. 117-118).

Em oposição ao mundo contemporâneo, a Modernidade se iniciou quando o cogito cartesiano colocou a razão humana como soberana, promovendo, assim, o autocentramento do sujeito do eu e da consciência. Desse modo, a retirada de Deus como fundamento de tudo cede lugar ao homem, revolucionando concepções que nortearam a Idade Média (Birman, 2017). Transmitida pelos dogmas religiosos, a palavra de Deus é substituída pelo filósofo, pelo pensar e duvidar de todas as coisas. Sem Deus, a Modernidade se ergue com o desenvolvimento da ciência e suas descobertas, substituindo as verdades religiosas. É a partir desse deslocamento que se apoia a ideia fundamental de "desamparo" (Birman, 2017).

Já o Modernismo, segundo Birman (2017), seria uma crítica da Modernidade, no sentido em que Freud vai dizer que o sujeito não está na razão como pensava Descartes, mas no inconsciente, e, assim, descentra o homem. Desse modo, a psicanálise já é um discurso crítico dos pressupostos da Modernidade. O abrir mão de

Deus leva à discussão do desamparo e, desta, para a questão do Pai (Birman, 2017).

É sabido que a psicanálise, inscrevendo-se num projeto libertário, se constituiu sob o signo da liberdade. "Ao pretender, com Freud, tornar consciente o inconsciente, o que estava em pauta era libertar o sujeito do determinismo e do jugo do inconsciente, para assim ampliar o campo de liberdade daquele e lhe possibilitar maior mobilidade" (Birman, 2017 p. 24).

Em função do seu projeto libertário, escreve Birman "a psicanálise pôde ser um discurso crítico sobre a degenerescência e a hereditariedade que permeavam a psiquiatria, a medicina social e a medicina legal no final do século XVIII. Portanto, a leitura psicanalítica do erotismo se chocou frontalmente com o projeto de eugenia e com as práticas de controle da sexualidade promovidas pela medicalização, como bem nos mostrou Foucault (1976) na sua arqueologia da psicanálise." (p. 25).

Assim, trazer de volta o pai por meio de um supereu foi uma estratégia fracassada, que conduziu principalmente à violência, ao masoquismo e à servidão voluntária.[3]

Em *O mal-estar na civilização*, Freud (1929/1996) defende a ideia de que o desamparo é a condição por excelência do homem no mundo moderno. Paradigma da subjetividade na modernidade, o desamparo seria o preço que teríamos que pagar por termos

---

3 Com *Le discours de la servitude volontaire* (1552), publicado em 1983 pela editora Flammarion, em Paris, compreendemos que a gênese da desumana opressão exercida pelos poderosos aos menos favorecidos é temporal e universal. Escrita como um mero panfleto militante aos 16 ou 18 anos pelo pensador francês Étienne de La Boétie, enquanto estudante de Direito, esmiúça os porquês que levam a multidão a se permitir escravizar, cega e voluntariamente, a se dispor a servir (Lucciene Félix – Professora de Filosofia e Mitologia Grega-Romana da ESDC. mitologia@esdc.com.br).

desafiado o poder do pai. Ao discutir essas configurações, a colega Maria Rita Kehl (2003) ressalta que a maneira como o sujeito lida com o desamparo possibilita pensar não só o enfraquecimento do poder do pai como também as diversas formas de viver a vida, como essas formas se configuram no mundo contemporâneo.

Já a Pós-Modernidade, afirma o sociólogo Zygmund Bauman (1998), tem como valor supremo a "vontade de liberdade" que acompanha a velocidade das mudanças econômicas, tecnológicas, culturais e do cotidiano. Como resultado, surge um "mundo vivido como incerto, incontrolável e assustador – bem diverso da segurança projetada em torno de uma vida social estável, ou em torno da ordem, como pensava Freud em *O mal-estar na civilização*" (Bauman, 1998).

A Modernidade, de maneira esquemática, caracteriza-se por ter, com a filosofia de Descartes, o homem no centro das coisas e a razão como guia na compreensão do mundo. Representava, pois, o centramento do sujeito no eu e na consciência. Já na Pós-Modernidade, as revoluções teriam sido realizadas, embora o seu resultado não tenha trazido a pacificação.

Na atualidade, com as novas configurações decorrentes da sociedade contemporânea, constatamos que papéis conjugais e parentais estão se modificando, anunciando uma nova forma de estruturar a sociedade, assinalando novas formas de subjetivação. Assistimos a mudanças na estrutura familiar, na vida sexual e no modo de produção que interferiram no viver do homem. Do homem romântico, interiorizado e culpado, representado por questões da alma, surgiu um homem feito de corpo, de exterioridade, aparentando não ter conflitos internos, inserindo-se num mundo do espetáculo e do polimento do narcisismo. Assistimos, assim, à construção de uma nova subjetividade bem diferente da que vinha vigorando desde o início da Modernidade.

A juventude na atualidade

> *rompeu com uma série de normas sexuais e comportamentos da geração dos anos [19]60 e [19]70 e cresce num mundo cada vez mais feminista, onde a nova geração representa uma transição entre as antigas gerações de ferozes machistas e a de uma futura geração de homens marcados pelo feminino. (Fortuna, 2017)*

A identidade de gênero e o comportamento mais "elástico" dos adolescentes no que concerne à sexualidade são temas frequentes na clínica psicanalítica. As mulheres querem ser respeitadas pelos homens, com mais paridade, e reagem vivamente quando isso não acontece. E, com grande frequência, o empoderamento feminino provoca reações machistas de violência e até de mortes, algumas delas estampadas, a cada dia, na imprensa atual. Assim, "o feminicídio está correndo à solta, como forma de combater o novo poder das mulheres" (Fortuna, 2017).

Junqueira (2009), em sua aula inaugural, lembra que o empobrecimento da atividade simbólica, a apatia, a desesperança, a não aceitação da dor, do desprazer e da alteridade são características de patologias que passaram a se delinear nos últimos 20 anos. Reafirma, apoiando-se em Birman, que, na atualidade, as pessoas chegam aos consultórios não porque se sentem atormentadas pelo conflito, mas por se perceberem no vazio. Sofrem de pânico, de depressão, de anorexia, de drogadição, de somatizações, indicando a fragilidade das formações simbólicas. Tal fragilidade leva, com frequência, a patologias do ato, a impossibilidades sublimatórias, bem como à "fragilidade dos mecanismos repressivos, que colocam no registro do corpo e da ação compulsiva as manobras do sujeito para lidar com o desamparo" (Junqueira, 2009).

Não podemos deixar de concordar que participamos de um mundo no qual predominam o descartável e o efêmero, no qual o homem da contemporaneidade exime-se de compromissos com o longo prazo. Intolerante à espera, avesso a toda fixidez, ele se move para chegar a lugar nenhum e, como lembra Bauman (1998), num quase sem-rumo, "tropeça" acidentalmente em outros. Assim, num momento em que se tenta apagar a figura do outro, a não espera é louvada, a satisfação plena é cultuada, fortalecendo-se um narcisismo que sustenta o divórcio entre a lei e a cultura.

Na atualidade, com as novas configurações decorrentes da sociedade contemporânea, constatamos que papéis conjugais e parentais estão se modificando, anunciando uma nova forma de estruturar a sociedade, assinalando novas formas de subjetivação.

Caracterizando-se por uma época de inegável ampliação de espaços propiciadores de prazer, a nossa contemporaneidade anuncia a ruptura de fronteiras, limites, hierarquias e valores éticos. A crença na possibilidade de conjugar a preservação da vida com o movimento compulsivo de um gozo ininterrupto talvez expresse um dos grandes desafios da atualidade: o de restabelecer a fronteira entre a busca de prazer como possibilidade de estruturar o homem como sujeito desejante e o gozo voluptuoso e incessante que, não raro, pode retirá-lo da vida (Rocha, 1997).

Quando comenta sobre o mal-estar na modernidade e na brasilidade, Birman (2017, pp. 75-76) o faz ressaltando que a desigualdade ostensiva na distribuição do gozo, além de já ter conduzido à proletarização das classes médias, "provoca a violência, a delinqüência e a criminalidade que não se restringem apenas às classes populares". Com efeito, "se a distribuição justa do gozo é impossível, é preciso arrancá-lo custe o que custar com as mesmas armas usadas pelos acumuladores do gozo coletivo, parecem dizer em uníssono todos os miseráveis das condições mínimas de gozar"

(p. 75). Diante da incapacidade das elites de redistribuir o gozo que acumularam, a violência, a criminalidade e a delinquência se constroem e se movimentam infinitamente como patologias sociais. Indicando isso que a nostalgia do pai seguramente continua ainda presente no nosso imaginário coletivo. Assim, viver sem o pai e o soberano exige uma vida madura, na qual tomamos em nossas mãos os rumos da própria vida (Birman, 2017).

Talvez uma das saídas seja buscar novas formas de aliança, como a amizade, a solidariedade.

Para o sociólogo francês Michel Maffesoli, professor da Sorbonne, que esteve entre nós para uma série de conferências, os tempos atuais pertencem à razão sensível, às emoções e aos afetos públicos. Ele costuma definir o Brasil como um "laboratório da Pós-Modernidade". Segundo ele, "nossa época vive uma mudança de paradigma, de mudança de sistema de valores, onde o indivíduo pós-moderno não se define por seu status social ou profissional, nem por seu nível econômico e de formação, mas, essencialmente, por sua relação com o outro". "É este relacionisto", diz Maffesoli, "que constitui a característica do 'homo-eroticus': eu vivo e sinto pelo e graças ao outro". A expressão "Homo-eroticus" é uma referência ao seu mais recente ensaio: *Homo eroticus – comunhões emocionais*, que trata da transição do "homo economicus" para o "homo eroticus". Não se trata, diz o autor, "de um erotismo no sentido realista do termo, mas sobretudo de um significado erótico-social" (citado por Eichemberg, 2014).

Para Maffesoli (citado por Eichemberg, 2014), "paradoxalmente, as novas tecnologias se tornaram auxiliares à expressão imediata das emoções", em que a comunhão de sentimentos e de afetos é lançada pelo uso das redes sociais. Ele afirma ainda que, enquanto o tripé moderno era "trabalho, racionalismo, progressismo", o tripé pós-moderno é "criação, razão sensível e progressividade".

Já Giorgio Agamben (2012) propõe uma leitura da amizade, na qual fica ressaltado o seu estatuto ontológico, político e poético. Para ele, a amizade não seria um retorno ao passado, mas se situaria entre as luzes e o escuro do presente: do contemporâneo. Na mesma direção, Maffesoli (citado por Eichemberg, 2014) ressalta ser "importante para os pensadores se alimentar da tradição, do tesouro daqueles que pensaram e escreveram antes deles, e ao mesmo tempo viver a experiência da vida cotidiana".

É esclarecedor como Hannah Arendt (2011) pensa o contemporâneo. Para ela, haveria uma fratura em toda tradição. Uma nova época traria o confronto entre as forças passadas, que certamente ainda não passaram, e as forças futuras que já se fazem presentes. Permanecer no seio dessa fratura entre o passado e o futuro é toda a possibilidade "de adquirir experiência e de como pensar" (Arendt, 2011, p. 41).

Portanto, é nessa experiência de pensar que Agamben retoma uma antiga discussão sobre a amizade. Para ele, por ser singular, a amizade é uma proximidade tal que dela não é possível fazer nem uma representação nem um conceito (Agamben, 2012). Ou seja: é uma vivência. Refere-se a um ato de existir. O amigo nos ajuda a ter o sentimento de existência, por ser um alter-ego, um outro de si mesmo. É o meu diferente.

Reconhecer a diferença é sair do narcisismo, estabelecer uma relação política, no sentido de que o outro deve ser reconhecido como alteridade. Amigo é, portanto, da ordem da existência, uma vez que exige o reconhecimento do outro como diferente, o que rompe com o viver narcísico.

Referências

Agamben, G. (2012). *O que é o contemporâneo? E outros ensaios.* Chapecó: Argos.

Anzieu, D. (1989). *A auto-análise de Freud e a descoberta da psicanálise.* Porto Alegre: Artes Médicas.

Arendt, H. (2011). *Entre o passado e o futuro.* São Paulo: Perspectiva.

Bauman, Z. (1998). *O mal-estar na pós-modernidade.* Rio de Janeiro: Jorge Zahar.

Birman, J. (2017). *Arquivos do mal-estar e da resistência.* Rio de Janeiro: Civilização Brasileira.

De La Boétie, É. (1983). *Discours de la servitude volontaire.* Paris: Flammarion.

Dor, J. (1991). *O pai e sua função em psicanálise.* Rio de Janeiro: Jorge Zahar.

Eichemberg, F. (2014, 8 de novembro). Michel Maffesoli: "o tripé pós-moderno é criação, razão sensível e progressividade". Entrevista com Michel Maffesoli. *O Globo.* Recuperado de https://oglobo.globo.com/cultura/livros/michel-maffesoli-tripe-pos-moderno-criacao-razao-sensivel-progressividade-14496249

Félix, L. (2007). Discurso da Servidão Voluntária. *Conhecimento Sem Fronteiras.* Recuperado de http://www.esdc.com.br/CSF/artigo_2007_11_Boetie.htm

Fortuna, M. (2017, 8 de agosto). Joel Birman fala sobre a nova geração: "os jovens se permitem experimentações, as carícias são mais expansivas". Entrevista com Joel Birman. *O Globo.* Recuperado de http://blogs.oglobo.globo.com/gente-boa/post/

joel-birman-fala-sobre-nova-geracao-os-jovens-se-permitem-experimentacoes-caricias-sao-mais-expansivas.html

Foucault, M. (1976). *La volunté du savoir*. Paris: Gallimard.

Freud, S. (1969). Um estudo autobiográfico. In J. Strachey (Ed.), *Edição standard brasileira das obras psicológicas completas de Sigmund Freud* (vol. XX). Rio de Janeiro: Imago. (Obra original publicada em 1925[1924]).

Freud, S. (1970). *Totem et tabou*. Paris: Payot. (Obra original publicada em 1913).

Freud, S. (1973). *La naissance de la psychanalyse. Lettres a Wilhelm Fliess de 15.10.1897*. Paris: PUF.

Freud, S. (1900). *A interpretação dos sonhos* (vol. IV).

Freud, S. (1996). O mal-estar na civilização. In J. Strachey (Ed.), *Edição standard brasileira das obras psicológicas completas de Sigmund Freud* (vol. XXI, pp. 75-171). Rio de Janeiro: Imago. (Obra original publicada em 1929).

Hesíodo. (2006). *Teogonia: a origem dos deuses*. São Paulo: Iluminuras.

Junqueira, P. C. N. (2009). *A clínica contemporânea*. Aula Inaugural da Sociedade de Psicanálise do Rio de Janeiro.

Junqueira, P. C. N. (2014). A psicanálise normatizada e a posição do perverso. *Cadernos de Psicanálise, 36*(31), 117-125.

Kehl, M. R. (2003). *Sobre ética e psicanálise*. São Paulo: Companhia das Letras.

Lacan, J. (1966). *Ecrits*. Paris: Seuil.

Laplanche, J., & Pontalis, J.-B. (1967). *Vocabulaire de la psychanalyse*. Paris: PUF.

Levi-Strauss, C. (1985). *Antropologia Estrutural 1* (coleção Biblioteca Tempo Universitário). Rio de Janeiro: Tempo Brasileiro.

Rocha, F. (1997). Édipo e sexualidade cem anos depois: um sempre atual desafio. *Revista de Psicanálise de Porto Alegre, número temático comemorativo dos cem anos do complexo de Édipo,* 4(2), 289-301.

Sófocles. (2001). *A trilogia tebana: Édipo Rei, Édipo em Colono, Antígona* (6ª ed., M da G. Kury, trad.). Rio de Janeiro: Zahar.

12. A sexualidade na teoria e na prática psicanalíticas: sobre o complexo de Édipo e de castração[1]

> *Volta e meia tenho um sonho estranho e ardente*
> *com uma mulher desconhecida, a quem amo e que me ama,*
> *E ela nunca é nem completamente a mesma*
> *Nem completamente outra, e me ama e compreende.*
> *(Paul Verlaine – Meu sonho habitual, p. 23)[2]*

Inicio minha fala com fragmentos de um caso clínico:

Ao deitar no divã, Manoel comenta sobre o campeonato de futebol. Ele diz que na sala de espera esteve pensando sobre qual seria o meu time. Tece comentários sobre as várias equipes de futebol da cidade, assinalando as características de cada uma delas,

---

[1] Palestra realizada na 3ª Jornada da Sociedade Psicanalítica do Recife, tendo como tema *A sexualidade na teoria e prática analíticas*. Recife, 17 de agosto de 1996.
[2] Tradução de Fernando Pinto do Amaral.

imaginando aquela na qual eu melhor me enquadraria. Talvez, diz ele, pertencêssemos a times distintos, adversários. Em silêncio atento, o escuto. Não privilegiando elementos de seu discurso, fico à espreita do que estaria ele trazendo de suas vivências inconscientes para a cena analítica, por meio do seu dizer manifesto. Após um tempo de silêncio, o analisante reinicia sua fala trazendo uma cena infantil na qual aparecia o avô materno. Manoel, que perdera o pai ainda criança, morava, na infância, em Portugal, com os avós maternos, a mãe e várias tias solteiras. Em seguida, lembra que o avô o proibia de jogar futebol, escondendo sua bola no alto de um armário, ficando a bola, assim, inacessível. Nessa retomada, inclui sua frustração e anseio pela bola. Lembro-lhe do quanto, em análise, ele já havia falado sobre sua atração pelas formas arredondadas. Manoel responde: *"ah, meu tesão pela bunda de Maria? Penso também, agora, na bunda de minha avó, nas suas enormes cadeiras"*. Digo-lhe: *"cadeiras?..."*. E Manoel fala: *"lembro-me de minha mãe dançando, rebolando as cadeiras"*. Nesse momento, ambos fomos tomados de surpresa pela maneira como, na cena analítica, a bola da infância reapareceu. Pontuo: *"rebolando... lá vem a bola retornando"*. Manoel passa a fazer comentários, associando a bola proibida pelo avô às cadeiras da mãe e da avó. Diante dessas associações, estimulo-o, perguntando: *"no que ainda lhe faz pensar esse tema?"*. Manoel responde: *"quando criança eu gostava de observar as intimidades de minha mãe e de minhas tias... Olhava as bundas, as calcinhas, imaginava as bocetas. Eu devia ter uns sete anos e lembro de uma tia com as pernas abertas. Aquilo me impressionou muito!"*. Digo-lhe: *"impressionou como?..."*. Ele diz: *"a sensação que hoje tenho é que naquela época eu imaginava o sexo dela como um lugar onde se enfiava o pênis. Tive a sensação de ter devassado algo escondido. Senti tesão e fui me masturbar"*. Faz uma pausa e continua: *"por vezes, me imaginava colocando a mão no sexo dela, afastando as calcinhas. Já cheguei mesmo a sonhar [que estava] trepando com a minha mãe. Havia por parte daquelas mulheres uma grande oferta de acidentes, (de episódios)".* Baseado em dados já aparecidos anteriormente na análise, interfiro, dizendo-lhe: *"de acidentes? Isso não o faz pensar no seu acidente?".* Manoel responde: *"eu quis dizer essa oferta acidental".* A partir de então, ele próprio associa ao acidente que sofrera, quando adolescente, no qual perdera um dos dedos do pé. Digo-lhe: *"você chega falando de competição, de times adversários e quem sabe também de desafios. Não estaria você assim também falando de interdição?".* Ao que Manoel responde: *"acho que é como se precisasse que me proibissem".*

Quando enuncia o complexo de Édipo, Freud introduz uma nova concepção de sexualidade humana, confrontando-a com a visão, até então predominante, segundo a qual o fenômeno sexual só emergiria na puberdade, momento em que os seres humanos de sexos opostos se procurariam a fim de buscar, no encontro sexual, a procriação.

Inicialmente, Freud se aproxima dessa discussão enfatizando a diferença fundamental entre a vida sexual das crianças e a dos adultos. Em seguida, passa a ressaltar as organizações pré-genitais da libido, para finalmente concluir pela grande afinidade entre a forma final da sexualidade infantil e a estrutura sexual definitiva do adulto. Em *A organização genital infantil*, Freud (1923/1970) chama a atenção para a maneira regular a partir da qual ocorre, nos anos de infância, uma escolha de objeto semelhante àquela que caracteriza a fase evolutiva da puberdade, em que o conjunto das tendências sexuais se dirige a uma pessoa específica, com a qual busca alcançar seus objetivos. Entretanto, a síntese das pulsões parciais e sua subordinação aos órgãos genitais não se estabelece na infância, sendo a construção desse predomínio, portanto, a última fase da organização genital.

Já numa dimensão mais abrangente, ou seja, como forma de submetimento a uma lei, o complexo de Édipo está para além da relação da criança com os pais e vice-versa, apontando para a interdição como condição básica para que possamos nos referir aos agrupamentos humanos.

Na conhecida carta de 15 de outubro de 1897, dirigida a Fliess, Freud irá, pela primeira vez, comunicar-lhe sua descoberta, dizendo: "O mito grego coloca em evidência uma compulsão que cada um reconhece por haver percebido em si mesmo as marcas de sua existência" (Freud, 1897/1973b, pp. 196-199).

Em *A interpretação dos sonhos* (1900/1967), no capítulo "A morte de pessoas queridas", Freud aprofundará a referida carta, nela afirmando as vinculações entre mito, sonho e fantasia. Daí em diante, Freud passa a sustentar ideias segundo as quais tanto o mito como os sonhos, assim como as fantasias, seriam realizações de desejo. A função simbólica que ele pressente no sonho é reconhecida no mito – esse conjunto de regras que ordenava, para os antigos, o destino humano.

Desde essa primeira articulação, Freud faz referência à tragédia de Édipo como estando para além da história e das vivências individuais, afirmando assim a universalidade do complexo de Édipo.

Essa perspectiva torna-se sustentável à medida que Freud atribui a eficácia do mito à sua instância interditora – proibição do incesto – como aquela que limita o acesso à satisfação naturalmente procurada. Em *Totem e tabu* (1912/1970), Freud não apenas vincula de forma radical o desejo à lei, como também o caráter estruturante do desejo – movimento do humano de ansiar repetir a primeira experiência de satisfação.

Laplanche e Pontalis (1967) lembram que a articulação, apresentada por Freud entre o mito de Édipo e a interdição, reduz a importância da objeção inaugurada por Malinowski e retomada pela escola culturalista, segundo a qual, em certas civilizações em que o pai é liberado de qualquer função repressora, não existiria complexo de Édipo, mas um complexo nuclear característico de tal estrutura social.

As considerações apresentadas por Malinowski têm sido refutadas pelo ponto de vista psicanalítico quando este ressalta que, naquelas civilizações, a questão é a de descobrir em quais personagens reais ou em que instituição se encarna a instância interditora. Portanto, em quais modalidades sociais se especificam a estrutura triangular construída pela criança, seu objeto natural e o portador da lei. Uma concepção estrutural do complexo de Édipo encontraria sua sustentação na tese de que a interdição do incesto seria a lei universal e mínima, a partir da qual se poderia – caso fosse possível – demarcar a passagem do estado de natureza para o estado de cultura.

Para Anzieu (1989), o sonho figuraria o corpo da mãe – lugar de realização originária dos anseios da criança. Assim, compreender os seus próprios sonhos corresponderia a novamente possuir esse corpo perdido. Para Freud, essa retomada de posse já se especifica e se generaliza desde outubro de 1897. Força enigmática a que, como tantas outras, Freud não se esquiva na busca de uma compreensão. Esse anseio pode ser mais bem visualizado por meio das palavras do próprio Freud, nas quais constatamos seu desejo de compreender alguns dos enigmas deste mundo:

> *Fiz-me médico porque me vi obrigado a me desviar de meu propósito originário. Meu triunfo na vida consiste em haver reencontrado a orientação inicial mediante um longo rodeio .... Em minha juventude predominou o afã de compreender algo dos enigmas*

deste mundo e em contribuir para sua solução. (Freud, 1897/1973b, pp. 196-199)

Talvez o grande enigma apontado por Freud seja o desejo atávico do homem de viver em busca de um suposto estado de completude e de indiferenciação, mas não exatamente com a mãe concreta, e sim com a grande Mãe, aquela que seria sustentáculo para lhe garantir uma vida de completude, tornando prescindível o seu pertencimento a qualquer grupo. Na busca de uma explicação dessa força grandiosa e enigmática, dita por meio da grande Mãe, Freud lança mão do mito, entendendo que ele expressaria essa força tão presente e tão ausente, tão próxima e tão distante, tão evidente e tão obscura em cada homem.

Em *Totem e tabu* (1912/1970), Freud explicita que os constructos teóricos são abrangentes e que não se restringem a explicar unicamente fenômenos particulares. Esses constructos permitem conceber o mundo como totalidade e, portanto, o que no mundo é da ordem universal. Ainda no mesmo texto, Freud salienta que a humanidade, ao longo do tempo, conheceu três grandes sistemas de pensamento – três grandes concepções do mundo: a *concepção mitológica*, a *religiosa* e a *científica*. De todos esses sistemas, o mito é o mais lógico e completo. Prova disso é o recurso utilizado por Freud de, como modelo exemplar, ter-se valido de dois grandes mitos para apresentar o misterioso imbricamento entre o natural e o cultural: o do pai da horda primitiva e o de Édipo. Versando sobre a mesma questão, eles revelariam a maneira pela qual, por um lado, ter-se-ia instaurado o processo de cultura e, por outro, como o *infans* torna-se homem. Dessa maneira, o mito, enquanto relato – um refazer – é revelador da descontinuidade dos acontecimentos. Mas, por se tratar de um relato – de um trazer para perto – em que se pressupõe a presença de um emissor, o mito expressaria, por meio de cada narrativa, os inexoráveis desejos encontráveis em cada homem, possibilitando perceber os acontecimentos a partir de uma continuidade. Assim, o mito, relato de uma descontinuidade, exprime a continuidade dos anseios e dos desejos humanos. Optar, portanto, pelo mito, por nele reconhecer o mais completo sistema de pensamento lógico, justifica o porquê de fenômenos como o da sexualidade, o da castração e o da interdição serem tomados por Freud a partir de uma abordagem universal. Embora esses fenômenos sejam experiências próprias do humano, Freud não as toma como ponto de partida para o seu *constructum* teórico. Isso significa que ele não sai observando e contabilizando quantas vezes os respectivos fenômenos ocorrem com cada um, mas, ao contrário, é porque os toma como ponto de partida que ocorre com todos, que a experiência revela a singularidade por meio da qual o fenômeno ocorre. Nesse sentido, cabe lembrar que Freud não constrói uma teoria de tipo empírico, na qual teria que usar o procedimento inverso (partiria do número de vezes em que a experiência se repete para então generalizá-la). Esta última maneira de construir teoria apresenta um caráter mais restrito, pois sua validade ficará sempre circunscrita ao campo pesquisado. É nesse sentido que encontramos a justificativa utilizada por Freud ao formular a sua teoria sobre a sexualidade na conjugação dos dois mitos citados.

No mito do pai da horda primitiva, Freud ressalta que, para existir sociedade, terá de haver uma interdição na qual se encontrem combinados dois fenômenos: o das figuras totêmicas e o tabu. Contudo, é somente na vigência da interdição que se pode nomear *pai da horda primitiva*. Mas dizê-lo é também nomear *pai* e *filho*, supondo-se a existência de uma mãe; portanto, o que caracterizará o humano: as relações de parentesco.

Assim, o mito do pai da horda seria uma das maneiras de o homem expressar o anseio universal de um nascimento autóctone – o de ter nascido apenas de uma mulher. Esse suposto *pai da horda primitiva*, que possuiria o controle de todas as mulheres, suscita a disputa entre os filhos, que, desejando a ele se igualar, acabam por matá-lo, querendo ter, como ele, um suposto gozo-total. Conta-nos Freud que, reunidos para consumar o parricídio, possuíam todos o desejo de chegar a ser iguais ao pai e o manifestam absorvendo a comida totêmica. Mas nada podia alcançar a onipotência do pai, que era o objeto de desejo de todos (Freud, 1912/1970).

Ainda em *Totem e tabu* (1912/1970), Freud ressalta que, dentre as mais rigorosas interdições, encontram-se as que dizem respeito às relações sexuais; mesmo nas sociedades em que inexistem instituições religiosas e sociais, o sistema totêmico assegura a vigência da interdição. Embora Freud assinale a estreita relação entre totemismo e tabu, jamais pôde ele estabelecer critérios de anterioridade entre um e outro. Aquilo que se torna fruto de proibição só o é por ser ao mesmo tempo objeto de desejo. Assim, tudo o que é objeto de proibição e horror, de tabu, é também objeto de desejo. Portanto, independentemente da maneira como um grupo se organiza, tudo indica que a lógica que relaciona o objeto proibido com o objeto desejado mantém-se atual.

É por meio do pensamento, por seu turno, que se torna possível a coexistência entre o horror e o desejo pelo objeto proibido. Assim, numa das mais comoventes passagens da tragédia *Édipo Rei*, Jocasta parecia encontrar a harmonia entre o horror e o desejo, ao dizer a Édipo que ele não devia se amedrontar com o pensamento dessa união com a mãe, já que muitos mortais em sonhos já teriam subido ao leito materno (Sófocles, 1994). Poder em pensamento desejar a mãe e rivalizar com o pai é, segundo Freud, admitir a existência de um processo inconsciente desejante.

Tal processo desejante de indiferenciação também foi abordado pela filosofia. Em *O Banquete*, Platão (1964), por meio do discurso de Aristófanes, nos apresenta a imagem desse ser pleno quando nos revela que os homens, concomitante ao fato de se apresentarem sob a forma masculina e feminina, possuíam formas arredondadas, tinham costas e flancos ao redor, quatro mãos e quatro pernas, duas faces semelhantes sobre um pescoço redondo. Uma só cabeça para esses dois rostos opostamente colocados; quatro orelhas, dois órgãos de geração e tudo mais na mesma proporção.

Sua forma esférica, à semelhança de seus progenitores, dava-lhes audácia e força. Por isso, não conheciam medida e, por vezes, tentavam escalar o céu e atacar os deuses. Diante de tal desmesura, Zeus, após longa meditação, opta por domesticar o homem e, para torná-lo mais fraco, corta cada um deles em duas partes. Apolo, depois de curar-lhes as feridas, vira o rosto dos cortados e o pescoço para o lado em que a separação havia sido feita, a fim de que o homem, pela contemplação do corte, se tornasse mais humilde e se curasse do seu orgulho.

Uma vez seccionada, cada uma das partes põe-se a procurar a outra. Ao se encontrarem, abraçam-se e se entrelaçam num permanente desejo de unir-se para sempre. Inconformados, iam deixando de comer, e por não conceberem viver separados, nada mais queriam fazer. Quando uma das metades morria, a outra procurava uma nova metade e se enlaçava com esta.

Zeus, em um lampejo de comiseração, colocou os órgãos de geração à frente. Até então, estes situavam-se na parte posterior, motivo pelo qual os homens não procriavam. Com os órgãos genitais à frente, Zeus estabelece a procriação da espécie humana. Assim, quando o homem encontrava e abraçava uma mulher, havia concepção e, logo, o gênero humano aumentava.

É daí que, segundo Aristóteles, origina-se o amor. E que por meio dele o homem buscaria recompor a sua antiga perfeição (Platão, 1964).

Mas o personagem Sócrates acrescenta à narrativa de Aristófanes a necessidade de ressaltar a inexistência de um objeto concreto do desejo ou do amor: desejar, nos diz Sócrates, é viver o desejo, sabendo que este não possui nenhum objeto. Desse modo, para o resto de nossas vidas, colocaremos, em lugar desse suposto objeto de desejo, imagens. Procurar esse suposto objeto sabendo que jamais iremos encontrá-lo, posto que não é encontrável, é poder lidar com a construção e reconstrução de imagens. É desejar. E desejo é sempre desejo do que falta.

É essa falta estruturante que Freud nos elucida. Em *Totem e tabu* (1912/1970), quando se refere ao mito do pai da horda primitiva, ao ressaltar o fato de o filho imaginar que, matando o pai, passaria a ter, como este, o suposto gozo total. Mas, ao mesmo tempo, não deixa de assinalar, por meio desse mito, que o fato de o homem já estar culturalizado a ponto de, com palavras e imagens, poder relatar essa história, revela ter havido uma separação com a Mãe. Tomando como referência esse mito, Freud nos mostra que somente quando a criança entra na fase fálica é que vai rivalizar e "matar" o pai, então introduzido pela mãe.

É também quando a criança entra na fase fálica, e a mãe é capaz de nomear para ela a figura do pai, que a criança vai poder viver a dor dessa separação e o reconhecimento da figura paterna. Em *A organização genital infantil*, Freud (1923/1970) escreve que a característica principal dessa organização infantil é o que a diferencia da organização genital definitiva do adulto. Não existe um primado do genital, mas um primado do falo.

No decorrer dessas buscas, nos diz Freud,

> *A criança chega à descoberta de que o pênis não é um bem comum a todos os seres que se lhe assemelham . . . . Sabemos como as crianças reagem às primeiras impressões provocadas pela ausência de pênis. Negam a ausência, e creem ver, apesar de tudo, um membro: lançam um véu sobre a contradição entre observação e preconceito. Achando que ele ainda está pequeno e que crescerá dentro em pouco, chegam lentamente a esta conclusão, de um grande alcance afetivo: antes, em todo caso, ele estava aí com certeza, tendo em seguida sido retirado. A ausência de pênis é concebida como o resultado de uma castração e a criança encontra-se agora no dever de enfrentar a relação da castração com sua própria pessoa. (1923/1970, p. 181)*

Segundo Freud, o menino, apesar de perceber desde o início as diferenças externas entre homens e mulheres, não tem a possibilidade de englobar nessa diferença a diversidade relativa aos órgãos genitais, por exemplo, os testículos.

Assim, atribuiria a todos os seres vivos, homens e animais, órgãos genitais iguais aos seus, pondo-se a procurar, mesmo nos objetos inanimados, um membro igual ao seu. Por admitir a existência de um único órgão sexual, o masculino, para ambos os sexos, o menino perceberia a falta de pênis na mulher como o resultado de uma mutilação da qual também se veria ameaçado. Segundo Freud, a mutilação é atribuída pela criança ao pai. Face a essa ameaça, o menino vivencia a angústia de castração, momento no qual, à percepção da falta de pênis na região genital da mulher, conjugam-se advertências proferidas pela mãe ou substitutos, em que o pênis da criança era visado em suas atividades ligadas à masturbação ou à excreção. Ou ainda as falas da mãe referentes aos cuidados e preocupações quanto a supostos perigos aos quais a criança poderia estar exposta, como: "desça daí senão você se machuca", "cuidado ao atravessar", "ponha uma camisa para não se resfriar" etc. Esse conjunto de advertências ganhariam significado *a posteriori* diante de uma ameaça efetiva. E a criança pensa: "era então verdade". Assim, a visão da ausência do pênis na mulher, de um lado, e a evocação auditiva de ditos verbais parentais, de outro, definem as duas condições principais do complexo de castração.

Durante muito tempo, Freud admitiu que esse complexo podia ser transposto tal e qual para a menina. Entretanto, essa ideia cai por terra com a tese por ele desenvolvida em *A organização genital infantil* (1923/1970). Nesse trabalho, ele vai dizer que enquanto para o adulto a genitalidade implica a tomada em consideração do órgão sexual masculino e do órgão sexual feminino, a organização genital infantil é colocada sob o primado do falo.

Em relação ao complexo de Édipo, o complexo de castração se situa diferentemente nos dois sexos: para Freud, no menino é a ameaça de castração pelo pai que é determinante à renúncia do objeto incestuoso. Já na menina, a relação entre o complexo de Édipo e o complexo de castração é bem diferente: enquanto o complexo de Édipo no menino é minado pelo complexo de castração, o da menina é tornado possível e introduzido pelo complexo de castração.

No menino, o complexo de castração o leva a abandonar o seu investimento na mãe para salvar o seu pênis, enquanto a menina entra no Édipo para obter junto ao pai o órgão que lhe falta, órgão do qual o bebê será um dos substitutos fálicos.

Segundo Freud, a importância do complexo de castração só pode ser adequadamente compreendida se considerarmos o seu aparecimento em plena prevalência do falo.

Entendendo por falo a representação de uma perda narcísica, citá-lo é referir-se à presença de uma ausência. Destituído de referência única a um objeto, falo é imagem vazia que se presta a vários simbolismos. Similar a um símbolo, falo é a representação que torna presente valores que substituem o órgão pênis.

Embora seja extenso o emprego do termo *simbolismo* ao longo da obra freudiana, em *A interpretação dos sonhos* (1900/1967) o encontramos, num primeiro momento, na relação explícita entre o símbolo e o elemento por ele representado. Contudo, independentemente de encontrar-se ou não essa relação explícita, é fato que o que se faz simbolizado se faz em variadas representações. Se o termo *falo* não está dissociado do órgão masculino, tampouco a ele se restringe. Somente assim podemos compreender o porquê de Freud atribuir-lhe o estatuto de um *simbolismo universal*.

Nesse sentido, falo não é o análogo do pênis enquanto realidade corporal referida ao sexo masculino: quando utilizado por Freud para articular o complexo de castração – seja no menino, seja na menina, ainda que entre estes haja diferenças, o termo falo representa valores atributos, cuja característica é a de não pertencerem a um único indivíduo. Simbolizado em diferentes representações, falo é, como todo valor, circulável, destacável de cada pessoa. Podemos inferir que, diante da ameaça de castração, o menino internaliza os ideais ou valores contidos no símbolo falo. Esses ideais que, numa certa dimensão, são os ideais coletivos, da cultura, substituiriam a perda narcísica vivida na infância. Como resumem Laplanche e Pontalis (1967), a alternativa que se depara ao indivíduo cabe nestes dois termos: ter o falo ou ser castrado.

Cabe lembrar que o falo, enquanto símbolo, opera sobre um processo de abstração que consiste em decompor o objeto concreto e rearrumá-lo mentalmente. Abstrair, pois, significa poder distinguir os objetos concretos de suas respectivas imagens.

A propósito das representações simbólicas, Freud nos alerta para a possibilidade de existirem símbolos que ultrapassam a comunidade do idioma. Isso acontece, por exemplo, com palavras primitivas indicativas de objetos sexuais, que mantiveram posteriormente sua significação aplicada aos objetos e atividades similares às sexuais. Nessa perspectiva, poderíamos compreender melhor o emprego do termo falo, que, representado pelo órgão masculino da geração, era o símbolo adotado entre diferentes povos primitivos com o objetivo de propiciar a fertilidade da terra, dos rebanhos e dos humanos.

Na Antiguidade Grega, falo era uma das epifanias do deus da fertilidade, Dionísio. O deus se expressava como símbolo da potência, da virgindade transcendente mágica ou sobrenatural – portanto, inalcançável. "Longe de se referir ao poder puramente masculino, falo simbolizava o princípio luminoso que não tolera nem sombra nem multiplicidade e mantém eternamente o ser" (Laplanche & Pontalis, 1968, p. 311).

Como símbolo, o falo é propiciador de diferentes representações que, ultrapassando a figura do órgão viril concreto, mantém-se fielmente vinculado às significações referentes às atividades sexuais. Nesse sentido, é inegável a pertinência do termo falo quando Freud o emprega para indicar o momento no qual há desinvestimento da libido no objeto concreto – órgão sexual – e o consequente investimento em representações da atividade sexual.

Freud assinalou que o recalque depende do ego, não deixando também de precisar que o recalque parta da própria autoestima do ego. Assim, podemos compreender melhor essa permuta de investimentos do órgão para os ideais.

Segundo Freud, a aceitação de um ideal de ego em lugar de um ego ideal seria a condição do recalque. Sua não aceitação implica manter o homem na busca de uma perfeição e de uma unidade plena: seria mantê-lo voltado para o ego ideal. Como condição teórica para que ocorra a representação de uma perda narcísica vinculada ao pênis, podemos inferir algumas justificativas: de um lado, a crença do menino de que a sua impossibilidade em realizar o incesto é função de uma lei externa, e não de uma impossibilidade concreta. De outro, a impossibilidade de resguardar seu pênis de uma suposta mutilação. Ou seja, a partir da representação do falo, o menino substitui tanto a constatação de ser sua a impossibilidade de ter relação sexual com a mãe como também protege o pênis da mutilação.

Submeter-se ao falo como representação do que falta é admitir a inesgotabilidade do desejo sempre voltado para investir em objetos concretos. É a partir da ausência de pênis na mulher que a vagina se tornará sempre indecifrável, só definível pelo que falta. Lugar do suposto objeto perdido, aí as imagens proliferam, e, diante delas, o desejo torna-se ainda mais jorrante, perdendo-se no vazio das representações. Porém, como lugar de mistérios, pode também representar lugar de terror. Lugar que, quando penetrado, conduziria a coisa penetrante ao risco da devoração.

Assim, a substituição do seio pela vagina é melhor situada se vinculada à representação da perda narcísica ligada ao pênis; portanto, à representação do falo. Lidar com o vazio da vagina pressupõe lidar com o vazio do falo.

Em *Esboço de psicanálise* (1938/1973a), Freud sistematiza a sexualidade tendo como base o sexo na infância, quando mostra que, desde o nascimento, a boca aparece como o primeiro órgão que solicita do psiquismo exigências libidinais, vindo a tornar-se uma zona erógena: inicialmente, a atividade psíquica volta-se para satisfazer as necessidades da zona oral por meio da autoconservação, sustentada na nutrição; posteriormente, a zona oral busca alcançar o prazer, independentemente da nutrição, podendo então ser considerada como zona erógena. É ainda durante a fase oral, com a aparição dos dentes, que surgem, esporadicamente, impulsos sádicos que pouco a pouco irão se generalizar, atingindo a segunda fase, denominada sádico-oral. Nela, a satisfação é buscada por meio de agressões, além das funções excretórias. Dessa forma, Freud apresenta as tendências agressivas da libido, fundando o conceito de sadismo numa mescla de impulsos libidinais e destrutivos. Mescla que permanecerá existindo durante toda a vida. Já na fase fálica, a sexualidade infantil precoce atinge o seu ápice, para em seguida declinar. Nesse momento, há uma distinção de caminhos que separa os dois sexos. O menino ingressaria na fase edípica, cuja característica seria a manipulação do pênis vinculada à figura materna. Seriam os efeitos combinados dessa atividade os provocadores da ameaça de castração, que, junto com o descobrimento da falta de pênis na mulher, o levariam a sua maior experiência traumática. Entretanto, seria inadequado supor que essas três fases ocorrem de forma linear. Ao contrário, como nos diz Freud, a cada uma delas se agrega a outra, superpondo-se e coexistindo. Todavia, a organização completa da sexualidade só será alcançada na quarta fase: a fase genital. Nesta, conservam-se muitos investimentos libidinais anteriores, enquanto outros se incorporam na função sexual, como atos preparatórios e coadjuvantes, propiciando uma satisfação a que Freud denominou prazer preliminar.

É na fase fálica que se organizarão as estruturas psíquicas – construções psíquicas defensivas – que testemunham como a criança se situará face ao enigma da castração.

Freud apresenta algumas possibilidades de solução diante da angústia de castração: na perversão (fetichismo e homossexualidade perversa), o sujeito sabe da castração, porém somente a aceitará sob a condição de transgredi-la continuamente. Nessa estrutura, o sujeito não abre mão do investimento libidinal do órgão, daí a concretude do órgão que ele necessita. Podemos dizer que, no perverso, o mundo imagético não consegue se sobrepor ao mundo real. Na neurose (obsessiva e histeria), o sujeito se submeterá, digamos assim, de malgrado, à obrigatoriedade da castração, mas desenvolvendo toda uma nostalgia sintomática diante da perda sofrida. Já fez a troca da posição de ego ideal para a de ideal de ego. Já foi submetido à castração, mas age como se tivesse se arrependido.

Já na psicose, não tendo havido a marca de *experiência de satisfação*, não há as marcas de sensação que justifiquem que o indivíduo repita o movimento desejante, buscando fora o que está dentro de si. Nesse caso, não tendo se formado o *das Ding*, ele buscará no real o que não se faz imagem. Aqui, não caberia falar de conflito ou de angústia de castração. Se o psicótico não está interditado, não há conflito entre as posições de ego ideal e de ideal de ego. Desse modo, ele não vivencia a transgressão-incesto imaginariamente, para depois chegar a abrir mão desse anseio e aceder a uma ordem simbólica.

O complexo de castração não se reduz a um simples momento cronológico. Ao contrário, a experiência inconsciente da castração é incessantemente renovada ao longo da existência, e particularmente recolocada em jogo na experiência analítica. Experiência esta que, não se fazendo um duplo da vida, é o momento no qual outro viver se realiza. Viver em que o tempo representado – passado, presente e futuro – é abolido, rompendo com a fronteira que separa *adulto* e *infantil*, fazendo emergir o humano.

O aspecto essencial da experiência do Édipo e da castração consiste no fato de que, pela primeira vez, a criança reconhece, ao preço da angústia, a diferença anatômica entre os sexos. Até então ela vivia na ilusão da onipotência. Com a experiência da diferença, a criança terá de aceitar que o mundo seja composto por homens e mulheres e que o corpo tenha limites.

Se, por um lado, podemos inferir que, na vida concreta de uma criança, a angústia de castração não se expressa necessariamente tal qual o modelo teórico, por outro, podemos dizer que a teoria se revela válida, embora sejam incontáveis as maneiras pelas quais esse processo possa se expressar. Será justamente em cada maneira específica de expressar a angústia de castração – testemunhando o complexo de Édipo – que a teoria poderá se manter não só válida, como também pulsante, por meio do discurso manifesto. A propriedade desse discurso, de não ser o mesmo do modelo teórico, mas, ao mesmo tempo, manter a expressão máxima da teoria, nos faz conferir a esta um estatuto de maleabilidade, em que os parâmetros que definem os seus aspectos de fixidez permanecem, ao mesmo tempo que há uma flexibilidade que lhe permite, em cada nova expressão, ganhar uma significação diferente e singular.[3] No caso desse fragmento de sessão, são incontáveis as analogias que poderiam ser feitas para demonstrar a simultaneidade possível de ser vislumbrada entre o discurso manifesto e a teoria. É, pois, pelo discurso manifesto que encontramos uma via possível para deduzir algo sobre o discurso latente e, a partir de então, encontrar um respaldo indicador da tensão que há entre esses dois discursos. No caso aqui apresentado, o elemento-chave, que serve de eixo norteador das pontuações feitas pelo analista, na sessão, remeteu o discurso do analisante a uma série de associações que se vincularam não só às vivências da sua sexualidade, como também às relações familiares e edípicas. É também na própria cena analítica – lócus sustentado pela transferência – que se torna possível a abertura desse campo associativo, propiciando experiências nas quais, em algum lugar, surgirão imagens capazes de enlaçar quantidades de

---

3 No caso de crianças filhos de casais homoparentais, outros arranjos simbólicos deverão ser postos em marcha, tanto para a representação fálica como para a castração, assim como para os lugares e posições ocupadas, possuindo leis próprias.

energia que outrora, teoricamente, estiveram vinculadas a qualidades. Todavia, se essas associações foram possíveis, isso se deve à dinâmica da cena analítica propiciadora de uma cadeia associativa na qual, no caso apresentado, o símbolo *bola* aparece como elemento deflagrador. Embora sabendo que *bola* não teria que ser remetida necessariamente às experiências de sexualidade, isso demonstra que qualquer símbolo pode servir de elemento iniciador de uma cadeia associativa que traga as angústias e temores ocorridos enquanto vivência da sexualidade infantil.

Conforme dito anteriormente, o símbolo falo era representado nas epifanias do deus Dionísio, na Grécia Antiga, quase sempre por meio de imagens que se valiam de elementos pontiagudos. No entanto, falo foi uma maneira teórica de Freud criar um operador. Entendemos operador como um elemento vazio, um receptáculo de todas as fantasias e dos desejos mais ocultos.

Podemos encontrar uma justificativa para Freud ter recorrido ao mito dizendo-o eficaz para a construção de sua teoria. Se for atribuído ao homem – como singularidade – possuir a sexualidade – à diferença dos outros animais, que só possuem o sexo –, mais adequado seria dizer que as expressões dessa sexualidade se darão sempre de formas absolutamente singulares. Nesse sentido, compreendemos porque Freud, ao invés de optar por um caminho de construção teórica baseado na experiência empírica, opta pelo caminho que o leva a partir do universal. Ou seja, ao eleger o mito, Freud está criando uma teoria que se poderia chamar de vazia, à medida que, sendo baseada no mito, está calcada numa lógica de sintaxe, isto é, feita de um jogo de lugares e posições que, a despeito da singularidade do ocupante, possui suas leis próprias. Tal caminho escolhido por Freud nos revela a impossibilidade de a teoria ser um rebatimento do que ocorre na prática, mas, ao mesmo tempo, nos permite vislumbrar a vinculação que há entre prática e teoria.

Podemos, portanto, inferir, a partir de Freud, o quão impossível seria uma teoria formada de conceitos caracterizados por certa fixidez e encaixada na realidade, uma vez que a realidade é dinâmica, mutante e incapturável. Se a teoria de Freud sobre a sexualidade humana está estreitamente vinculada às mais diferentes realidades, é justamente por ser uma teoria aberta que permitirá que as diferentes expressões da sexualidade guardem uma vinculação com a teoria. É, pois, enquanto sintaxe, que a teoria da sexualidade servirá sempre de receptáculo para as várias realidades da sexualidade humana.

Referências

Anzieu, D. (1989). *A auto-análise de Freud e a descoberta da psicanálise*. Porto Alegre: Artes Médicas.

Dor, J. (1991). *Estruturas e clínicas psicanalíticas*. Rio de Janeiro: Timbre' Taurus.

Freud, S. (1962). *Trois essais sur la théorie de la sexualité*. Paris: Gallimard. (Obra original publicada em 1905).

Freud, S. (1967). *L'interpretarion des rêves*. Paris: PUF. (Obra original publicada em 1900).

Freud, S. (1970). L'organization genitale infantile. In S. Freud, *La vie sexuelle* (pp. 113-116). Paris: PUF. (Obra original publicada em 1923).

Freud, S. (1970). *Totem et tabou*. Paris: Payot. (Obra original publicada em 1912).

Freud, S. (1973a). *Abregé de psychanalyse*. Paris: PUF. (Obra original publicada em 1938).

Freud, S. (1973b). Lettre a Fliess de 15.10.1897. In S. Freud, *La naissance de la psychanalyse* (pp. 196-199). Paris: PUF. (Obra original publicada em 1897).

Freud, S. (1973c). Esquisse d'une psychologie scientifique. In S. Freud, *La naissance de la psychanalyse* (pp. 307-396). Paris: PUF. (Obra original publicada em 1895).

Freud, S. (1973d). Pour introduire le narcisismo. In *La vie sexuelle* (pp. 81-105). Paris: PUF. (Obra original publicada em 1914).

Laplanche, J., & Pontalis, J.-B. (1968). *Vocabulaire de la psychanalyse*. Paris: PUF.

Nasio, J. D. (2013). *Por que repetimos os mesmos erros*. Rio de Janeiro: Zahar.

Platão. (1964). *Le banquet*. Paris: Garnier-Flammarion.

Rocha, F. (1993). Sobre o complexo de Édipo: escola francesa. *Trieb, Revista da Sociedade Brasileira de Psicanálise*, (1), 29-44.

Rocha, F. (1995). A teoria e o processo analítico: Édipo de Tebas a Colono. In J. O. Outeiral, & T. O. Thomaz (Org.). *Psicanálise brasileira*. Porto Alegre: Artes Médicas, 1995.

Sófocles. (1994). *Oedipe Roi*. Paris: Librio.

13. Comentários ao trabalho, por Dulce Campos Dantas[1]

Embora permanecendo como encobridora, a lembrança mais marcante de Manoel é da figura materna, junto com suas tias, rebolando, em jogos homossexuais, suas bocetas como se estivessem aguardando o pênis. Seu tesão pela bunda de Maria, pela bunda da avó. Sua frustração por ser impedido de jogar bola pelo avô. Sua pergunta ao analista: qual é o seu time? Equivalente a uma indagação velada que Manoel estaria fazendo – homem ou mulher? Qual é o seu jogo?

Fernando nos traz esse fragmento de análise, semelhante a um sonho de Manoel, oferecendo-nos material para a reconstrução da teoria da sexualidade em Freud. Aliás, a partir de *Três ensaios sobre a sexualidade*, foi essa teoria a que mais reformulações sofreu. Trabalho de fôlego este, requerendo uma extensa pesquisa bibliográfica, sem perder de vista as articulações possíveis com o caso apresentado. Esse método de estudo teórico-clínico põe em relevo o que Freud já dissera, levando-nos a fazer eco no trabalho

---

1 Psicanalista de Recife, PE.

cotidiano: *somente sobre a base de fatos clínicos a discussão poderá ser fecunda*. A clínica é, como sempre foi, pedra-de-toque da teoria. A partir do tratamento das histéricas, Freud montou suas premissas e consolidou sua teoria como ciência do inconsciente. E como Fernando apreende, é na mitologia que a psicanálise se situa, não como ciência propriamente nem como religião. Assim, ele faz dos grandes mitos o escopo da teoria do Édipo e da castração: o pai da horda e o Édipo. Poderíamos dizer: o mito vivido por um grupo – a horda primitiva – e outro, vivido tragicamente pelo sujeito em todas as culturas – o Édipo.

Voltando ao caso, Manoel recorda suas experiências, a proibição de brincar com a bola, a masturbação. Ele expressa seu desejo ambivalente: gozar e ser impedido de gozar. Manoel faz história, o que se revela quando ele diz: "*a sensação que hoje tenho é a de que naquela época eu imaginava o sexo dela como lugar onde se enfiava o pênis*", referindo-se ao sexo da mãe e das tias. A perda de um dos dedos do pé de Manoel na adolescência leva-me a hipotetizar que esse "acidente", assim como outros, poderia ser consequência de sentimentos de culpa, gerando castigo por seus atos e desejos incestuosos. Uma experiência de castração, sem dúvida.

Mais adiante, Fernando tece comentários sobre as estruturas – neurose, perversão e psicose. Isso nos leva a refletir como Manoel se situaria nesse esquema. Embora eu seja muito reservada para diagnóstico, ouso, a título de ilustração: Manoel recorda e fala de suas experiências infantis, que o marcaram do ponto de vista dos fatos ou dos desejos. Ele conserva as marcas e faz associações: ao indagar sobre o time do analista, a proibição de jogar com a bola, associando essa bola proibida pelo avô às formas arredondadas das *cadeiras* da avó, confessando seu tesão por essa bunda... Manoel desejava, mas não agia. Gozava e sofria com essas experiências. Mas fala nelas como um *neurótico de livro*, passível de ser tratado pela terapêutica da fala. Ele faz jogo do imaginário ao simbólico, usando a linguagem. Não fica preso ao real, que equivaleria a estar preso no corpo da mãe. Recorda e associa. Evidencia todo o percurso de uma sexualidade bem vivida com os tropeços naturais do processo de crescimento, submetendo-se à lei que lhe barra a realização dos desejos proibidos. Ele vivenciou a castração, o que se nota pelo modo de procurar a análise e pela superdeterminação do seu discurso. Há sempre outro sentido nas palavras de Manoel que remete a outra cena. Teria sido psicótico se não houvesse percebido e integrado a proibição, se não houvesse se submetido àquela lei que é operada pelo pai, o que Lacan denominou metáfora paterna. Nome do Pai – a ser mediado pela mãe. É essa relação triangular – pai, mãe, filho – que origina a estrutura – neurótica, perversa ou psicótica. A interdição, independentemente da existência de um pai biológico, tem que ser posta em ação por qualquer um que venha a impedir a relação incestuosa do bebê com a mãe. Essa função interditora de um terceiro, barrando o sujeito, deixa como resto a saudade do objeto perdido, em que se funda a falta, um "buraco" impreenchível. Manoel se apresenta como um desejante, o que não ocorre com o psicótico. Ele também não se situa como perverso. Se o perverso não foraclui a lei à maneira do psicótico, ele a denega desde o momento em que recusa aceitar ausência de pênis na mãe, na mulher. Apela para um objeto inanimado, o fetiche, e dele se utiliza como objeto de gozo. O perverso faz a recusa do reconhecimento. Já o neurótico paga o preço do desejar, com a mágoa da castração ou da sua ameaça, com inibição, sintoma ou angústia. Em relação à falta, Manoel não faz foraclusão, nem recusa, mas faz recalque, denunciando o recalcado. A cada vez que nomeia o objeto da falta, tentando se livrar do mal-estar que tal falta produz, fracassa. Falando em linguagem de mito: em algum tempo ele fora o falo de Jocasta, o desejo da mãe. Tais desejos, embora desconhecidos de Édipo, foram realizados. Eles dormiram no mesmo leito e tiveram filhos. Diante da evidência das provas, Jocastra procura induzir Édipo a não prosseguir nas investigações, dizendo-lhe: "a ideia de que profanarás o leito de tua mãe, te aflige; mas tem havido quem tal faça em sonhos...". Mistura de tragédia e poesia, de desejo e de amor do banquete de Platão.

Freud fala a respeito da força dessa primeira relação da criança com a mãe e das consequências da ruptura dessa relação em *Projeto* (1895), *Além do princípio do prazer* (1920/1976) e *Denegação* (1925), utilizando o termo alemão *das Ding* para algo que é traduzido como *a Coisa*. Refere-se à percepção do semelhante por meio dessa figura materna, da mãe como primeiro objeto de satisfação e também como primeiro objeto hostil. O desprazer é sentido como procedente do mundo externo – origem da projeção. Objeto persecutório este que, ao ultrapassar os limites do escudo protetor, torna-se traumático. Por isso é que as limitações provenientes do orgânico, impedidoras da satisfação sexual, são atribuídas pela criança ao mundo externo. Explicitando Freud, Lacan retoma o tema – *das Ding* – no *Seminário 7*, quando trata da ética da psicanálise: a mãe seria o *das Ding*, esse grande *outro* que, com o seu desejo, forma o sujeito infantil à sua semelhança, incultindo-lhe ideais e valores. É, pois, a mãe, "o estranho", aquilo que a criança busca reencontrar e reconhecer.

Nessa busca do que lhe falta, a criança expressa suas carências pela via oral, anal ou fálica sem que essas fases se revistam de um caráter de sucessividade, mas presentes de modo simultâneo, com possibilidades de um preponderar sobre outra e permanecendo até a vida sexual do adulto como prazer preliminar.

Na castração freudiana, o pênis e o seio abriram espaço para o falo, ultrapassando-se assim a dialética que se apoiava em dados anatômicos para outra que envolve o imaginário e o simbólico. O falo passa a ser significante primordial que é posto para designar o objeto do desejo, prestando-se a vários simbolismos. De modo que a questão se poria: ter o falo ou ser castrado, experiência vivida e revivida em qualquer idade. Até porque o inconsciente é atemporal.

Na forma de analisar Manoel, Fernando o escuta. Escolhe o pontuar como forma de intervenção, dando ao analisante mais oportunidades de retomar os significantes sem maiores riscos de projeção do analista. Sublinhando a palavra "bola", suscita em Manoel falar e desejar como sujeito, enquanto novos significantes emergem e são assim trabalhados, tornando a análise de Manoel um processo sem fim.

Até a próxima, Manoel.

Obrigada, Fernando, por ter, com a possível justeza, nos reaproximado de Freud, no espírito da letra, mostrando que o ensino do criador da psicanálise é verdadeiramente fundamental.

14. Édipo e sexualidade, supremacia de uma compulsão à repetição, cem anos depois: um sempre atual desafio[1]

Justas ou injustas, as coisas acontecidas jamais serão destruídas. Nem o tempo, pai universal, seria capaz de impedí-las de terem sido e de renascerem. (Píndaro, Tebas, 438 a.C. citado por Nasio, 2013)

Sobre compulsão à repetição

Não é apenas nos atos falhos e nos sonhos que o inconsciente se manifesta em nossas vidas. Ele se apresenta, sobretudo, como "força soberana" que está presente em todas as nossas escolhas.

Tendência primordial inerente ao inconsciente, a compulsão à repetição pulsiona irresistivelmente o sujeito humano a repetir atos idênticos, em particular os mais penosos e os mais destrutivos.

---

[1] Parte deste trabalho foi publicada no número temático em comemoração dos cem anos do complexo de Édipo (Rocha, 1997). É interessante contextualizar este artigo em sua época, com citações de personagens e autores da cultura de então – ano de 1997. Na atualidade, introduzi, sobretudo nas páginas iniciais do artigo, algumas reflexões a respeito da compulsão à repetição.

Em 1920, em *Além do princípio do prazer*, Freud (1976a/1920) introduz a noção de compulsão à repetição como um dos novos funtamentos de sua teoria, marcando a existência de um antes e um depois desse momento decisivo de sua elaboração.

Do mesmo modo que o psiquismo inconsciente reage ao traumatismo externo, repetindo-o de forma idêntica, que constitui uma reação paradoxal, em se tratando de uma experiência aflitiva e difícil, da mesma maneira, existem recursos à repetição quando os conteúdos inconscientes desagradáveis assomam e correm o risco de desequilibrar o sistema Eu-consciência por inteiro. "A compulsão à repetição representa, então, num primeiro tempo, uma medida de defesa, um esforço para integrar um conteúdo incompatível com o vivenciado anteriormente. Trata-se de "ligar", de assimilar, de integrar experiências indesejáveis." (Perron, 2002, p. 1521, tradução nossa).

Freud descobre na compulsão à repetição "uma função do aparelho psíquico que, sem estar em oposição ao princípio do prazer, não é no entanto menos independente, e parece mais primitiva que a tendência a buscar o prazer e a evitar o desprazer.... É nisso que as excitações vindas de dentro dão com freqüência lugar a distúrbios econômicos que podem ser assimilados às neuroses traumáticas" (Perron, 2002, p. 1521, tradução nossa).

J. D. Nasio (2013, p. 34), tecendo considerações sobre identidade e repetição, nos comunica uma "espantosa confidência de Descartes", na qual ele confirma sua tese quanto à afeição inconsciente de um traço: "amamos nosso amado não pelo que ele é, mas por ele ser portador de um traço que o torna desejável a nossos olhos". Agora, escutemos o filósofo revelando seu segredo:

> *Quando eu era criança, gostava de uma garota da minha idade que era vesga. Quando eu via seus olhos*

> *esbugalhados, sentia fervilhar a paixão do amor. Mais tarde, durante muito tempo, vendo as pessoas vesgas, sentia-me mais inclinado a apreciá-las do que outras, só porque tinham esse defeito; e contudo, não sabia ser esta a razão. Assim, quando somos impelidos a gostar de alguém, sem que saibamos a causa, sabemos que isso resulta do fato de existir alguma coisa nele semelhante ao que existiu num outro objeto que amamos antes, ainda que são saibamos o que é. (Nasio, 2013, p. 34)*

Em seguida, Nasio comenta que seja Descartes ou um psicanalista do século XXI que interrogue as engrenagens do amor, "não esqueçamos que a natureza da emoção amorosa e a eleição de nosso parceiro permanecerão para sempre um mistério impenetrável" (p. 34). Ele termina o capítulo com a citação das duas fórmulas que, segundo ele, definem a identidade produzida pela repetição: "repito, logo sou" e "sou aquilo que repito". "No primeiro caso", diz ele, "a identidade é a sensação de ser eu mesmo, consolidada por todas as repetições que opero na vida; no segundo, a identidade é o ser, a coisa ou o ideal que, ao longo dos anos, se perpetua e se afirma como sendo uma parte de mim mesmo" (2013, p. 34).

> *Mas o que significa perseverar no seu ser senão repetir-se, e, ao repetir-se, conservar sua unidade de indivíduo, desenvolver-se – isto é, existir o máximo possível – e consolidar sua identidade ao longo do tempo? Estou me repetindo e, ao me repetir, preservo meu passado porque, ao reencontrá-lo sempre, aproprio-me ainda mais dele: melhoro porque, a cada repetição, instruído pela experiência, aumento meus conhecimentos, aprendo a relativizar; e termino por consolidar minha*

> *identidade, uma vez que, de tanto repetir, confirmo que sou o mesmo ontem e hoje. Numa palavra, Repito, logo sou. (Nasio, 2013, p. 30)*

Nos lembra André Green (2007) que o artigo de Freud *Recordar, repetir e elaborar* se inicia com ele lembrando as mudanças da técnica psicanalítica desde suas origens. Nele, Freud afirma que as técnicas anteriores a 1914 valorizavam direta ou indiretamente a recordação. Freud fala, inclusive, sobre a existência de um "impulso à recordação", e opõe esse impulso à "compulsão à repetição", que é observado sempre que a recordação falha (Green, 2007).

Para Green, um dos aspectos fundamentais desse artigo transformador é ele obrigar Freud a abandonar sua confiança excessiva no recordar, e hoje compreendemos que, na verdade, uma recordação completa é impossível. Nenhum analisante pode realmente se lembrar de "todas as incidências e conseqüências de um evento" (Green, 2007, p. 133). Ainda segundo esse autor, se a pessoa se lembra de um fato por meio da memória, geralmente esse fato "está dissociado, para evitar a repetição de sua natureza traumática vinculada a outros aspectos seus, isto é, à qualidade alucinatória do relembrar, sua qualidade de estranheza [*uncanny*], sua ressonância no corpo etc." (Green, 2007, p. 133). Comenta ainda Green como Freud descreve, no caso de alguns analisantes seus: "o paciente não se *lembra* de nada do que ele esqueceu e reprimiu, mas ele *o atua*. Ele o reproduz não como memória, mas como uma ação; ele *repete*, sem saber, é claro, que está repetindo" (Freud, citado por Green, 2007, p. 133). De modo geral, aceita-se que aqui a recordação toma a forma de uma ação.

Um dos aspectos marcantes da trajetória de Édipo é enfatizado por Freud como o movimento que o leva, em vão, a fugir do que a ele se apresenta como inevitável. Movimento que o conduzirá ao ato de repetir. Repetição decorrente da busca de escapar daquela que será a sua trajetória, ainda que delineada antes do seu próprio nascimento. Trajetória que, singular a cada sujeito, tornar-se-á uma força coercitiva nele intrínseca.

É esse ato de repetir que Freud pôde identificar como universal na tragédia de Édipo. Nesse sentido, todo homem possuiria uma força interna coercitiva que o faria sentir-se compelido a pensar e a agir de uma maneira que independeria de sua vontade. O homem, como um "Édipo", não seria um senhor de sua vontade, mas o efeito de uma força que o compele a agir, como nos lembra Freud em *O estranho*, em 1919: "no inconsciente psíquico, pode reconhecer-se a supremacia de uma compulsão à repetição (*Zwang*) proveniente das moções pulsionais e dependente verossimilmente da natureza mais íntima das pulsões, suficientemente poderosa para se situar acima do princípio de prazer, atribuindo a certos aspectos da vida psíquica o seu carácter demoníaco" (Freud, 1919/1976b, pp. 297-298).[2]

Em *Esboço de psicanálise* (1938/1973a, p. 220), Freud nos diz: "a força coercitiva do oráculo, que torna ou deveria tornar inocente o herói, é um reconhecimento da inevitabilidade do destino que condenou todo filho a passar pelo complexo de Édipo".

Podemos dizer que o destino de Édipo é dado pela trajetória de sua linhagem: Laio, pai de Édipo, era filho de Lábdaco e neto de Cadmo. Na história desses personagens, encontraremos elementos que, por serem comuns, possibilitam compreender melhor o núcleo do mito de Édipo. Édipo tem sua história marcada com Cadmo quando este mata o dragão, símbolo do deus Ares. Com

---

2 L. Hans (1996), no seu *Dicionário comentado do alemão de Freud*, apresenta as composições do termo *Zwang* (compulsão, obsessão, pressão) como evocando, do ponto de vista linguístico, a imagem de um sujeito sendo obrigado, contra sua vontade, a agir ou pensar de determinada forma.

a morte desse monstro ctônico, que a todos devorava, nascem os *spartoi* – os nascidos da semente da Terra, que darão origem, junto com Cadmo, ao núcleo ancestral da aristocracia tebana. Cadmo, futuro rei de Tebas, servirá, no entanto, ao deus Ares durante oito anos, a fim de expiar a morte do dragão. Terminando o rito iniciático, Zeus lhe dá Harmonia como esposa. Idosos, de forma inexplicável, Cadmo e Harmonia abandonam Tebas, sendo o trono assumido pelo filho mais jovem, Polidoro. Do casamento de Polidoro e Antílope nasce Lábdaco que, após a morte do pai, assume o trono.

Marcado por conflitos e disputas de fronteiras, segundo a versão de Apolodoro, o reinado de Lábdaco dar-se-á de forma conflituosa, culminando com a proibição, em Tebas, do culto ao deus Dionísio, o que custará o despedaçamento desse reino pelas bacantes. Por sua vez, Laio, o herdeiro legítimo, fica impedido de assumir o trono por ser ainda muito jovem, cedendo então o lugar ao tio, logo assassinado pelos sobrinhos. Laio foge de Tebas, buscando asilo na corte de Pélops, filho de Tântalo (Brandão, 1990).

De forma inevitável, Laio torna-se finalmente o herdeiro do trono de Tebas, herdando, consequentemente, as maldições de seus antepassados. Entre elas, a principal deriva do fato de Cadmo ter matado o dragão de Ares e do fato de Lábdaco ter se confrontado com o deus Dionísio, o deus do êxtase e do entusiasmo (Brandão, 1990). Já sob a guarda da corte de Pélops, Laio seduz e rapta Crísipo, filho de seu hospedeiro, cometendo a pederastia e, com isto, introduzindo miticamente tal prática no interior da Hélade. Desrespeitando o princípio da hospitalidade, Laio comete uma *hamartia* na corte de Pélops, ao agir contrariamente aos princípios "justos e legítimos" (Heródoto, 1985). Revestido da maldição, Laio ocupa o trono, tornando-se então alvo da sentença do oráculo que vaticina sua morte praticada por um filho seu que depois desposaria a própria mãe.

Um dos primeiros aspectos lógicos a ser assinalado sobre a linhagem de Édipo refere-se ao nome de todos os homens que constituíam a série de pais: todos possuíam um defeito nos pés. O nome Lábdaco significa "pés voltados para fora", enquanto Laio indica o "cambaio", o "desajeitado". E, finalmente, Édipo, que quer dizer "pés inchados" (Brandão, 1990).

Segundo palestra oral gravada da professora Estrella Bohadana (1998), essas denominações seriam denotadoras de uma ressonância mítica de um desejo ctônico, já que toda deformidade nos pés indicaria o nascimento do homem a partir da mãe-Terra (autoctonia). Um outro aspecto relevante seria o fato de Cadmo ter tido que matar o dragão para que a primeira série de homens fosse iniciada. Essa série dos humanos principia pelo desafio enfrentado por Édipo, ou seja, o de decifrar o enigma da Esfinge, que, uma vez decifrado, forçaria o homem a admitir ter nascido de um homem e uma mulher. Nessas duas dimensões, fica evidenciada a necessária e inevitável morte de um pai para que a lei possa se instaurar. Como Édipo, todo homem estaria condenado a essa força histórica a que está submetido e que faz com que o seu agir e suas escolhas ocorram circunscritas no interior de uma trajetória que não somente lhe é anterior, mas que também ocorre à sua revelia. Édipo, mesmo tentando fugir do destino previsto pelo oráculo – o de matar o pai e casar com a mãe –, não consegue fazê-lo, realizando assim o que mais temia. O que Freud nos lembra é justamente esse inevitável reconhecimento que a tragédia de Édipo evocaria em cada homem: a impossibilidade de fugir da própria história. Como Édipo, fadado a, em vão, fugir do que lhe fora vaticinado, cada homem, possuidor também de um vaticínio, de uma força coercitiva, também não pode escapar de sua história.

No entanto, ser efeito da história não significa imobilismo. O que faz a história do homem, no que concerne à sua realidade psíquica, são vivências decorrentes de fatos; portanto, de como cada ser é capaz de vivenciar os diferentes acontecimentos, sem restringi-los ao puramente factual. Se este é inalterável, não deixa, todavia, de se oferecer às múltiplas significações, possibilitando dar um outro sentido ao vivido, propiciando, então, mudanças psíquicas.

É importante pensarmos que a elaboração psíquica realizada pelo analisante em sua experiência de análise é o único acontecimento, a única saída capaz de transformar compulsão à repetição em mudança psíquica. Daí todo o valor da experiência psicanalítica.

Não podemos esquecer que é também por repetir que o homem se torna um ser desejante. É porque repete que o homem deseja. É por meio das várias repetições, em nível ainda da necessidade, que, em algum momento, o homem, encontrando "um a mais de prazer" – ativação da zona erógena – torna-se um ser desejante: ser que buscará, eternamente, reencontrar aquela primeira marca originária, fundante da experiência de satisfação. Em outras palavras, podemos dizer que o revelado na tragédia de Édipo é o próprio da condição humana: o desejar.

A força desse desejo e a busca de completude nos foram apresentadas, já na Antiguidade Grega, por Platão (1964) em *O banquete*, quando nos diz, por meio do discurso de Aristófanes, que eram três os gêneros da humanidade: o masculino, o feminino e um terceiro, comum a esses dois, do qual nos resta apenas o nome andrógino. Segundo a narrativa mítica, os andróginos eram seres circulares que possuíam quatro mãos e quatro pernas, dois rostos sobre um pescoço torneado, embora a cabeça fosse apenas uma; quatro orelhas e dois sexos. De força e vigor inigualáveis, eram seres presunçosos, destituídos de qualquer medida, de qualquer limite. Preocupado com o destino dos homens, Zeus resolve pôr fim a esses seres intemperantes, tornando-os mais fracos. Corta cada um em dois e faz-lhes ver, a cada um, o local do corte, a fim de que "contemplando a própria mutilação fosse mais moderado o homem". Essa experiência pela qual teria passado cada ser justificaria o anseio que cada um tem em reencontrar a sua metade.

Não obstante, desejar a metade é acreditar que existe um objeto capaz de gerar a plenitude. É nesse sentido que Platão também ressalta a inexistência de um objeto concreto do desejo. Desejar, nos diz ainda Platão, é viver o desejo, sabendo que este não possui nenhum objeto. Somente assim ficaria justificado o porquê, pelo resto de nossas vidas, colocaremos, em lugar desse suposto objeto de desejo, imagens. Assim, poder procurar um objeto de desejo é ingressar num universo de construção e reconstrução de imagens. É, pois, imergir no universo do desejo, já que o desejo é sempre desejo do que falta. Nesse sentido, relatar um mito – como o do pai da horda no qual o filho pode imaginar a morte do pai, ou a tragédia de Édipo, na qual Édipo pode "sonhar" casar com a mãe – são indicadores da existência de uma ordem simbólica na qual tudo se passa por meio de palavras e imagens, e não por meio de atos.

Mas a busca de indiscriminação e de plenitude não está restrita aos antigos mitos. Nos tempos atuais, podemos observar várias tentativas de negação da incompletude, reveladas pela sexualidade. A nossa cultura é, sobretudo, uma cultura do gozo, que, diferente do prazer, não aceita limites. Existe também em nossa cultura uma sede de consumo compulsivo nos constituindo, na atualidade, num sintoma social produzindo personalidades narcísicas e perversas, negando a falta, qualquer culpa e qualquer lei. Da Poian (1996, pp. 136-140) se refere à sede de consumo dizendo que

> *nos constituímos hoje num sintoma social que produz personalidades narcísicas e perversas que negam qualquer falta, qualquer culpa e qualquer lei. Sociedade*

extremamente permissiva onde toda autoridade, toda tradição e toda renúncia à satisfação imediata são vistas como autoritarismo e repressão.

A autora enfatiza que somos, na atualidade, "vorazes toxicômanos, drogaditos de objetos de informações" atrás de um estado de gozo sem limites "na busca desesperada de algo que tampe nossa divisão e disfarce nosso mal estar" (1966, p. 295).

O filósofo francês Jean Baudrillard (1990) se refere à nossa época como a da busca da indiscriminação, da "comutação dos signos do sexo". Para ele, o corpo sexuado "está entregue hoje a uma espécie de destino artificial", marcado por uma busca de liberdade sexual cujo modelo de sexualidade predominante ainda se apresenta em suas variantes andróginas e hermafroditas. É partindo dessa perspectiva que o autor nos diz: "assim como somos mutantes biológicos em potência, somos transexuais em potência. E não é questão de biologia. Somos todos simbólicamente transexuais" (p. 28). A essa afirmativa, Baudrillard apresenta momentos marcantes de diferentes vidas sociais, dizendo:

> *Vejam a Cicciolina. Haverá encarnação mais maravilhosa do sexo, da inocência pornográfica do sexo? Contrapuseram-na a Madonna, virgem produto da aeróbica e da estética glacial.... Mas não é também a Cicciolina uma transexual? Os longos cabelos loiros, os seios moldados em concha, as formas ideais de uma boneca inflável, o erotismo liofilizado de história em quadrinhos ou de ficção científica e, principalmente, o exagero do discurso sexual (nunca perverso, nunca devasso), transgressão total sob controle; a mulher ideal dos telefones rosas. (Baudrillard, 1990, p. 28)*

E o autor prossegue em sua exemplificação, lembrando ironicamente que "o octoplasma carnal que é Cicciolina encontra-se com a nitroglicerina artificial de Madonna ou com o charme frankensteniano de Michael Jackson" (Baudrillard, 1990, p. 29).

Por meio de Baudrillard, podemos observar que a completude, também enfatizada por Platão, apresenta-se como um anseio universal. Cabe lembrar que o termo *hermafrodita* provém etimologicamente da união de Hermes e Afrodite. Esse termo passou a ser utilizado para se referir à união mítica proveniente do enlace da ninfa Salmacis com Hermafrodito, a partir do qual ocorre a fusão entre os dois corpos, dando origem a um novo ser de dupla natureza (Brandão, 1991). Nesse sentido, o termo hermafrodita seria a expressão de um anseio fusional atávico.

Ao abordar o tema da indiscriminação, lançando mão do anseio hermafrodita, Baudrillard não só reitera a força e a presença do mito, como também o vigor e a pertinência das preocupações de Freud quanto a essa temática.

A universalidade do mito, expressa por meio das singularidades humanas, foi relacionada por Freud também por meio de algumas representações simbólicas. Freud chama atenção para a existência de símbolos que ultrapassam a comunidade do idioma, como acontece com as palavras primitivas indicativas de objetos e atividades similares às sexuais. É nesse sentido que Freud revela a maneira por meio da qual utiliza o termo *falo*, que, representado pelo órgão masculino da geração, manteve-se, entre diferentes povos primitivos, como símbolo indicador da fertilidade da terra, dos rebanhos e dos humanos.

O termo *falo*, na Grécia Antiga, referia-se a uma das epifanias do deus da fertilidade, Dionísio. Símbolo da potência soberana, da virgindade transcendente, mágica e sobrenatural, *falo*, longe de se referir a um poder puramente masculino, simbolizava o princípio luminoso e inalcançável. Propiciador de diferentes representações e ultrapassando a figura do órgão viril concreto, *falo* mantém-se fielmente vinculado às atividades sexuais. Nesse sentido, *falo* não é o análogo do pênis. Representando valores, atributos, e com a característica de não pertencer a um único indivíduo, *falo* é, como todo valor, circulável. Assim, como representação do que falta, *falo* diz da inesgotabilidade do desejo, sempre inclinado ao objeto concreto, na ilusão de nele esgotar-se (Laplanche & Pontalis, 1967).

Sob tal perspectiva, o complexo de castração poderá ser mais bem compreendido quando se concebe o seu aparecimento em plena predominância da fase fálica. Como nos lembra Freud (1923/1973d) em *A organização genital infantil*, entre as várias representações de dano narcísico provocadas por uma perda corporal, encontramos desde aquela que ocorre por meio da perda do seio materno depois da amamentação, sem esquecer da separação do corpo da mãe ao nascer, passando pela expulsão diária das fezes, até a representação de uma perda voltada especificamente à representação dos órgãos genitais masculinos. Sobre essa última perda, Freud conclui que, embora esta ocorra no fim da infância, não deveria ser chamada de genital, uma vez que se trata, precisamente, da predominância do *falo*. O *falo*, no caso, adquire uma significação remetida a uma representação de uma perda narcísica na qual dizê-lo é referir-se à presença de uma ausência. Enquanto imagem, *falo* estaria destituído de referência única a um objeto, podendo assim prestar-se a ser uma imagem vazia, suscetível aos vários simbolismos. Porque similar a um símbolo, *falo* é a representação que traz para a presença valores que substituem o órgão pênis.

Abandonando os vários empregos do termo simbolismo encontráveis ao longo da obra freudiana, ressaltamos apenas aquele observável em *A interpretação dos sonhos* (Freud, 1900/1967), no qual a relação explícita entre o símbolo e o elemento por ele representado é realçada por meio do fato de que o simbolizado se faz na relação com variadas representações, não havendo, pois, um único símbolo para representar o simbolizado. Assim, embora o termo *falo* não esteja dissociado do órgão masculino, longe está de a ele se restringir. Tal constatação permitiu a Freud conferir ao termo *falo* o estatuto de um simbolismo universal, simbolismo esse garantido pela amplitude da ressignificação.

Sob essa perspectiva, não seria inadequado dizer que, como no mito, a "narrativa" que ocorre em uma sessão de análise encontra igualmente na palavra o poder de conduzir a uma ressignificação de vivências que, de outra maneira, levariam à produção de inibições, sintomas e angústias. A diferença existente entre a narrativa do mito e aquela que ocorre no espaço analítico é que a última incorpora o trabalho da transferência e da interpretação, propiciando um processo de elaboração cujo poder é o de permitir transformar a compulsão à repetição em mudança psíquica. Talvez isso configure uma das singularidades do processo analítico, visto que a força e o poder da palavra podem ser verificados tanto no silêncio como também nas experiências míticas, religiosas e estéticas. Outro aspecto a ser ressaltado é o fato de fazer parte do processo analítico a preocupação em libertar o analisante da dependência ali reativada. Essa preocupação comporta um dos diferenciadores da clínica psicanalítica daquelas práticas nas quais a dependência é reforçada. Pode-se dizer que a palavra simbólica tende a substituir o ato. No entanto, não se pode dizer que apenas a palavra simbólica possa ser a garantia do processo de elaboração psíquica. Se verbalizar possibilita uma via de realização que não seja pelo ato, indicando a simbolização, de outra parte, não garante uma mudança psíquica, embora seja a possibilidade de o homem simbolizar que garante seu ingresso num universo de imagens.

A percepção de que esse universo de imagens possua no homem uma especificidade que propicia uma defasagem, ou mesmo uma diferença entre a imagem de um objeto e o objeto, corrobora as formulações de Freud nas quais lhe foi possível estabelecer a distinção entre sexo e sexualidade. Por meio de Freud, o termo sexualidade passa a ser vinculado à psicanálise, distanciando-se, assim, do que até então denominava-se de sexo.

Assumida essa distinção estabelecida pela psicanálise entre sexo e sexualidade, várias reflexões em torno passam a ser possíveis. Da Poian (1996) aborda essa questão ressaltando três dimensões no que tange à diferenciação sexual: a de caráter anatômico, a de caráter social e a propriamente psicanalítica. Essa autora assinala que, na dimensão anatômica, o sexo, seja ele de macho ou de fêmea, deve estar circunscrito ao âmbito da biologia, estando, pois, inserido nas dimensões do "instintivo" e do "corporal". Já no que se refere à dimensão social, o sexo será compreendido respondendo por papéis sexuais distintos, voltados para expectativas de comportamento instituídos pela sociedade: o masculino e o feminino.

De maneira oportuna, a autora ressalta, finalmente, a dimensão propriamente psicanalítica da sexualidade, na qual esta encontra-se inserida na ordem do desejo e das representações inconscientes. A consequência da dimensão psicanalítica da sexualidade enfatiza o fato de a sexualidade se dar a partir de um processo de construção e reconstrução do corpo.

Ao ressaltar que não são os genitais que irão identificar ou definir a subjetividade enquanto masculina ou feminina, Da Poian ressalta as reflexões de Freud sobre a sexualidade. O corpo, afinal, não é um dado, mas o efeito das representações que dele fazemos. Representações provenientes do imaginário social, das diferentes idealizações e identificações que o constituem. Sob essa perspectiva, embora o sexual do homem em nada se assemelhe ao do animal, torna-se necessário situar o homem em sua sexualidade. Partindo dessa diferença, um dos objetivos da psicanálise é o de tornar o humano livre para amar sexualmente da melhor maneira que lhe seja possível criar, desde que a escolha seja de outro e não de si próprio. Escolha que respeite as diferenças, que não humilhe e que não violente a si ou ao outro. Justamente, devido a esse mundo de representações, dinamizado pelas significações e ressignificações, foi possível a Freud explicar as dissonâncias existentes entre a anatomia e o mundo das imagens. Portanto, seria um equívoco confundir sexo com sexualidade, pois, enquanto o sexo está ligado à anatomia, a sexualidade ocorre no interstício entre a anatomia e as representações.

Dessa maneira, se a palavra simbólica pode substituir o ato – já que a palavra é morte da coisa – não conduz *per se* a um processo de elaboração psíquica. Se verbalizar possibilita uma via de realização que não seja pelo ato, é por propiciar, via de regra, o ingresso na simbolização. Simbolização que permite ao homem ingressar num universo de imagens. Incansável, Freud revela a importância desse universo imagético na constituição da sexualidade humana, diferenciando-a do que até então era conhecido como sexo. Valorizado por Freud, esse universo de imagens nos lança, hoje, a novos desafios. Desafios que vêm sendo ressaltados, por exemplo, por Jean Baudrillard (1990), quando este estabelece a diferença entre a imagem e o visual. Para Baudrillard, enquanto a imagem se refere a um "existo, estou aqui", exigindo, portanto, na mesma percepção, um outro, que por sua vez demarca a existência de uma relação estruturante do narcisismo, o visual é definido como uma espécie de "imagem minimal, de definição menor, como a imagem vídeo, imagem tátil". Acrescenta o autor que o visual distancia-se "da lógica da distinção", nele inexistindo o "jogo de diferenças", que, para Baudrillard, "recorre à diferença sem nela acreditar". Trata-se, portanto, da indiferença, em que "ser, torna-se uma performance efêmera sem futuro, um maneirismo desencantado num mundo sem maneiras" (Baudrillard, 1990, pp. 30-31).

Na atualidade, cabe não perder de vista a dimensão cultural garantidora da vida, sem, contudo, negligenciar ou minimizar o que de novo irrompe neste novo século. É inegável o desvanecimento das imagens num mundo onde o excesso de visual, por vezes confundindo-se com as imagens, relativiza e, por vezes, nega a imagem do outro, essencial para a formação e constituição do sujeito. Face a essa tendência, a psicanálise revela-se, mais uma vez, possuidora de um importante papel social: lançar não só Freud, mas o mito de Édipo para o terceiro milênio.

Referências

Baudrillard, J. (1996). *A transparência do mal: ensaios sobre fenômenos extremos* (tradução de Estela dos Santos Abreu). Campinas: Papirus.

Bohadanna, E. (1992). *Sobre deuses e poetas*. Rio de Janeiro: Tempo Brasileiro.

Brandão, J. (1990). *Mitologia grega*. Petrópolis: Vozes.

Da Poian, C. (1996, dezembro). Pensando a sexualidade hoje. *Cadernos de Psicanálise do Círculo Psicanalítico do Rio de Janeiro, 10*(18), 136-140.

Freud, S. (1950). *Projeto para uma psicologia científica*. (Obra original publicada em 1895).

Freud, S. (1967). *L'interpretation des rêves*. Paris: PUF. (Obra original publicada em 1900).

Freud, S. (1970a). Remémoration, répetition et élaboration. In S. Freud, *La technique psychanalytique* (pp. 105-115). Paris: PUF. (Obra original publicada em 1914).

Freud, S. (1970b). *Totem et tabou*. Paris: Payot. (Obra original publicada em 1912).

Freud, S. (1973a). *Abregé de psychanalyse* (pp. 309-357). Paris: PUF. (Obra original publicada em 1938).

Freud, S. (1973b). Esquisse d'une psychologie scientifique. In S. Freud, *La naissance de la psychanalyse*. Paris: PUF. (Obra original publicada em 1895).

Freud, S. (1973c). Lettre a Flies de 15.10.1897. In S. Freud, *La naissance de la psychanalyse* (pp. 169-199). Paris: PUF. (Obra original publicada em 1897).

Freud, S. (1973d). L' organisation génitale infantile. In S. Freud, *La vie sexuelle* (pp. 113-116). Paris: PUF. (Obra original publicada em 1923).

Freud, S. (1976a). Além do princípio do prazer. In J. Strachey (Ed.), *Edição standard brasileira das obras psicológicas complestas de Sigmund Freud* (vol. XVIII, pp. 12-85). Rio de Janeiro: Imago. (Obra original publicada em 1920).

Freud, S. (1974). Denegação. In J. Strachey (Ed.), *Edição standard brasileira das obras psicológicas completas de Sigmund Freud* (vol. XIX, pp. 261-269). Rio de Janeiro: Imago. (Obra original publicada em 1923/1925).

Green, A. (2007). Compulsão à repetição e o princípio de prazer. *Revista Brasileira de Psicanálise, 41*(4), 133-141.

Hans, L. (1996). *Dicionário comentado do alemão de Freud* (verbete "Compulsão, obsessão, pressão: Zwang"). Rio de Janeiro: Imago.

Heródoto. (1985). *História*. Distrito Federal: Universidade de Brasília.

Hesíodo. (1947a). *Les travaux et les jours*. Paris: Les Belles Lettres.

Hesíodo. (1947b). *Théogonie*. Paris: Les Belles Lettres.

Lacan, J. (1959/1960). *Le seminaire, livre VII : l'éthique de la psychanalyse*. Paris: Éditions du Seuil.

Laplanche, J., & Pontalis, J.-B. (1967). *Vocabulaire de la psychanalyse*. Paris: PUF.

Levi-Strauss, C. (1985). *Antropologia estrutural 1* (coleção Biblioteca Tempo Universitário). Rio de Janeiro: Tempo Brasileiro.

Nasio, J. D. (2013). *Por que repetimos os mesmos erros*. Rio de Janeiro: Jorge Zahar.

Perron, R. (2002). *Dictionnaire international de la psychanalyse* (A. de Mijolla, dir.). Paris: Hachette.

Platão. (1964). *Le banquet*. Paris: Garnier-Flammarion.

Rocha, F. (1993). Le complexe de Laios: mythe structurant ou glissement vers la jouissance totale? *Révue Française de Psychanalyse, 57*, 393-402.

Rocha, F. (1997). Édipo e sexualidade cem anos depois: um sempre atual desafio. *Revista de Psicanálise da Sociedade Psicanalítica de Porto Alegre, 4*(2).

Janela 4

Psicanálise e arte

15. Esculpindo o inaudito[1]

> *A possibilidade de traduzir, com a forma visível, aquela essência íntima, anterior a qualquer forma, que é a música . . . . Nessa operação, o poeta é um tradutor que consegue que o ilimitado da mensagem musical encarne-se nos limites da imagem apolínea. (Alain Didier-Weill, 1997, p. 27)*

> *A matéria do Som*
>
> *anterior à palavra mais antiga*
>
> *perdura sob o dom*
>
> *que o canto significa –*
>
> *teu dever de insistência frente ao enigma.*
>
> *(Luz, 2013, p. 8)*

---

[1] Este trabalho foi reelaborado a partir de uma primeira publicação nos *Cadernos de Psicanálise* da Sociedade de Psicanálise da Cidade do Rio de Janeiro, 1998.

Definir uma possível fronteira entre arte e psicanálise pode significar um sobrevoo no tempo: ambas contêm a noção de *techné*,[2] termo que segundo Bohadanna (1992), atravessou a Antiguidade greco-latina e manteve-se fiel à noção de "fazer nascer, fazer brotar" (pp. 120-121). Talvez tenha sido essa a vinculação entre arte e psicanálise, percebida por Freud quando privilegiou a analogia entre psicanálise e arte escultórica, sendo a função do analista a de conduzir o analisante, por meio da associação livre e da ressignificação, ao caminho da criatividade na trilha do "criar para não adoecer".

À diferença de outras artes, como a pintura, a escultura pode surgir do que retira da matéria. Diante da tela em branco, o pintor, prenhe de imagens, procura preencher o vazio. Já o escultor, este igualmente prenhe de imagens, mas forçado a reconhecer os limites impostos pela matéria, não há vazio a preencher. A matéria é plena; cabe ao escultor extrair a forma latente que nela habita. Forma silente e adormecida, cujo despertar para o mundo da palavra depende de um *outro* que a torne presença.[3]

Há, na realidade, a maior antítese possível entre técnica sugestiva e analítica – a mesma antítese que, com relação às Belas Artes, o grande Leonardo da Vinci resumiu nas fórmulas: *per via di porre e per via di levare*. "A pintura, afirma Leonardo, opera *per via di porre*, pois ela aplica uma substância – partículas de cor – onde nada existia antes, na tela incolor; a escultura, contudo, processa-se *per*

---

2 Sobre t-*Techné*, Bohadanna (1992), referindo-se a Homero, diz que "este quando emprega o vocábulo *techné*, o faz no sentido de fabricar, construir, produzir, criar, à revelia de qualquer hierarquização, e nele encontrando diferentes técnicas dotadas do mesmo estatuto". Para o vocábulo *techné,* acrescenta Bohadana: "estamos considerando a etimologia fornecida por M.A. Bailly, o qual lhe atribui origem na raiz indo europeia tek, dando–lhe as significações de enfanter, produire, créer, como encontramos em Homero" (Ver Bailly, 1940).
3 Para certas crenças populares, algumas imagens sagradas, pintadas ou esculpidas não são produzidas por mão humana, mas *descobertas*.

via de levare, visto que retira do bloco de pedra tudo o que oculta a superfície da estátua nela contida" (Freud, 1905/1969b, pp. 270-271). Assim, para Freud, a técnica de sugestão processa-se *per via de porre*; superpõe algo, uma sugestão, na expectativa de que será suficiente "para impedir que a idéia patogênica venha a expressar-se" (p. 271). Já a "terapia analítica" não busca introduzir nada, mas retirar algo, fazendo aflorar alguma coisa, preocupando-se com a gênese e o contexto psíquico dos sintomas.

Essa proposição de Freud aponta para a ideia de que o trabalho psicanalítico, *per via de levare* – com o levantamento do recalcado – propiciaria o surgimento de um existir mais pleno, como no trabalho do escultor ao retirar o que encobre a estátua aprisionada.

Brias Silveira (2010) nos lembra, de modo pertinente, que, no início da teorização psicanalítica, partia-se da ideia de um psiquismo já de posse de uma atividade representativa. O novo aporte metapsicológico da segunda tópica de Freud, em 1923, faz a teoria da clínica voltar-se não apenas para a simples tomada de consciência, mas para as questões relativas às vicissitudes do trabalho de simbolização, sobretudo a partir da questão explicitada numa célebre frase que pode resumir todo o trabalho de uma análise: *Wo Es var, soll Ich werden* ("*Aonde o Isso estava, eu como sujeito devo advir*"), traduzido pela Edição Standart Brasileira por *"Onde estava o id, alí estará o ego "* (Freud, 1933/1976, p. 102).

Ao longo do trabalho clínico, principalmente a partir do exame das organizações não neuróticas, em que há predomínio do sofrimento narcísico, evidenciou-se a insuficiência dessa concepção inicial de funcionamento psíquico para abarcar todas as suas possibilidades.

A primeira "vivência de satisfação", teoricamente, origina-se no momento em que o *infans*, buscando saciar uma necessidade – a fome, por exemplo –, é surpreendido pela ativação de uma de suas zonas erógenas. Esta, proporcionando-lhe um a mais de prazer, registra nele a marca de sensação de prazer. A partir de então, origina-se um movimento desejante, caracterizado pela busca vã de reencontrar aquela mesma marca de sensação deixada pela primeira vivência de satisfação. Esse movimento desejante – tentativa de encontrar uma satisfação idêntica – provoca marcas inaugurais no aparelho psíquico, que constituirão o denominado *das Ding* – a Coisa. *Das Ding* é formado pelo traço do objeto de percepção e pela marca de sensação desse objeto que, com função de coisa dentro do *infans*, passará a exercer uma função de juízo para todas as subsequentes experiências de vida daquele sujeito.

Uma vez emitido o grito inaugural, o homem-infante necessita de um *outro* que lhe possibilite transformar esse grito, silente de significação, em fala. *Outro*, responsável pela vida biológica, que lhe confira vida psíquica.

Sem a pretensão de ser escultor ou o *outro* que assegura a vida do infante, o analista é, no desempenho de sua função, um *outro* que, ao provocar a formação de cadeias imagéticas, faz brotar no analisante a sua forma: vivências psíquicas.[4] Da mesma maneira, a obra de arte necessita de um *outro* que a faça viver: que a toque, que a veja, que a sinta, que a escute.

Por meio dessas analogias, podemos depreender a forma pela qual Freud concebe o ato de "fazer nascer" como ultrapassando a noção de obra circunscrita a um universo puramente tangível. Enquanto coisa criada, a obra vive por meio de um *outro* que, ao reconhecer-lhe existência, revela-a transitória e perene. O mesmo ocorre com o homem que, em sua vida transitória, só existe e se pereniza quando reconhecido por um *outro*. A partir dessas

---

4 Essas cadeias imagéticas seriam capazes de enlaçarem o *quantum* de afeto e se tornarem responsáveis pela produção de sentido. Ver *Estudos sobre a histeria* e *Projeto para uma psicologia científica* (Freud, 1895/1973).

semelhanças, não haveria distinção entre uma obra que se materializasse por meio de objetos corporais, como a escultura e a pintura, e uma que se materializasse por meio de objetos incorporais, como a música e o canto.

Alain Didier-Weill (1997), em outra abordagem do mesmo tema, diz que o humano é o resultado de substâncias heterogêneas, cuja expressão encontra-se na "materialidade do corpo" (corporal) e no "verbo enxertado nesse corpo" (incorporal). O entrelaçar da materialidade do corpo, sua imagem e o verbo nele enxertado foram abordados desde o início da obra de Freud, na qual o homem é apresentado como o efeito da tensão entre o corporal e o incorporal – ou seja, entre corpo e palavra – e ainda entre percepção e sensação.

De maneira similar, o escultor, para extrair da matéria uma forma, vale-se de uma linguagem que, ao introduzir a obra no incorporal – a nomeação –, torna-a também o efeito de uma tensão entre corporal e incorporal. Diante de seu majestoso *Moisés*, Michelangelo o intima: *"fala"*. Arte e psicanálise encontram em Freud o grande enunciador da estreita relação entre o artista e o psicanalista.

A busca pela reafirmação dos vínculos entre arte e psicanálise tem conduzido outros pensadores a novas articulações. É o caso de Didier-Weill, para quem o poeta, visto como um tradutor, é equiparado ao psicanalista. Para ele, "o poeta é um tradutor, que consegue que o ilimitado da mensagem musical encarne-se nos limites da imagem apolínea" (1997, p. 27).[5] O mesmo pode ser dito do psicanalista.

---

5 Nos comentários feitos por Bohadanna (1996), o termo apolíneo é apresentado como empregado por Nietzsche em oposição ao dionisíaco. No entanto, comenta a autora, que, embora sendo forças opostas, Apolo e Dionísio longe estão de possuir origens diferentes: ambos nascem do seio da natureza. As-

O termo *apolíneo* refere-se ao deus Apolo – o deus do *Metron*, medida – que na tragédia é visto por Nietzsche como representando o ator, aquele que constrói o signo. Cabe lembrar que a tragédia grega, cuja origem pode ser encontrada em Ésquilo, possui inicialmente apenas um ator, termo cujo equivalente em grego é o vocábulo *hipócritas* (Rodrigues, 2017). Para este autor, "a palavra *hipócrita* de origem grega, designava, a princípio, apenas um ator, um comediante, um histrião, sem as conotações intensamente negativas – de falsidade, dissimulação, fingimento – que hoje estão a ela associadas. Seja como for, é certo que, ao desembarcar em português no século XIV, a palavra hipócrita já trazia consigo, pronta, a acepção que hoje vemos atribuída com frequência a alguns políticos e outros fingidores (Rodrigues, 2017).

O ator – *hipócritas* – valia-se de várias máscaras para representar diferentes personagens, por meio de cujos discursos buscava dar sentido aos acontecimentos. Dessa maneira, o ator ocupa, na tragédia, o lugar do discurso.

Em oposição a Apolo, encontra-se Dionísio, deus da desmesura (*Hybris*), que, na tragédia, é representado pelo coro – cujas aparições destituem o signo de sua função comunicante e se dão por meio de sons, gestos e danças.

Ao associar Apolo ao lugar de onde surge a palavra, compreendemos o destaque que Didier-Weill confere ao significante: "é através do significante que se podem amarrar o real da música e a imagem especular" (1997, p. 27). Com função assemelhada à de Apolo, o analista tem uma palavra que, embora capaz de construir

---

sim, Apolo e Dionísio formam uma unidade que presentifica a condição do homem. Embora submetido à castração – dimensão apolínea –, ele manterá sempre uma outra dimensão indomesticável – a dionisíaca. Assim, seria o homem simultaneamente *Metron* e *Hybris*.

o signo, é também capaz de provocar sua desconstrução. Assim, a função do analista abrigaria também Dionísio.

Da mesma forma que o analista reconhece as palavras pelo que elas significam socialmente, ele também as reconhece quando perdem a sua função social e passam a dizer vivências inconscientes, deixando falar Dionísio. A palavra, então, como significante, também é utilizada pelo analista. Esse significante – que, no dizer de Freud, corresponde à imagem acústica – é capaz de circular pela representação-coisa e pela representação-palavra.

Na tese sustentada por Freud, a representação-coisa está ligada à representação-palavra com a sua terminação sensorial, mediante as imagens acústicas. Por meio dessa tese, para Freud, o ponto central de toda função da linguagem reside na atividade associativa do elemento acústico. (Freud, 1891/1987).

A força do poder associativo do elemento acústico pode ser visualizada por meio de duas situações clínicas. Na primeira, uma mulher telefona para o analista, em busca de ajuda. Por não dispor, naquele momento, de horários compatíveis com as possibilidades da mulher, o analista pede-lhe que aguarde. Ela, no entanto, insiste, antecipa-se e lhe faz várias ligações telefônicas. Uma vez viabilizado o início do tratamento, a analisante revela que "embora conhecendo o analista somente por telefone, estabeleceu uma forte ligação". Ao longo do trabalho, ela compreende que o seu aparentemente inexplicável interesse em iniciar o tratamento com aquele analista estava relacionado com o fato de este possuir um sotaque idêntico ao de seu pai. Na segunda situação, o analista, com o objetivo de incentivar a continuidade associativa do discurso da analisante, emite um som ("hum, hum"). De imediato, a analisante associa esse som a uma cena de infância, na qual ela se encontrava numa rede com o pai e este a embalava ao som de um "hum, hum, hum".

Nesta mesma direção, Didier-Weill (1997, pp. 57-58), tomando como ponto de partida o que se passa na música, diz: "vocês devem ter notado, quando ocorre de a emoção musical nos invadir, que ela suscita dois movimentos, dois 'estados de alma', dos quais poderíamos provisoriamente dizer que realizam a conjugação de um estado de felicidade e de nostalgia psíquica". Esta nota de música que em nós desenvolverá o estado de gozo, segundo o autor, será "sempre a mesma, no sentido em que será disparada tanto de uma simples cantiga quanto do piano de Mozart ou do sax de Lester Young".

Uma analisante, que atendi fora do Brasil, narra a seguinte experiência: encontrava-se num *vernissage* quando sentiu-se atraída pela voz de um homem que dialogava com outro em espanhol. Estranhamente fascinada pela sonoridade daquela voz, logo tentou provocar uma situação para entrar em contato com ele e, a partir daí, começaram a se encontrar. Ela ficara por ele apaixonada a ponto de pretender romper o próprio casamento. À medida em que era convidada na análise a compreender o que lhe estava acontecendo, o fio de suas associações a levaram a pensar que aquele sotaque pelo qual ficara fascinada tinha a ver com a voz de uma antiga babá de língua espanhola, que ela tivera quando morou, em sua tenra infância, num país de língua espanhola. Essa experiência vem corroborar a ideia de que a tendência do desejo é a de sempre encontrar algo do traço do objeto perdido.

Em sua função simbólica, o analista é propulsor do processo associativo, no qual a representação-coisa, ao emergir na representação-palavra por meio das imagens acústicas, interpela o discurso consciente e evoca novas imagens, que surpreendem o sujeito e provocam a formação de cadeias associativas. Se é possível que esses acontecimentos ocorram fora do *setting* analítico, é somente nele que ganham especial relevância, já que constituem um dos fatores responsáveis pelo desenrolar do processo analítico.

Ocupante do lugar do apolíneo, o analista também seria um *hipócrita*, já que, enquanto objeto de transferência, representa os vários personagens que compõem o psiquismo do analisante.

Lugar onde o signo fica ancorado, o lugar do analista é provocador de vivências que permitem a emergência da energia até então desvinculada de imagens, urgindo por uma expressão que ocorrerá quando essa energia for enlaçada por uma representação.

Não é sem propósito que Freud estabelece duas importantes articulações: uma vinculada à arte – no caso específico da arte escultórica –, e a outra quando confere ao método psicanalítico a preeminência da palavra. Embora definidas por diferentes parâmetros, tanto a arte escultórica quando a psicanálise guardam entre si uma semelhança: ambas são efeito do possível. Ao extrair a forma da matéria, o escultor fica preso a seus limites. Da mesma maneira, o analista – embora sendo o propiciador do movimento transferencial – não pode alterar as marcas psíquicas delimitadoras da expressão do analisante. Marcas provenientes das vivências psíquicas ocorridas ao longo da vida que, por não serem ordenadas cronologicamente, podem ser associadas e tornadas presentes sem considerações de tempo.

A cena analítica deveria, então, provocar a emergência das vivências de infância e servir de lugar para que estas se revelassem, como que à luz do poetar de Mário Quintana (1977, p. 22):

> *Quem faz um poema abre uma janela:*
>
> *Respira, tu que estás numa cela abafada,*
>
> *esse ar que entra por ela.*
>
> *Por isso é que os poemas têm ritmo*
>
> *Para que possas, enfim,*

Profundamente respirar.

Quem faz um poema salva um afogado.

Ou de José Saramago (1995, p. 262), quando escreve: "Dentro de nós há uma coisa que não tem nome, essa coisa é o que somos".

Mesmo que possamos distinguir diferenças entre arte e psicanálise, é inegável que Freud recorreu à literatura, à pintura, à música e ao mito, entre outras manifestações artísticas, para estruturar e pensar os conceitos da teoria psicanalítica. No entanto, diferentemente do analista que não assina a sua "obra" (o analisante) e nem se pereniza por meio dela, o artista, este sim, assina a criação que o pereniza. Freud percebeu a dimensão perene da obra, já que não considerou o artista um mero intérprete concreto e singular do seu tempo.

Como nos lembra Didier-Weill (1997, p. 33), por meio da arte o homem poderia vislumbrar o tempo da perenidade:

> *como compreender o sentido do ato artístico senão como a tentativa feita pelo homem de lutar contra essa ameaça, substituindo ao homem, ameaçado de anonimato pelo saber absoluto, a parte de incógnito que é seu bem mais íntimo? Onde o homem, observado de todos os lados, fica transparente, eis que o pintor recorda-lhe que ele continua habitado pelo invisível;... já "a música vem lembrar-lhe que, ao contrário e contra tudo, o inaudito conserva suas exigências" e onde "o dançarino é aquele que relembra ao homem o fato de que nele permanece um movimento original cujo caráter absolutamente inimitável ele tende a esquecer.*

Se as diferentes expressões artísticas contêm uma *techné* que pode perpetuá-las, o mesmo não ocorre com a *techné* própria ao psicanalista. Metaforicamente, a obra do analista é o analisante, e essa obra não deverá ser assinada, uma vez que a psicanálise visa propiciar o encontro de cada analisante consigo mesmo, e não sua identificação com a pessoa do analista.

Visto dessa forma, um dos efeitos do processo analítico é o de propiciar a liberação da energia, até então voltada à manutenção dos sintomas, em proveito de uma vida mais criativa. Isso me faz lembrar a professora Estrella Bohadanna, que, em palestra, certa vez repetia a célebre frase do filósofo Heinrich Heinee: "Deus criou o mundo para não ficar doente".

Ao associar o analista ao escultor, Freud nos revela uma das suas mais importantes características: a de não poder alterar a qualidade da "matéria" com a qual trabalha. Assim, ele assinala ainda, como elemento de relevo, o fato de que tanto o escultor quanto o analista estão limitados pelo tipo de matéria que cada um deles utiliza, sem lhes poder alterar a qualidade – vidro não pode ser transformado em madeira –, da mesma forma que o analista estaria marcado por um limite semelhante, que tornaria impossível alterar a história vivencial do sujeito.

No entanto, a riqueza revelada por Freud, a partir das duas situações, é que tanto o escultor quanto o psicanalista podem fazer brotar as incontáveis possibilidades de criar, seja no limite da matéria, seja no limite do sujeito. Se o ato de criação, em ambos os casos, mostra-se não só possível, mas mutante, o tempo que separa dois mil anos da concepção grega de arte e *techné* passou também por modificações. Ao psicanalista não é dado assinar aquilo que porventura considere a sua criação.

Esse anonimato que, no passado, fez parte também do ofício do artista grego, até Fídeas, hoje demarca uma diferença entre o psicanalista e o artista. Nesse passar de tempo, a figura do artista tornou-se cada vez mais forte, foi adquirindo um caráter de legitimidade e passou a reivindicar uma autoria.

Ao contrário, se é possível atribuir ao analista a execução ou a criação de uma "bela obra", esta só será assim considerada na medida em que ele não deixar prevalecer as suas *marcas de autor*, mas tiver sido o catalisador, o facilitador de possíveis rearranjos propiciadores do singular percurso de cada sujeito. Nesse sentido, cabe lembrar que há uma distinção entre a identificação com a pessoa do analista e a identificação com a função analítica.

Quanto à articulação entre o método psicanalítico e a preeminência da palavra, Freud esclarece que, se o método psicanalítico entra em conflito, a partir de algum momento, com o método hipnótico – que se baseia na submissão idealizada ao médico, consequência de uma não escuta de si –, é justamente por considerar a fundamental importância da escuta e da fala advindas do analisante.

Poder se escutar é, para o analisante, adquirir a possibilidade de ressignificar as próprias vivências. Nesse sentido, como vimos, a preocupação de Freud com a camada acústica parece existir desde os primórdios de sua obra. A importância da camada acústica encontra-se presente desde o texto sobre as afasias, não só enquanto propulsora da vinculação entre representação-coisa e representação-palavra, mas também como aquela que propicia o processo de ressignificação.

Se, por um lado, Freud ressalta a importância da camada acústica no processo de significação e ressignificação, por outro, também chama atenção para o fato de o ser humano-infante *falar* sem necessariamente compreender o significado das palavras.

Ao realçar a associação livre, Freud desvela o caminho da criatividade, uma vez que, no processo analítico, o signo nele esculpido faz brotar as várias formas possíveis. Formas que, ao revelarem o velado e despertarem o adormecido, possibilitam ao analisante a recriação de sua própria história.

Referências

Bailly, M. A. (1940). *Diccionnaire grec français* (6ème édition). Paris: Hachette.

Bohadanna, E. (1992). *Sobre deuses e poetas*. Rio de Janeiro: Tempo Brasileiro.

Bohadanna, E. (1996). Psicanálise e tragédia: a im-pulsão da palavra. In E. Bohadanna, *Freud: o interesse científico de uma filosofia inquieta*. Rio de Janeiro: Revinter.

Didier-Weill, A. (1997). *Nota azul: Freud, Lacan e a arte*. Rio de Janeiro: Contra Capa.

Freud, S. (1969b). Sobre a psicoterapia. In J. Strachey (Ed.), *Edição standard brasileira das obras psicológicas completas de Sigmund Freud* (vol. VII, pp. 263-278). Rio de Janeiro: Imago. (Obra original publicada em 1905).

Freud, S. (1973). Esquisse d'une psychologie scentifique. In S. Freud, *La naissance de la psychanalyse* (pp. 309-398). Paris: PUF. (Obra original publicada em 1895).

Freud, S. (1976). A dissecção da personalidade psíquica. In J. Strachey (Ed.), *Edição standard brasileira das obras psicológicas completas de Sigmund Freud* (vol. XXII, p. 102). Rio de Janeiro: Imago. (Obra original publicada em 1933).

Freud, S. (1987). *Contribution a la conception des aphasies*. Paris: PUF. (Obra original publicada em 1891).

Freud, S., & Breuer, J. (1973). *Études sur l'hystérie*. Paris: PUF. (Obra original publicada em 1895).

Heródoto. (1985). *História*. Brasília: Editora Universidade de Brasília.

Luz, R. (2013). *As palavras*. São Paulo: Scortecci.

Quintana, M. (1977). Emergência. In M. Quintana, *Apontamentos de História sobrenatural* (p. 22). Porto Alegre: Globo.

Rodrigues, S. (2017, 17 de fevereiro). O hipócrita nasceu no palco. *Veja*. Recuperado de http://veja.abril.com.br/blog/sobre-palavras/o-hipocrita-nasceu-no-palco/

Saramago, J. (1995). *Ensaio sobre a cegueira*. Rio de Janeiro: Companhia das Letras.

Silveira, A. M. B. (2010). Per via di porre, per via di levare, per via di... vivere. *Revista Ide, 51*(33), 82-92.

16. Ensaio psicanalítico sobre o ciúme: o ciúme na música popular brasileira[1]

> *Eu vi com os meus olhos e observei bem um pequeno tomado de ciúmes: ainda não falava e não podia, sem empalidecer, lançar o seu olhar para o espetáculo amargo do seu irmão de leite. (Santo Agostinho, 1962, p. 293)[2]*

Inicio este ensaio com a composição *Gota d'água*, por expressar o ciúme na sua forma mais extremada. De Chico Buarque de Hollanda e Paulo Pontes, é tema da versão brasileira da peça teatral *Medeia*, adaptada em 1975 por Oduvaldo Vianna Filho.[3]

---

1 Este texto foi objeto do evento "Psicanálise e música: o ciúme na MPB", no Centro Cultural Midrash, Rio de Janeiro, em 2012, que realizei em companhia da colega Sonia Eva Tucherman e dos músicos Muri Costa e Rafael Rocha. Está disponível no YouTube: "O ciúme na MPB com Fernando Rocha", no *link* https://www.youtube.com/watch?v=QxRZtCqYlbw&t=6s. Texto publicado na Revista do CEP de Porto Alegre, 2014.

2 "Video et expertus sum zelatem parvulum; nodum loquebatur et intuebatur pallidus amare aspectu conlacteum suum."

3 A peça *Gota d'água* foi escrita em 1975 e publicada em livro homônimo no mesmo ano pela editora Civilização Brasileira. A ideia foi originalmente de-

Já lhe dei meu corpo, minha alegria

Já estanquei meu sangue quando fervia

Olha a voz que me resta

Olha a veia que salta

Olha a gota que falta

Pro desfecho da festa

Por favor

Deixe em paz meu coração

Que ele é um pote até aqui de mágoa

E qualquer desatenção, faça não

Pode ser a gota d'água

Pode ser a gota d'água

Pode ser a gota d'água

(De Hollanda & Pontes, 1975)

Clássico do teatro grego, *Medeia*, de Eurípedes (431 a.C.), retrata a tragédia de ciúme da mulher abandonada por seu marido, Jasão, a quem Medeia muito havia ajudado. Jasão tinha ido a

---

rivada de um trabalho de Oduvaldo Vianna Filho, que adaptara a peça grega clássica de Eurípedes sobre o mito de Medeia para a televisão, e à memória de quem foi dedicada. No prefácio do livro, os autores registram: "O fundamental é que a vida brasileira possa, novamente, ser devolvida, nos palcos, ao público brasileiro. Esta é a segunda preocupação de *Gota d'água*. Nossa tragédia é uma tragédia da vida brasileira" (p. 14). A montagem original contou com coreografia de Luciano Luciani, cenografia e figurino de Walter Bacci, direção musical de Dori Caymmi e direção geral de Gianni Ratto.

Cólquida para obter o "velo de ouro".[4] Ao chegar a Corinto, ele, já casado, apaixona-se pela filha do rei Creonte e abandona Medeia, que, humilhada e desconsolada, elimina a rival e seu pai com seus poderes mágicos e, além disso, mata os próprios filhos. Não poderia haver vingança maior do que a de tirar do homem, objeto de seu ciúme, a sua descendência.

A peça aborda o ciúme como avassalador tormento de alma que, revelando-se sentimento atemporal, retrata, tanto na versão grega quanto na brasileira, a angústia de mulheres possuídas pelo extremo do ciúme, em sua forma trágica.

Mais do que uma alegoria, Medeia guarda uma atemporalidade, expressa nos vários casos de filicídio no mundo contemporâneo. Como exemplo, temos o caso de um homem londrino, P. W., que, ciente de que a ex-mulher estava namorando on-line, tem um acesso de ciúme e estrangula os dois filhos com o cabo do computador, tentando, em seguida, matar-se com uma overdose de medicamentos. Foi condenado a 28 anos de prisão. Aqui no Brasil, podemos citar o exemplo do comentado caso Nardoni, em que a madrasta e o pai foram acusados do homicídio de uma criança. Não se trata de exemplos isolados nem raros.

Filicídios, sejam perpetrados pelo pai ou pela mãe, causados por ciúmes, povoam as páginas policiais dos mais diferentes países. No caso do filicídio praticado por Medeia na tragédia grega, o ciúme atinge os limites do pensável.

Felizmente, porém, o ciúme pode se expressar nos mais variados matizes, do extremo mais horrendo da tragédia ao ciúme "como perfume do amor", como cantou Vinicius de Moraes (1958) em uma de suas canções. Essa dimensão do ciúme faz evocar a

---

4   Velo de ouro: pele de um carneiro divino ao qual se atribuíam poderes mágicos de cura.

origem da palavra. Ciúme deriva do latim *zelumen*, evoluindo para "zelo" em português e ciúme inspira-se na palavra "cio" (dos animais), significando "zelo de amor". Nessa música também aparece a ideia do ciúme como "um mal de raiz":

> *Vire esta folha do livro e se esqueça de mim*
>
> *Finja que o amor acabou e se esqueça de mim*
>
> *Você não compreendeu que o ciúme é um mal de raiz*
>
> *E que ter medo de amar não faz ninguém feliz*
>
> *Agora vá sua vida como você quer*
>
> *Porém não se surpreenda se uma outra mulher*
>
> *Nascer de mim, como no deserto uma flor*
>
> *E compreender que o ciúme é o perfume do amor*
>
> *(De Moraes, 1958)*

No entanto, Paul-Laurent Assoun (2011)[5] chama a atenção para o fato de que a palavra alemã utilizada por Freud para designar o ciúme é *Eifersucht*, que designa literalmente "o medo apaixonado, excitado, de perder o amor de alguém ou de ter que dividi--lo" (Assoun, 2011, p. 9). E também "o temor de ter que renunciar a alguma coisa que poderia gerar benefícios ou direito, o que implica a defesa ciumenta" (p. 9). O termo *Eifersucht* seria composto de duas *partículas: Eifer*, que designa o zelo, e *Sucht*, que se refere ao movimento passional com "conotação patológica, espécie de paixão mórbida" (Freud, 1897, citado por Assoun, 2011, p. 9).

---

5 Todos os trechos referidos a Paul-Laurent Assoun e citados neste artigo são traduções livres.

Sucht, em alemão, quer dizer buscar no sentido comum, procurar com afinco e também vício. *Sucht* é, assim, um vocábulo que designa "uma necessidade crescente doentia, a ponto de se empregar esse termo como sinônimo de adição" (Assoun, 2011, p. 9). Nessa concepção, *Sucht* refere-se a uma necessidade que visa a se satisfazer intensamente, de maneira a buscar o objeto suscetível de provocar a satisfação dessa necessidade imperiosa, aumentando em força, de tal maneira que adquire uma dimensão invasora e patológica. O termo freudiano *Sucht* marcaria a dimensão da apetência pulsional (*wunsch, Verlangen*) polarizada sobre um objeto eletivo. Dessa forma, o termo se assemelharia semanticamente a rivalidade. Além disso, o adicto tem, de fato, uma relação possessiva e ciumenta com seu tóxico.

Dizer *Eifersucht* é, portanto, situar o ciúme no registro "aditivo – da dependência mórbida (*sucht*)" (Assoun, 2011, p. 10). O ciumento apresentaria uma "forma de zelo – intempestivo – em relação ao objeto de sua chama. Ele não o larga um milímetro sequer e organiza todos os seus atos e preocupações em torno dele, sob o modo conjugado de atração e de ressentimento" (p. 10).

Em outra abordagem, Freud (1922/1976a, p. 271) apresenta o ciúme como a "chave da vida psíquica normal e patológica", dizendo:

> *O ciúme é um daqueles estados emocionais, como o luto, que podem ser descritos como normais. Se alguém parece não possuí-lo, justifica-se a inferência de que ele experimentou severa repressão e, consequentemente, desempenha um papel ainda maior em sua vida mental inconsciente. (Freud, 1922/1976a, p. 271)*

O ciúme faria parte da estrutura psíquica do sujeito, organizada a partir da experiência dos ciúmes infantis.

Na perspectiva freudiana, há o ciúme "normal" ou competitivo, o ciúme projetivo – que faz com que o sujeito atribua ao parceiro ou parceira seus próprios desejos de infidelidade – e o ciúme delirante articulado à paranoia (Freud, 1922/1976a).

O ciúme "normal" seria composto de pesar, dor e sofrimento, decorrentes de pensamentos que envolvem a perda do objeto amado e da ferida narcísica dos sentimentos hostis dirigidos contra "o rival bem-sucedido e de maior ou menor quantidade de autocrítica, que procura responsabilizar por sua perda o próprio ego do sujeito" (Freud, 1922/1976a, p. 271).

Embora considerado "normal", não se trata de um ciúme derivado de uma situação real e nem que esteja sob o controle completo do ego consciente. É um ciúme que se encontra profundamente enraizado no inconsciente. Por ser uma continuação das primeiras manifestações da vida emocional da criança, origina-se do complexo de Édipo do primeiro período sexual (Freud, 1922/1976a).

O "ciúme normal" estaria presente tanto na estruturação e descoberta do eu como na percepção do outro. Lacan (1981, p. 47) diz que "o eu constitui-se ao mesmo tempo que o outrem no drama do ciúme". Para ele, "o sujeito é uma discordância que intervém na satisfação especular devido à tendência que esta sugere. Ela implica a introdução de um terceiro objeto, que, na confusão afetiva como na ambiguidade especular, substitui a concorrência de uma situação triangular" (p. 47).

Em interessante comentário, Assoun (2011) ressalta também que Lacan devolve a contribuição freudiana para uma metapsicologia do ciúme, retomando ainda a questão da posição estruturante deste a partir de sua função especular, bem como de sua oscilação simbólica.

Já o ciúme projetivo é apresentado por Freud (1922/1976a, p. 272) como aquele que deriva, tanto nos homens quanto nas mulheres, "da própria infidelidade concreta na vida real ou de impulsos que sucumbiram à repressão". O ciúme decorrente de tal projeção, embora possuindo "um caráter quase delirante", é mais acessível ao trabalho analítico pela exposição das fantasias inconscientes da própria infidelidade do sujeito (p. 293).

No terceiro tipo de ciúme, o delirante propriamente dito, embora também tenha sua origem em impulsos reprimidos no que tange à infidelidade, o objeto é do mesmo sexo do sujeito.

Podemos depreender da perspectiva psicanalítica que o amor começa pelo ciúme. O ciúme estaria ligado ao sentimento de amor, ao sentimento de insegurança, o qual explode com a necessidade que se tem do objeto amado. Em carta a Ludwig Binswanger, Freud (1920, citado por Assoun, 2011, p. 5) diz que "é o ciúme que parece poder nos dar a compreensão mais profunda da vida psíquica, tanto normal como patológica".

Para o compositor gaúcho Lupicínio Rodrigues (1914–1974), comparado por Augusto de Campos a Nelson Rodrigues na coragem de desnudar os sentimentos dos brasileiros, nem "as pessoas de nervos de aço, sem sangue nas veias e sem coração" estão isentas do ciúme. Vejamos o que ele diz no samba "Nervos de aço":

Você sabe o que é ter um amor, meu senhor?

Ter loucura por uma mulher

E depois encontrar este amor, meu senhor

Nos braços de um outro qualquer

Você sabe o que é ter um amor, meu senhor?

E por ele quase morrer

E depois encontrá-lo em um braço

Que nem um pedaço do seu pode ser
Há pessoas de nervos de aço
Sem sangue nas veias e sem coração
Mas não sei se passando o que eu passo
Talvez não lhe venha qualquer reação
Eu não sei se o que trago no peito
É ciúme, despeito, amizade ou horror
Eu só sei é que quando a vejo
Me dá um desejo de morte ou de dor
(Rodrigues, 1947)

Em conversa com o saudoso radialista Luis Carlos Saroldi, dele ouvi que Lupicínio Rodrigues teria conseguido formular como ninguém o que se poderia chamar, parodiando requintada terminologia sartriana, de sentimento de "cornitude". E é exatamente esse ingrediente o responsável pelo sucesso estrondoso de "Nervos de aço", em 1947, revisitado trinta anos depois por Paulinho da Viola.

Mas a descrição do ciúme como "um desejo de morte ou de dor" vai reaparecer, sob outras palavras e melodia, no samba-canção que chegou ao sucesso em 1951 na voz de Linda Batista e que se tornou um modelo do gênero conhecido como música de fossa ou dor-de-cotovelo.[6]

---

[6] Contam que foi Lupicínio Rodrigues o inventor do termo "dor de cotovelo", que se refere à prática de quem crava os cotovelos em um balcão ou mesa de bar, pede uma bebida e chora pela perda da pessoa amada. Conta-se que, cons-

Eu gostei tanto, tanto, quando me contaram

Que te encontraram bebendo e chorando na mesa de um bar

E que quando os amigos do peito por mim perguntaram

Um soluço cortou sua voz não lhe deixou falar

Mas eu gostei tanto, tanto quando me contaram

Que tive mesmo de fazer esforço pra ninguém notar

O remorso talvez seja a causa do seu desespero

Você deve estar bem consciente do que praticou

Me fazer passar tanta vergonha com um companheiro

E a vergonha é a herança maior que meu pai me deixou

Mas enquanto houver força em meu peito eu não quero mais nada

Só vingança, vingança, vingança aos santos clamar

Você há de rolar como as pedras que rolam na estrada

Sem ter nunca um cantinho de seu pra poder descansar

(Rodrigues, 1951)

---

tantemente abandonado pelas mulheres, ele buscou na própria vida a inspiração para suas canções, em que a traição, o amor e o ciúme andavam sempre juntos.

Arrigo Barnabé disse:

> *Não acredito em nada que não tenha angústia, isso talvez é o que mais me atrai nas canções de Lupicínio, e também a raiva, gosto muito de trabalhar com a raiva, a revolta. Nele tudo é verdadeiro, e raiva e angústia é meio difícil fingir. Por essa observação penetrante do ser humano nas situações limites da dor amorosa, por este humor que permeia as canções, um humor voltado para a ironia e o sarcasmo, por tudo isso estava atravessada a vontade de cantar Lupicínio. (Na Goma Produções, 2010/2011)*

O ciúme é sentimento presente em crianças e adultos. Mas também entre irmãos, ou mesmo filhos que brigam pelo amor de um dos pais. Podemos considerar inaugural do ciúme e da inveja humanos a história bíblica de Caim e Abel, respectivamente, o primeiro e o segundo filhos de Adão e Eva. Caim lavrava a terra enquanto Abel pastoreava ovelhas. Caim trouxe do fruto da terra uma oferta ao Senhor, e Abel também trouxe (a sua oferta) das suas ovelhas. O Senhor valorizou a oferta de Abel, o que não expressou em relação a Caim. Este, irado, sentindo-se desvalorizado e enciumado, matou o irmão.

> *E agora maldito és tu desde a terra, que abriu a sua boca para receber da tua mão o sangue do teu irmão. Quando lavrares a terra, não te dará mais a sua força; fugitivo e errante serás na terra. (Bíblia Sagrada, Gên. 4: 12-13)*

Também podemos ver o ciúme retratado entre habitantes de duas cidades, como Petrolina, em Pernambuco, e Juazeiro, na Bahia. Na música "O ciúme", Caetano Veloso aborda de forma poética este sentimento entre os habitantes de duas cidades separadas por uma ponte sobre o rio São Francisco – o "velho Chico" –, objeto do ciúme:

> *Dorme o sol à flor do Chico meio-dia*
>
> *Tudo esbarra embriagado de seu lume*
>
> *Dorme ponte, Pernambuco, Rio, Bahia*
>
> *Só vigia um ponto negro o meu ciúme*
>
> *O ciúme lançou sua flecha preta*
>
> *E se viu ferido justo na garganta*
>
> *Quem nem alegre nem triste nem poeta*
>
> *Entre Petrolina e Juazeiro canta*
>
> *Velho Chico vens de Minas*
>
> *De onde o oculto do mistério se escondeu*
>
> *Sei que o levas todo em ti, não me ensinas*
>
> *E eu sou só eu só eu só eu*
>
> *Juazeiro, nem te lembras desta tarde*
>
> *Petrolina, nem chegaste a perceber*
>
> *Mas na voz que canta tudo ainda arde*
>
> *Tudo é perda tudo quer buscar cadê*
>
> *Tanta gente canta tanta gente cala*

> *Tantas almas esticadas no curtume*
> *Sobre toda estrada sobre toda sala*
> *Paira monstruosa a sombra do ciúme*
> *(Veloso, 1987)*

Afinal, qual a origem do ciúme? O ciúme se origina nas relações precoces da infância humana, no instante fundamental da vida, em que dependemos do amor materno para sobreviver. É por isso que toda relação amorosa contém, na sua origem, um sentimento de posse e pretende ser única e exclusiva. Portanto, quanto melhor elaboramos ou simbolizamos a perda dessa dependência infantil, mais autônomos conseguimos ser e menos ciúme vamos sentir.

Segundo Lacan (1981, p. 48), "a observação experimental da criança e as investigações psicanalíticas, demonstrando a estrutura do ciúme infantil, trouxeram à luz do dia o seu papel na gênese da sociabilidade e, simultaneamente, do próprio conhecimento enquanto humano". Essas pesquisas teriam revelado que o ciúme representa não só uma rivalidade vital, mas também uma identificação mental.

O ciúme infantil é evocado em Santo Agostinho: "Eu vi com os meus olhos e observei bem um pequeno tomado de ciúmes: ainda não falava e não podia, sem empalidecer, lançar o seu olhar para o espetáculo amargo do seu irmão de leite" (p. 36).

A prematuração do ser humano ao nascer é importante para a compreensão do ciúme e da inveja. Diferente dos outros animais, o pequeno humano nasce prematuro, antes da completa mielinização do sistema nervoso, e, consequentemente, num extremo estado de dependência. Se observarmos outros animais, veremos que logo após o nascimento eles ficam de pé e buscam se alimentar de maneira ativa. Já o pequeno humano, devido ao seu estado de total dependência, vive uma experiência inicial na qual a construção do eu será calcada numa relação dual com a mãe como espelho propiciador de uma primeira identificação, em que o olhar da mãe vai funcionar como o lago para o pequeno Narciso. É por essa época que a criança começa a vivenciar a mãe como todo-poderosa, objeto de inveja, e vai ansiar para si esse poder percebido. É interessante notar que o termo inveja origina-se de *videre* – ver. Daí a origem das expressões "olho gordo", "mau-olhado", "olho de seca-pimenteira" etc.

Elliot Jaques, citado por Melanie Klein (1968, p. 18),[7] chama a atenção para a raiz etimológica da palavra inveja: "do latim *invidia*, que deriva do verbo *invideo* – olhar alguém atravessado, considerá-lo com desconfiança ou rancor, jogar-lhe o mau-olhado, invejar ou guardar rancor de alguém". Ele ilustra seu comentário utilizando a frase de Cícero: "provocar uma infelicidade por um mau-olhado".

Embora universal, o ciúme está longe de ser visto como natural, pois, atravessando as relações afetivas, evoca os mais diversos sentimentos.

No artigo *Ciúme e traição: reflexões antropológicas*, a antropóloga Mirian Goldenberg (2004) traz dados interessantes de 1996 do Instituto Brasileiro de Geografia e Estatística, de homens e mulheres das camadas médias urbanas do Rio de Janeiro, que evidenciaram que, embora o ciúme e a infidelidade consistam em um dos principais problemas vividos nos relacionamentos amorosos, homens e mulheres apresentavam um discurso paradoxal, no qual, de um lado, há a exigência de privacidade, independência e

---

7 Todos os trechos referidos a Melanie Klein e citados neste artigo são traduções livres.

autonomia e, de outro, de "sinceridade absoluta", cumplicidade e complementaridade.

A autora indaga: como conciliar o não conciliável? Como fazer dialogar "sinceridade absoluta e cumplicidade com respeito à privacidade e à individualidade? Como combinar o sentimento de posse contido num relacionamento amoroso e o desejo de preservação dos espaços individuais?" (pp. 6-7).

Há um paradoxo importante que se deve levar em consideração: enquanto a sexualidade humana é naturalmente poligâmica, a sociedade em que vivemos é monogâmica. Ou seja: a natureza é poligâmica e a nossa sociedade é monogâmica. Nossa cultura tenta resolver essa contradição. A fidelidade, então, não é natural, mas uma tomada de posição, derivando de uma escolha absolutamente racional.

De noite eu rondo a cidade

A te procurar hei de encontrar

No meio de olhares espio

Em todos os bares você não está

Volto pra casa abatida

Desencantada da vida

O sonho alegria me dá

Nele você está

Ah, se eu tivesse

Quem bem me quisesse

Este alguém me diria

Desiste esta busca é inútil

Eu não desistia

Porém com perfeita paciência

Volto a te buscar

Hei de encontrar

Bebendo com outras mulheres

Rolando um dadinho

Jogando bilhar

E neste dia então

Vai dar na primeira edição

Cena de sangue num bar

Da avenida São João

(Vanzolini, 1945).

Uma das características humanas, diz Freud em *Totem e tabu* (1913/1976b), é desejar o que é proibido. Daí a proibição ser um elemento importante para fazer ressurgir o desejo. Esse gosto pelo proibido justifica a necessidade de criar um mandamento como o nono, que ordena "não desejar a mulher do próximo". A existência desse mandamento revela que o desejo existe no humano e carece de interdição. Essas interdições se impõem na cultura, revelando-se muitas vezes adequadas, ao possibilitar o apaziguamento das pulsões. Na ausência desse apaziguamento, há o possível aparecimento de patologias e, nesse sentido, diferentemente das religiões, a psicanálise propõe soluções singulares.

Não sendo possível desvincular o ciúme do adulto do ciúme da criança, ou seja, do ciúme compreendido como uma estrutura do psiquismo humano, haverá sempre uma raiz infantil no ciúme do adulto.

Uma música do repertório popular que nos evoca a imagem de um ciúme adulto com suas raízes infantis é "Lábios que beijei", composição de J. Cascata e Leonel Azevedo, um dos maiores sucessos da brilhante carreira de Orlando Silva, gravada em 1937:

> *Lábios que beijei, mãos que afaguei*
>
> *Numa noite de luar assim*
>
> *O mar no céu bramia*
>
> *E o vento a soluçar pedia*
>
> *Que fosses sincera para mim*
>
> *Nada tu ouviste*
>
> *E logo partiste*
>
> *Para os braços de um outro amor*
>
> *Eu fiquei chorando*
>
> *Minha mágoa cantando*
>
> *Sou a estátua perenal da dor*
>
> *Passo as noites soluçando com meu pinho*
>
> *Carpindo a minha dor sozinho*
>
> *Sem esperanças de vê-la jamais*
>
> *Deus tem compaixão deste infeliz*
>
> *Por que sofrer assim?*

Compadecei-vos dos meus ais
Tua imagem permanece imaculada
Em minha retina cansada
De chorar por teu amor
Lábios que beijei
Mãos que afaguei
Volta dá lenitivo à minha dor
(Cascata & Azevedo, 1937)

Para compreendermos o ciúme no adulto, faz-se necessário compreendermos o ciúme na criança. O ciúme na criança nos remete, inevitavelmente, como já vimos, à sua dimensão estruturante. O ciúme ocorre na passagem da relação dual com a mãe para a ocupação do lugar de filho na relação triangular edípica – no momento marcado pelo medo de perder para outro o seu objeto de completude, de amor primário.

É no estabelecimento da introdução da função paterna que será definida a estrutura do ciúme, originada dos amores infantis. O ciúme nasce no momento denominado por Freud de complexo de Édipo, havendo, portanto, uma profunda ligação entre o ciúme do adulto e o ciúme da criança.

Assim, supõe-se que a vivência imaginária da criança de que foi traída pela mãe com o pai vai abalar a fantasia de onipotência infantil. Embora constitutivos do humano, inveja e ciúme nascem em momentos distintos, sendo a inveja anterior ao ciúme.

Como vimos, o estado de dependência do humano ao nascer o faz experienciar a mãe numa não diferença, em que ele é ao mesmo tempo um outro e si mesmo, num movimento de fusão-desfusão.

Ela é vivenciada como aquela capaz de preencher-lhe as faltas e necessidades, levando-o ao sentimento de inveja. Por conseguinte, o bebê vai "perceber" a mãe como todo-poderosa, não diferenciada de si, estando ele ainda indiscriminado. Nesse sentido, a inveja é uma experiência narcísica, própria a todos os bebês humanos, anterior à aquisição do sentimento de alteridade e, poderíamos dizer, contemporânea da primeira experiência de satisfação.

O ciúme, contemporâneo do complexo de Édipo, envolve uma relação com o outro. Já a inveja se refere à relação do indivíduo com uma só pessoa, remontando à mais primitiva relação exclusiva com a mãe. Ela decorre da relação de total dependência do bebê com a mãe, sendo esta a fonte de todo o amor. É nessa experiência precoce que ocorrem as marcas de formação tanto da inveja como do ciúme.

Klein (1968) estabelece importante distinção entre a inveja, o ciúme e a avidez. Para ela, a inveja seria o sentimento de cólera que invade um sujeito quando este teme que um outro possua alguma coisa de desejável e que dela goze. Dessa forma, "a impulsão invejosa tende a apoderar-se deste objeto ou a estragá-lo" (p. 17). Já o ciúme se fundaria sobre a inveja, mas, enquanto esta implica uma relação do sujeito com uma só pessoa e remonta a toda primeira relação exclusiva com a mãe, "o ciúme comporta uma relação com duas pessoas no mínimo e convergiria principalmente ao amor que o sujeito sente como lhe sendo devido e tomado por um rival" (p. 18). Por sua vez, a avidez seria a marca de "um desejo imperioso e insaciável, que vai ao mesmo tempo para além do que o sujeito tem necessidade e além do que o objeto pode ou quer lhe acordar" (p. 18).

Na dimensão inconsciente, a avidez busca essencialmente esvaziar, exaurir ou devorar o seio materno; ou seja, sua finalidade é uma introjeção destrutiva. A inveja não visa apenas à depredação do seio materno, ela tende, além disso, a introduzir na mãe, antes de tudo em seu seio, tudo o que é mau, e primeiramente excrementos maus e partes más do *self*, a fim de deteriorá-la e de destruí-la. O que, no sentido mais profundo, significa destruir sua criatividade (Klein, 1968, p. 18).

Klein (1968) conclui afirmando que "inveja e avidez tendem à destruição" – a primeira pela via da *projeção*, e a segunda, de modo mais radical, pela *introjeção*. Já o ciúme seria vetorizado pela relação amorosa com o outro, ainda que mesclado com uma destrutividade de fundo invejoso.

A inveja dirigida ao seio materno e o aparecimento do ciúme estão diretamente ligados. O ciúme se funda sobre a rivalidade com o pai, suspeito e acusado de ter se apoderado do seio materno e da mãe. Essa rivalidade marca os estágios iniciais do complexo de Édipo positivo e negativo, que aparece normalmente ao mesmo tempo que a posição depressiva no decurso do segundo quarto do primeiro ano (Klein, 1968, p. 40).

Para Assoun (2011), a inveja ciumenta estaria aquém da cena originária, momento em que o bebê, ao ver a mãe se afastar, dá-se conta de sua dor. Essa "dor originária" sinalizaria a inscrição no sujeito de um objeto a perder. Trata-se, segundo Freud (citado por Assoun, 2011), da dor "diante do rosto estranho que vem usurpar o lugar do outro materno procurado pelos olhos" (p. 45). Freud apresenta a cena originária da separação como o momento em que a criança vê a mãe ir, constituindo o acontecimento mudo, pré-histórico do ciúme.

Portanto, mesmo antes da instauração do ciúme, a dor já estaria presente, marcando a existência de um ciúme ulterior na dialética do aparecimento/desaparecimento. A mãe sabe, então, gerir a situação, brincando de desaparecer, prometendo ao mesmo tempo seu reaparecimento. Mais tarde, porém, a criança fará hipóteses sobre as causas desse vaivém materno, atribuindo-o ao pai, explicando o ciúme que permanece infiltrado de dor, já em sua origem (Assoun, 2011).

> *O ciúme dói nos cotovelos*
>
> *Na raiz dos cabelos*
>
> *Gela a sola dos pés*
>
> *Faz os músculos ficarem moles*
>
> *E o estômago vão e sem fome*
>
> *Dói da flor da pele ao pó do osso*
>
> *Rói do cóccix até o pescoço*
>
> *Acende uma luz branca em seu umbigo*
>
> *Você ama o inimigo*
>
> *Se torna inimigo do amor*
>
> *O ciúme dói do leito à margem*
>
> *Dói pra fora na paisagem*
>
> *Arde ao sol do fim do dia*
>
> *Corre pelas veias na ramagem*
>
> *Atravessa a voz e a melodia*
>
> (Veloso, 2002)

Se na música popular brasileira o ciúme foi cantado em diferentes matizes, com relação aos clássicos da literatura, talvez a obra mais significativa seja *Otelo*, de Shakespeare, exemplar quando se trata do ciúme. Na trama, Otelo é o general mouro do reino de

Veneza que, por ciúmes e inveja, é vítima de uma armadilha do seu alferes Iago. Este se vinga de Otelo, que promoveu Cássio, jovem soldado florentino e grande intermediário nas relações entre Otelo e Desdêmona, em lugar dele, Iago.

Contrariando o pai, Brabâncio, rico senador de Veneza, Desdêmona se casa com Otelo. Mas a raiva do pai contra o casamento foi minimizada porque Otelo gozava da estima e da confiança do Estado, por ser leal, muito corajoso e nobre de atitudes.

Iago, que odiava Otelo e Cássio, começou a semear a discórdia: hábil e profundo conhecedor da natureza humana e sempre fazendo reflexões sobre a humanidade, Iago sabia que, de todos os tormentos que afligem a alma, o ciúme é o mais intolerável e incontrolável.

Dando continuidade a seu plano, Iago insinuou a Otelo que Cássio e sua esposa poderiam estar tendo um caso. O plano foi tão bem traçado que Otelo começou a desconfiar de Desdêmona. Depois de várias armadilhas criadas por Iago para fazer Otelo acreditar na traição da esposa, Otelo, em total descontrole, asfixia Desdêmona em seu quarto. Ao saber que matara sua amada injustamente, desesperado apunhalou-se, caindo sobre o corpo da mulher. Otelo morre, beijando a quem tanto amava. Ao fim da tragédia, Cássio passa a ocupar o lugar de Otelo e Iago é entregue às autoridades para ser julgado.

Comentando passagens de Otelo, Klein (1968) ressalta que Shakespeare não parece sempre distinguir a inveja do ciúme. E ilustra sua observação com o seguinte verso: "Oh, senhor, cuidado com o ciúme. É o monstro de olhos verdes que desdenha da carne que o nutre" (p. 20).

Klein (1968, p. 19) chama a atenção para o fato de o invejoso ser insaciável, sempre insatisfeito. "Monstro de olhos verdes", traz a inveja enraizada em si, encontrando facilmente um objeto para o qual dirigi-la, revelando o estreito laço entre ciúme, inveja e avidez. Ainda segundo Klein (1968), Otelo, dominado pelo ciúme, destrói o objeto que ama, o que caracterizaria "uma paixão ignóbil".

"O ciúme é uma paixão nobre ou ignóbil segundo o objeto. No primeiro caso, ele (o ciúme) se traduz por uma imolação aguçada pelo medo, no segundo, por uma avidez estimulada pelo temor. A inveja é sempre uma paixão vil, provocando as piores paixões na sua esteira" (Crabb, citado por Klein, 1968, p. 19).

Segundo o *English Synonym*, de Crabb, citado por Klein (1968, p. 19), "o ciúme é o temor de perder o que se possui; a inveja é o sofrimento de ver outro possuir o que se deseja para si próprio . . . . O prazer do outro atormenta o invejoso, que só se compraz no infortúnio dos outros".

Para Klein (1968), a atitude geral em relação ao ciumento difere da relativa ao invejoso. Ela lembra que em certos países, como a França, um crime passional cujo móvel é o ciúme beneficia-se de circunstâncias atenuantes, devido ao fato de a morte de um rival implicar o amor pela pessoa infiel. O que significa, diz ela, "que em nossa terminologia o amor pelo 'bem' existe e que o objeto amado não é danificado ou deteriorado como o seria pela inveja" (p. 19).

Já na literatura brasileira, uma obra exemplar que retrata o ciúme é o romance *Dom Casmurro*, de Machado de Assis (1967), no qual é narrada a famosa história da desconfiança que o personagem Bentinho tem de sua mulher, Capitu, achando que esta o traía com o seu melhor amigo, Escobar.

Dom Casmurro é uma obra cuja leitura oferece um leque de possibilidades interpretativas, encontrando no personagem Bento férteis elementos sobre a problemática do ciúme, Édipo e homossexualidade.[8] Seguindo o desejo da mãe, Bento foi criado para ser padre, ingressando no seminário. Essa atitude materna expressava o desejo de conservar o filho preso a ela. Após abandonar o seminário, Bento reencontra Capitu, namoradinha da infância. Sua trajetória de vida, até então alimentada pelo desejo materno, tornou-o um sujeito tristonho, frágil e infantilizado. Embora Capitu amasse Bentinho, percebia que para ele era difícil aceitá-la, uma vez que ela não correspondia à imagem da mãe.

Foi ainda no seminário que Bento conheceu Escobar, desenvolvendo por ele tanta admiração que poderia evocar uma relação amorosa parecendo sexualizada (não sublimada pela amizade), percebida por Capitu, que, em certo momento, indaga quem era aquela pessoa que merecia tanto afeto na forma de se despedir.

Bento acaba se casando com Capitu, tem um filho, mas não consegue assumir a função paterna, pois sua identificação com a figura masculina parecia pouco consistente. A impossibilidade de ocupar essa função o leva a uma atitude bizarra e extremada, a ponto de dizer: "não é meu filho". Porque prisioneiro do desejo materno, Bento viu-se na impossibilidade de assumir o lugar de "homem-marido e de homem-pai", o que poderia explicar sua escolha homossexual inconsciente, responsável pelo ciúme (Freitas, 2004).

À medida que cresce o seu impulso homossexual por Escobar, Bento projeta cada vez mais tal impulso em Capitu, o que intensifica seu ciúme. Como bem lembra Freud (1922/1976a, p. 273), "o ciúme delirante é o sobrante de um homossexualismo que cumpriu seu curso e corretamente toma sua posição entre as formas clássicas de paranoia". Como tentativa de defesa contra um forte impulso homossexual, ele pode, no homem, ser descrito pela fórmula: "Eu não o amo; é ela que o ama!" (p. 273).

---

8 Um interessante trabalho sobre esta temática encontra-se em Freitas (2004).

Seria, então, o "ciúme paranoico" de Bento a expressão também de uma vivência invejosa? Nesse caso, poderíamos pensar que tanto Shakespeare, com Otelo, quanto Machado de Assis, com Bento, oscilam entre a inveja e o ciúme? Essa oscilação poderia ser expressa na dúvida trazida por Bento quando indaga se foi realmente traído ou se foi seu ciúme doentio que o fez deturpar a realidade. Podemos pensar que o ciúme doentio conteria a inveja.

Face ao afastamento do objeto amoroso, o ciumento vê-se perdido e sem referência, e tenta desesperadamente recuperá-lo no espelho de sua própria imagem que o outro representa. A expressão de um poeta sertanejo anônimo nos canta:

> *Tas vendo aquela cacimba naquela baixa acolá?*
>
> *Te fica pro riba dela, espia que tu verá*
>
> *A cara da tua cara*
>
> *Lá debaixo a te espiá*
>
> *Mas se acaso te arretira*
>
> *Gurugutu, nem sina*
>
> *Aquilo que fez contigo faz com outro que vier*
>
> *Tas vendo aquela cacimba?*
>
> *É o coração da muié* [9]

---

[9] *A cacimba*, poema matuto-sertanejo, que aprendi na juventude, expressa bem a vivência do ciúme ligada ao narcisismo. Eu imaginava que o poema fosse de autoria de Catulo da Paixão Cearense ou de Zé da Luz, mas não consegui encontrar a referência exata da autoria.

Referências

Assis, M. (1967). *Dom Casmurro*. Rio de Janeiro: Ediouro.

Assoun, P.-L. (2011). *Leçons psychanalytiques sur la jalousie*. Paris: Anthropos.

Cascata, J., & Azevedo L. (1937). Lábios que beijei [Gravada por Orlando Silva]. In *Lábios que beijei* [LP]. São Paulo: RCA Vitor.

De Hollanda, C. B., & Pontes, P. (1975). Gota d'água. In C. Buarque, & P. Pontes, *Gota d'água* (p. 14). Rio de Janeiro: Civilização Brasileira.

De Moraes, V. (1958). Medo de amar [Gravado por Tom Jobin]. In *Tom canta Vinicius* [CD]. Rio de Janeiro: Universal Music/ Jobin Music. (1990).

Freitas, L. A. (2004). Capitolina, a que ama no lugar do outro. *Letras compartilhadas: ciúme, a leitura de um grande tema, 12*, 9-12.

Freud, S. (1976a). Alguns mecanismos neuróticos no ciúme, na paranóia e no homossexualismo. In J. Strachey (Ed.), *Edição standard brasileira das obras psicológicas completas de Sigmund Freud* (vol. XVIII, pp. 271-281). Rio de Janeiro: Imago. (Obra original publicada em 1922).

Freud, S. (1976b) Totem e tabu. In J. Strachey (Ed.), *Edição standard brasileira das obras psicológicas completas de Sigmund Freud* (vol. XIII, pp. 20-125). Rio de Janeiro: Imago (Obra original publicada em 1913).

Goldenberg, M. (2004) Ciúme e traição: reflexões antropológicas. *Leituras compartilhadas: ciúme, a leitura de um grande tema, 12*, 6-7.

Klein, M. (1968). *Envie et gratitude et autres essais* (collection Connaissance de l'inconscient, dirigé para J.-B. Pontalis). Paris: Gallimard'. (Tradução do original em inglês "Envy and gratitude: a study of unconscious sources" (1957) por Victor Smirnoff, com a colaboração de S. Aghion e M. Derrida).

Lacan, J. (1981). *A família*. Lisboa: Assírio & Alvin.

Na Goma Produções (Produtor). (2010/2011). *Caixa de ódio – o universo de Lupicinio Rodrigues* (gravado ao vivo na casa de Francisca, coleção Canal Brasil) [DVD].

Rodrigues, L. (1947). Nervos de aço [Gravado por Paulinho da Viola]. In *Nervos de aço* [LP]. Rio de Janeiro: EMI. (1973).

Rodrigues, L. (1951). Vingança [Gravado por Linda Batista]. In *Vingança* [LP]. Rio de Janeiro: RCA Victor.

Saint Augustin. (1962). *Confessions* (livre I, section 7). Paris: Desclée de Brouwer.

Santo Agostinho. (2002). *Confissões*. São Paulo: Martin Claret.

Vanzolini, P. (1945). Ronda [Gravado por Maria Bethânia]. In *Álibi* [CD]. Rio de Janeiro: Polygram/Philips. (1988).

Veloso, C. (1987). O ciúme. Em *Caetano* [CD]. Rio de Janeiro: Universal Music.

Veloso, C. (2002). Dor de cotovelo [Gravado por Elza Soares]. In *Do cóccix até o pescoço* [CD]. Salvador: Maianga Discos. (2002).

GRÁFICA PAYM
Tel. [11] 4392-3344
paym@graficapaym.com.br